中学教科書ワーク 学習カード
ポケットスタディ
歴史年号
社会 歴史

🔊 音声つき

何が起こった年？

前**3000**～
BC さんぜん
前**1500**年ごろ
いご

1

何が起こった年？

前**221**年
じつにいっ(しゅん)

一瞬だったなあ

何が起こった年？

239年
じさく

3

何が起こった年？

593年
いつく(し)み

Love

4

何が起こった年？

645年
むようのごう(ぞく)

や―!

5

何が起こった年？

701年
なおいっ(そう)

さらなる
国づくりに
はげもう!

6

何が起こった年？

710年
なんと

わたし、唐の長安にそっくりです

7

何が起こった年？

743年
なじみ

開墾して、
わたしのものに
するぞ!

8

何が起こった年？

794年
なくよ

ホー
♪ホケキョ!

9

何が起こった年？

935年
ぐさっといつ

やめて!
私が王だ!

10

何が起こった年？

1016年
とおいむ(こう)

この世をば、
我が世とぞ思ふ…

11

JN085455

何年に起こった？

各地に文明がおこる

- 大河のそばでおきた

エジプト	メソポタミア
ナイル川	チグリス川 ユーフラテス川
インダス	中国
インダス川	黄河・長江

ゴロゴロヒント　BCに輝く文明さんぜんと，文字は以後のいしずえに

使い方

音声も聞けるよ！

◎切り取ってリングなどでとじましょう。
◎カードは表からも裏からも使えます。
◎ゴロゴロヒントも覚えてみましょう。

https://www.kyokashowork.jp/so11.html

何年に起こった？

卑弥呼（ひみこ）が魏に使いを送る

- 卑弥呼は邪馬台国の女王
- 魏から「親魏倭王」の称号を授かった
- 「魏志倭人伝」

ゴロゴロヒント　魏の王へ　卑弥呼は手紙を自作する

何年に起こった？

秦の始皇帝（しんしこうてい）が中国を統一

- わずか15年でほろびてしまう
- 北方民族にそなえ，万里の長城を築く
- 文字などを統一

ゴロゴロヒント　秦の国　実に一瞬の栄華をほこり

何年に起こった？

大化の改新（たいかのかいしん）が始まる

- 中大兄皇子と中臣鎌足が，蘇我氏をたおして始めた
- 律令国家をめざした政治改革

ゴロゴロヒント　改新で　無用の豪族しりぞけて

何年に起こった？

聖徳太子（しょうとくたいし）が政務に参加する

- おばである推古天皇の摂政となる
- 蘇我氏と協力
- 冠位十二階・十七条の憲法・遣隋使

ゴロゴロヒント　明日からも　太子は仏教いつくしみ

何年に起こった？

都が平城京（へいじょうきょう）に移る

- 現在の奈良県奈良市
- 仏教と唐の影響を受けた，天平文化が花開いた

ゴロゴロヒント　平城京　なんと長安そっくりだ

何年に起こった？

大宝律令（たいほうりつりょう）が定められる

- 唐の法律にならってつくられた
- 律＝刑罰
  令＝行政のきまり

ゴロゴロヒント　律令で　なおいっそうの国づくり

何年に起こった？

都が平安京（へいあんきょう）に移る

- 現在の京都府京都市
- 唐の文化をふまえて，日本の風土にあっている国風文化が，花開いた

ゴロゴロヒント　なくよ　うぐいす平安京

何年に起こった？

墾田永年私財法（こんでんえいねんしざいのほう）が定められる

- 口分田が不足して定められた
- 私有地（荘園）が増え，公地公民の原則がくずれていった

ゴロゴロヒント　開墾で　なじみの土地を私有地に

何年に起こった？

藤原道長（ふじわらのみちなが）が摂政（せっしょう）になる

- 「この世をば…」の歌が有名
- 自分のむすめを天皇のきさきにして，政治の実権をにぎった

ゴロゴロヒント　道長は　遠い向こうの月をよむ

何年に起こった？

平将門（たいらのまさかど）が関東で反乱

- 朝廷への不満から武士団を率いて反乱を起こした
- この後、瀬戸内海で藤原純友も反乱

ゴロゴロヒント　将門に　矢じりがぐさっと　いつの間に

何が起こった年？

1167年
ひびきむな（しい）

12

何が起こった年？

1185年
ひとびとはご（おん）

13

何が起こった年？

1274・
ひとつもなし
1281年
いつものはい（とう）

14

何が起こった年？

1333年
いざさんざん

15

何が起こった年？

1392年
いざくに

16

何が起こった年？

1467年
ひとよでむなしく

17

何が起こった年？

1543年
いごしがみちる

18

何が起こった年？

1573年
いごなみだ

19

何が起こった年？

1590年
せんごくお（わらせ）

20

何が起こった年？

1600年
ヒーローおれ

21

何が起こった年？

1635年
いちろさんきんこう

22

何が起こった年？

1641年
いろよい

23

何年に起こった？

源頼朝が
守護・地頭をおく

- 弟の源義経をとらえることを口実に設置
- 後に征夷大将軍
- 将軍と御家人は御恩と奉公の関係

コロコロヒント 人々は　御恩に報いる奉公を

何年に起こった？

平清盛が
太政大臣になる

- 平清盛は，武士として初めて政治の実権をにぎった
- 航路をととのえ，日宋貿易を行った

コロコロヒント 清盛は　響きむなしい　鐘を聞く

何年に起こった？

鎌倉幕府
がほろぶ

- 後醍醐天皇が，足利尊氏などとともに幕府をほろぼした
- その後，建武の新政が始まった

コロコロヒント いざ　散々な幕府討て

何年に起こった？

元寇が起こる
（文永の役・弘安の役）

- 元軍は集団戦法や火薬で攻撃
- 御家人たちは活躍したが，十分な恩賞が与えられなかった

コロコロヒント 一つもなしか　いつものほうびの配当は

何年に起こった？

応仁の乱が
始まる

- 室町幕府8代将軍足利義政の後継者争いがきっかけ
- 戦乱は11年続いた
- 以降，戦国時代へ

コロコロヒント 応仁の　一夜でむなしく京は燃え

何年に起こった？

足利義満が
南北朝を統一

- 60年近く続いた南北朝時代の終わり
- 義満は室町に御所をかまえ，朝貢形式の日明貿易も始めた

コロコロヒント いざ国を　まとめて御所を　室町に

何年に起こった？

室町幕府が
ほろびる

- 織田信長が15代将軍足利義昭を京都から追放した
- 信長は，その後勢力を強めた

コロコロヒント 京追われ　以後涙に暮れる足利氏

何年に起こった？

種子島に
鉄砲が伝わる

- 種子島に漂着したポルトガル人が伝えた
- 鉄砲は堺（大阪府）や国友（滋賀県）で量産された

コロコロヒント 鉄砲で　以後死が満ちる戦場に

何年に起こった？

関ヶ原の戦いが
起こる

- 東軍を率いた徳川家康が政治の実権をにぎった
- 3年後に家康は征夷大将軍になった

コロコロヒント 関ヶ原　「ヒーローおれだ」と家康は

何年に起こった？

豊臣秀吉が
全国を統一する

- 秀吉は織田信長の後継者争いに勝利
- 検地・刀狩が行われ兵農分離が進んだ

コロコロヒント 秀吉が　戦国終わらせ　全国統一

何年に起こった？

鎖国の体制が
整う

- この年オランダ商館が出島に移された
- 中国とオランダだけが長崎での貿易を許された

コロコロヒント 外国の　色よい返事をわたせない

何年に起こった？

参勤交代が
制度化される

- 3代将軍徳川家光が制度化
- 領地と江戸との1年おきの往復は，大名に多額の負担となる

コロコロヒント 大名は　一路参勤交代へ

1688年
いろはは

24

1716年
ひなんもいろんも

25

1776年
（なりた）いな　なろ（う）

すべての人は平等

26

1787年
ひなんはかな（く）

○○記　出版禁止！　はぁ…

27

1789年
ひなんばく（はつ）

平等な国にしろ！

28

1841年
いやよとひと（は）

29

1853年
いやでござ（るぞ）

開国　いやでござる

30

1868年
いやだむや（み）

万機公論　ポイッ

31

1874年
いやなよ

議会！　専制ゆるさん！

32

1889年
ひとははく（しゅ）

憲　パチパチ　かあかあ

33

1894年
ひとはくるし（む）

くるしいよー

34

1904年
ひく（な）おし

ひくなー！　おしこめー！

35

何年に起こった？

享保の改革が始まる
きょうほう かいかく
- 質素・倹約を命じた
- 上げ米の制，公事方御定書，目安箱設置
- 書物の輸入が一部認められ，蘭学が発展

ゴロゴロヒント　改革に　非難も異論も出ない今日

何年に起こった？

イギリスで名誉革命
めいよかくめい
- 専制を行う王が追放され，「権利章典」が定められた
- 立憲君主制と議会政治の始まり

ゴロゴロヒント　議会制　「いろは」はここから始まった

何年に起こった？

寛政の改革が始まる
かんせい かいかく
- 松平定信が行った
- 享保の改革が理想
- 御家人・旗本の借金の帳消しや出版統制で反感を買う

ゴロゴロヒント　改革は　非難はかなく完成し

何年に起こった？

アメリカで独立宣言発表
どくりつせんげん
- 前年に始まった独立戦争の中で発表
- 啓蒙思想の影響
- 人民主権・三権分立をうたう

ゴロゴロヒント　なりたいな　なろう！　独立した国に

何年に起こった？

天保の改革が始まる
てんぽう かいかく
- 水野忠邦が幕府の強化を目的に開始
- 外国には薪水給与令
- 性急な改革は，大名などが反発して失敗

ゴロゴロヒント　はやすぎる　テンポが嫌よと人は言い

何年に起こった？

フランス革命が始まる
かくめい
- 絶対王政と身分による貧富の差が原因
- 基本的人権の尊重と国民主権をうたう人権宣言が発表された

ゴロゴロヒント　王政に　非難爆発　フランス革命

何年に起こった？

戊辰戦争・五箇条の御誓文
ぼしんせんそう　ごかじょうのごせいもん
- 戊辰戦争は旧幕府軍と新政府軍の戦い
- 五箇条の御誓文は，新政府が新しい政治の方針を定めたもの

ゴロゴロヒント　嫌だむやみな戦争は　誓文出して国づくり

何年に起こった？

ペリーが浦賀沖に来航
うらが
- ペリーはアメリカ東インド艦隊司令長官
- 開国を求める大統領の国書を出した
- 翌年，日米和親条約

ゴロゴロヒント　開国は　嫌でござるぞ　ペリーさん

何年に起こった？

大日本帝国憲法の発布
だいにっぽんていこくけんぽう
- 君主権の強いドイツなどの憲法を参考に伊藤博文らが作成
- 主権天皇，法律の制限付きで言論の自由

ゴロゴロヒント　待っていた　人は拍手で　憲法発布

何年に起こった？

民撰議院設立の建白書提出
みんせんぎいんせつりつ　けんぱくしょ
- 板垣退助らが提出
- 自由民権運動のきっかけとなる
- 西南戦争後，運動は活発になった

ゴロゴロヒント　嫌な世を　直せと板垣訴える

何年に起こった？

日露戦争が起こる
にちろせんそう
- 義和団事件の後
- 戦争の継続が厳しくなったころ，日本海海戦で日本が勝利
- ポーツマス条約

ゴロゴロヒント　引くな押し込め　日露戦争

何年に起こった？

日清戦争が起こる
にっしんせんそう
- 朝鮮の甲午農民戦争への介入がきっかけ
- 日本が勝ち，翌年下関条約が結ばれた
- 賠償金で工業が発達

ゴロゴロヒント　朝鮮の人は苦しむ　日清戦争

何が起こった年？	何が起こった年？
1914年 ひくいし 	**1915**年 いっくいちごん 
1919年 いくいく 	**1925**年 いくにじゅうご 
1929年 ひどくふく（らむ） 	**1931**年 いくさのひ（だね） 
1937年 いくぞみんな 	**1939**年 いくさでくる（しい） 
1941年 いくよひとり 	**1945**年 ひびくよご（れた） 
1951年 インクでごうい 	**1989**年 ひくとやく（そく） 

何年に起こった？
日本が中国に 二十一か条の要求

- 第一次世界大戦中に日本が中国に出した
- 日本の権益拡大要求
- 中国は反発し、反日運動が本格化した

ゴロゴロヒント 要求の 一句一言忘れない

何年に起こった？
第一次世界大戦 が始まる

- バルカン半島のサラエボ事件がきっかけ
- 各国とも総力戦になり、死者は1500万人に達した

ゴロゴロヒント どの国も 引く意思はなく 大戦へ

何年に起こった？
普通選挙法が 定められる

- 満25才以上のすべての男子に選挙権が与えられた
- 同じ年に治安維持法も定められた

ゴロゴロヒント 選挙行く 25以上の男子だけ

何年に起こった？
ベルサイユ条約 が結ばれる

- 第一次世界大戦の講和条約。パリ講和会議で話し合われた
- 五・四運動や三・一独立運動も同じ年

ゴロゴロヒント 講和しに 行く行くパリとベルサイユ

何年に起こった？
満州事変が 起こる

- 奉天郊外の柳条湖事件がきっかけ
- 翌年日本は「満州国」を建国
- 国際連盟は認めず

ゴロゴロヒント 日中の 戦の火種は満州に

何年に起こった？
世界恐慌が 起こる

- ニューヨークの株式市場暴落がきっかけ
- **イギリス** ブロック経済
- **アメリカ** ニューディール政策
- ロシアは影響小

ゴロゴロヒント 恐慌で ひどくふくらむ借金よ

何年に起こった？
第二次世界大戦 が始まる

- ヒトラーが主導するナチス・ドイツがポーランドに侵攻
- 枢軸国と連合国の戦いに発展

ゴロゴロヒント 世界中 戦で苦しい生活に

何年に起こった？
日中戦争が 始まる

- 北京郊外の盧溝橋事件がきっかけ
- 中国は国民党と共産党が抗日民族統一戦線をつくって対抗

ゴロゴロヒント 事件起き 行くぞみんなで大陸へ

何年に起こった？
第二次世界大戦 が終わる

- 同じ年のできごと

3月	東京大空襲/沖縄戦開始
5月	ドイツ降伏
8月	原爆投下/ソ連侵攻 ポツダム宣言受諾

ゴロゴロヒント 玉音が 響く汚れた町並みに

何年に起こった？
太平洋戦争が 始まる

- 日本軍がイギリス領マレー半島とハワイの真珠湾を攻撃
- 日本の戦局はミッドウェー海戦後に悪化

ゴロゴロヒント 行くよ一人で 戦争へ

何年に起こった？
冷戦が終わる （マルタ会談）

- 米ソによって冷戦の終結が宣言された
- 同じ年、冷戦の象徴、「ベルリンの壁」が壊された

ゴロゴロヒント 米ソとも 引くと約束いたしましょう

何年に起こった？
サンフランシスコ 平和条約を結ぶ

- 日本はアメリカなど48か国と平和条約を結び独立を回復
- 同時に日米安全保障条約が結ばれた

ゴロゴロヒント 条約に インクをつけて合意する

東京書籍版

社会歴史 もくじ

カード音声

ステージ1　ステージ2　ステージ3

特別ふろく

定期テスト対策	予想問題	145〜160
	スピードチェック	別冊

学習サポート	ポケットスタディ（学習カード）	要点まとめシート
	どこでもワーク（スマホアプリ）	ホームページテスト

※付録について，くわしくは表紙の裏や巻末へ

解答と解説　別冊

写真提供：アフロ，糸島市立伊都国歴史博物館，大分県立先哲史料館，岐阜県白山文化博物館，宮内庁三の丸尚蔵館，玄福寺・秋田県立博物館，神戸市立博物館・Kobe City Museum/DNPartcom，国立国会図書館，慈照寺，正倉院正倉，正倉院宝物，中尊寺，東京国立博物館・TNM Image Archives，東京大学史料編纂所，東京都江戸東京博物館・東京都歴史文化財団イメージアーカイブ，東大寺・公益財団法人美術院，徳川美術館・徳川美術館イメージアーカイブ/DNPartcom，長崎歴史文化博物館，奈良文化財研究所，平等院，福岡市博物館・福岡市博物館/DNPartcom，毎日新聞社，邸田丹陵「大政奉還」/聖徳記念絵画館，ロイター，鹿苑寺，AP，ColBase（https://colbase.nich.go.jp/），National Museum of China/ 新華社（敬称略）　ポケットスタディ音声：那波一寿

予習・復習 こつこつ 解答 p.1

確認のワーク ステージ1
1節 歴史をとらえる見方・考え方
2節 身近な地域の歴史

📖 教科書の 要点 （　）にあてはまる語句を答えよう。

1 時期や年代の表し方　　教 p.8〜9

●西暦▶ヨーロッパで考え出された。

　◆（①　　　　　　　　）が生まれたとされる年が紀元1年。

●（②　　　　　　　　）▶西暦を100年ごとに区切った単位。

　◆1世紀は紀元1年から100年まで。

　◆紀元前を（③　　　　　　　　）（Before Christ），

　　紀元後を（④　　　　　　　　）（Anno Domini）という。
アンノードミニー

●元号▶中国にならい，7世紀から使われる。

　◆日本で初めての元号は7世紀半ばの（⑤　　　　　　　　）。

●時代区分▶歴史の流れや社会の仕組みの特徴で分ける。

　◆歴史の流れ▶奈良時代→（⑥　　　　　　　）時代
　　→鎌倉時代→南北朝時代→（⑦　　　　　　　）時代
　　→（戦国時代）→安土桃山時代→江戸時代

　◆社会の仕組み▶原始→（⑧　　　　　　　）→中世
　　→（⑨　　　　　　　）→近代→現代

●十干十二支▶五行十干と十二支の組み合わせ。60年で一回り。

2 歴史の流れのとらえ方/時代の特色のとらえ方　　教 p.10〜13

●歴史の流れのとらえ方▶人物・文化財・出来事を時系列に整理し，年表にまとめる。時間の流れで出来事がどのように（⑩　　　　　　　　）したかをとらえる。

●時代の特色のとらえ方▶複数の資料を（⑪　　　　　　）して共通点・相違点を見つける。出来事の背景や原因，結果や影響などの相互の関連を探り出す。さらに，私たちが生きる（⑫　　　　　　　）とのつながりをとらえる。

3 身近な地域の歴史　　教 p.14〜17

●テーマを決めて調査・考察しよう

　◆調査する（⑬　　　　　　　）を設定する。

　◆調査を行う▶図書館で書籍を調べる。博物館を見学する。
　（⑭　　　　　　　）で検索する。

　◆考察する▶出来事の推移を確認し，複数の出来事を比較したり，出来事の相互の（⑮　　　　　　　）を見つけ出したりしながら，歴史的背景を考える。現在とのつながりも考える。

●まとめと発表をしよう▶図やイラストを使い，分かりやすく。

↓世紀

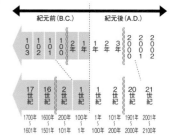

| 紀元前（B.C.） | 紀元後（A.D.） |

103年 102年 101年 2年 1年 ／ 1年 2年 3年 2000 2001 2002

17世紀 16世紀 2世紀 1世紀 ／ 1世紀 2世紀 20世紀 21世紀

1700年 1600年 200年 100年 ／ 1年 101年 1901年 2001年
1601年 1501年 101年 1年 ／ 100年 200年 2000年 2100年

五行十干とは
木・火・土・金・水をそれぞれ兄（え）と弟（と）に分ける表し方だよ。

↓調査の流れ

❶テーマの設定
●興味のあること
●疑問に思ったこと
↓
❷調査
●現地調査
●聞き取り調査
●書籍の利用
●インターネットの利用
↓
❸考察
●相互の関連
●推移・比較
●現在とのつながり
↓
❹まとめと発表
●年表・人物カード・歴史新聞にまとめる
●分かりやすく発表する
↓
❺ふり返り
●もっと調べたいことをメモする
●ほかの人からの質問や意見を生かす

⊙世紀 100年をひとまとまりとした年代の表し方　⊙元号 日本で使われている年代の表し方

📖 教科書の 資 料　次の問いに答えよう。

(1) 下の表の①〜④にあてはまる人物を，□□□からそれぞれ選びなさい。

| 徳川家光 | 聖徳太子 | 伊藤博文 | 源 頼朝 |
| とくがわいえみつ | しょうとくたいし | いとうひろぶみ | みなもとのよりとも |

(2) 下の表の⑤〜⑧にあてはまる文化財を，〔　〕からそれぞれ選びなさい。

〔　浮世絵　東大寺大仏　八幡製鉄所　金閣　〕
（うきよえ　とうだいじだいぶつ　やはたせいてつじょ　きんかく）

時代	原始・古代	中世	近世	近代
	縄文→弥生→古墳→飛鳥→奈良→平安	鎌倉→南北朝→室町（→戦国）	安土桃山→江戸	明治→大正→昭和（前半）
人物	①（　　　　）藤原道長	②（　　　　）足利義満	織田信長 ③（　　　　）	④（　　　　）野口英世
文化財	大仙（仁徳天皇陵）古墳 ⑤（　　　）	⑥（　　　）水墨画	日光東照宮 ⑦（　　　）	⑧（　　　）原爆ドーム

📖 教科書 一問一答 (チェック)　次の問いに答えよう。　/10問中

★は教科書の太字の語句

1 時期や年代の表し方

①キリストが生まれたと考えられていた年を紀元1年とする年代の表し方を何といいますか。

□ ★① ＿＿＿＿＿＿

②1221年は，何世紀に当たりますか。

□ ② ＿＿＿＿＿＿

③21世紀は，西暦何年から始まりましたか。

□ ③ ＿＿＿＿＿＿

④年代の表し方で使われるB.C.は何を表していますか。漢字で書きなさい。

□ ④ ＿＿＿＿＿＿

⑤年代の表し方で使われるA.D.は何を表していますか。漢字で書きなさい。

□ ⑤ ＿＿＿＿＿＿

⑥「保元」，「明治」などの，中国にならって取り入れられた年代の表し方を何といいますか。

□ ★⑥ ＿＿＿＿＿＿

⑦歴史の流れで時代区分を表すとき，平安時代の後，南北朝時代の前の時代を何といいますか。

□ ⑦ ＿＿＿＿＿＿

⑧社会の仕組みの特徴で時代区分を表すとき，古代と近世の間の時代を何といいますか。

□ ⑧ ＿＿＿＿＿＿

⑨「甲子」や「丙午」のように，五行十干と十二支を組み合わせた年代の表し方を何といいますか。

□ ⑨ ＿＿＿＿＿＿

2 ⑩時代の流れを，左から右へ，または上から下へ，古い出来事から順にまとめた表を何といいますか。

□ ⑩ ＿＿＿＿＿＿

 知識の泉　文化財の中で価値の高いものは，国から重要文化財に登録されます。そのうち，特に価値が高いものが選ばれて，国宝に指定されます。

予習・復習 こつこつ 解答 p.1

確認のワーク ステージ1 　1節　世界の古代文明と宗教のおこり①

📖教科書の 要点 （　）にあてはまる語句を答えよう。

❶ 人類の出現と進化 　　　　教 p.20〜21

● 人類の出現

◆（①　　　　　　　　）▶約700〜600万年前，アフリカに現

れた最古の人類。後ろあしで立ち，前あしで道具を使う。

● （②　　　　　　　　）時代▶約250万年前から，氷河時代に。

◆原人▶約200万年前に現れ，（③　　　　　　）石器を使う。

◆狩りや採集。　　◆火や言葉の使用。

◆（④　　　　　　　）（ホモ・サピエンス）▶約20万年前に

現れた，現在の人類の直接の祖先。

● 新石器時代▶約1万年前，最後の氷期が終わり，気温が上がる。

◆表面をみがいた（⑤　　　　　　　）石器を使う。

◆（⑥　　　　　　）が発明され，食べ物を煮る。

◆麦・粟・稲を栽培する農耕や牛・羊の牧畜が始まる。

❷ 古代文明のおこりと発展 　　　教 p.22〜23

● 文明のおこり▶アジアでは黄河・長江流域に中国文明。

◆（⑦　　　　　　　）や牧畜が発達すると，蓄えの差から争

いが起こり，強い集団が弱い集団を従えて，国ができる。

◆有力者は王・貴族になり，農民・商人・職人を支配する。

◆鉄器や（⑧　　　　　　　　）が作られ，貨幣・文字・法律が
　　　　　　　　　　　　　　銅・すずから作る金属器
発明されて，文明がおこる。

● エジプト文明▶（⑨　　　　　　　）川流域に，紀元前3000年

ごろ，統一国家ができる。太陽暦や（⑩　　　　　　）文字

を用い，巨大な神殿やピラミッドを造る。

● メソポタミア文明▶（⑪　　　　　　　）川・ユーフラテス川

流域に，紀元前3000年ごろ，ウルなどの都市国家が生まれる。

太陰暦や（⑫　　　　　　）文字，60進法を用いる。メソポ

タミアを統一したハンムラビ王がハンムラビ法典を整える。

◆オリエント▶エジプト・メソポタミアをふくむ地域のよび名。

■後にアルファベットが発明され，鉄器が広まる。

● インダス文明▶（⑬　　　　　　　）川流域に，紀元前2500年

ごろ，整備された都市が造られる。
　　　　　　モヘンジョ・ダロ遺跡
◆紀元前1500年ごろ，アーリヤ人が進出し，神官を最高位とす

る身分制度を作る→後に（⑭　　　　　　　）制度となる。

700〜600万年前	猿人の出現
250万年前	氷河時代の始まり
200万年前	原人の出現
	・狩り・採集
20万年前	新人の出現
1万年前	氷河時代の終わり
	・農耕・牧畜
紀元前	
3000	エジプト文明
	メソポタミア文明
2500	インダス文明
1700	ハンムラビ法典
1500	インドにアーリヤ
	人が進出

農耕や牧畜によって，計画的に食料を作り，蓄えることができるようになったんだね！

↓象形文字がかかれた壁画

↓くさび形文字で刻まれた
　ハンムラビ法典と
　インダス文字が刻まれた印

😊まるごと暗記 ☺️旧石器時代 打製石器を使う。土器はまだない ☺️新石器時代 磨製石器や土器を使う

📖 **教科書の 資料** 次の問いに答えよう。

第2章

(1) 地図中の**A～D**でおこった文明をそれ
　　ぞれ何といいますか。

　　　　　　A（　　　　　　　　　）
　　　　　　B（　　　　　　　　　）
　　　　　　C（　　　　　　　　　）
　　　　　　D（　　　　　　　　　）

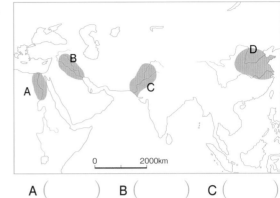

(2) 地図中の**A～C**の文明に関係があるも
　　のを，次からそれぞれ選びなさい。

　　　　A（　　　）　B（　　　）　C（　　　）

　　ア　60進法　　イ　モヘンジョ・ダロ　　ウ　ピラミッド

(3) **A・B**をふくむ地域を何といいますか。　　　　　（　　　　　　　　　　　　）

📖 **教科書** チェック **一問一答** 次の問いに答えよう。　　　　　　　/10問中

★は教科書の太字の語句

1 人類の出現と進化

①約200万年前に現れ，打製石器を作るようになった人
　類を何といいますか。　　　　　　　　　　　　　　□★①＿＿＿＿＿＿＿＿

②現在の人類の直接の祖先である新人を，カタカナで何
　といいますか。　　　　　　　　　　　　　　　　　□★②＿＿＿＿＿＿＿＿

③土器や磨製石器を使うようになった時代を何といいま
　すか。　　　　　　　　　　　　　　　　　　　　　□★③＿＿＿＿＿＿＿＿

2 古代文明のおこりと発展

④牛や羊などの家畜を飼うことを何といいますか。
　　　　　　　　　　　　　　　　　　　　　　　　　□★④＿＿＿＿＿＿＿＿

⑤青銅器とともに武器や農具に使われるようになった金
　属器を何といいますか。　　　　　　　　　　　　　□★⑤＿＿＿＿＿＿＿＿

⑥エジプト文明で使われた，太陽を基準に，1年を365
　日として12か月に分ける暦を何といいますか。　　　□★⑥＿＿＿＿＿＿＿＿

⑦メソポタミアのウルのように，1つの都市から形成さ
　れた国を何といいますか。　　　　　　　　　　　　□⑦＿＿＿＿＿＿＿＿

⑧メソポタミア文明で使われた，月の満ち欠けを基にし
　た暦を何といいますか。　　　　　　　　　　　　　□★⑧＿＿＿＿＿＿＿＿

⑨メソポタミアを統一した王が定めた，「目には目を」
　で有名な法律を何といいますか。　　　　　　　　　□⑨＿＿＿＿＿＿＿＿

⑩オリエントで発明され，現在でも広く使用されている
　文字を何といいますか。　　　　　　　　　　　　　□⑩＿＿＿＿＿＿＿＿

 知識の泉　インダス川はほとんどが現在のパキスタンを流れており，モヘンジョ・ダロの遺跡もパキスタ
　ンにあります。インダス文字はまだ解読されておらず，インダス文明にはまだ謎が多いです。

確認のワーク ステージ1　　予習・復習 こつこつ 解答 p.2

1節　世界の古代文明と宗教のおこり②

教科書の 要点 （　）にあてはまる語句を答えよう。

1 中国文明の発展 教 p.24～25

●**中国文明の発生**▶黄河・（①　　　　　　　　）流域で農耕文明。

　◆**殷**▶紀元前16世紀ごろ，（②　　　　　　　）流域におこった国。漢字の基になった（③　　　　　　　）文字を使い，優れた**青銅器**を造る。紀元前11世紀，**周**にほろぼされる。

　◆**春秋・戦国時代**▶紀元前8世紀から戦乱の時代が続く。紀元前6世紀，（④　　　　　　　）が儒学（儒教）を説く。

●**秦の中国統一**▶紀元前3世紀，**秦**が初めて中国を統一。

　◆（⑤　　　　　　　）は，北方の遊牧民の侵入を防ぐために，**万里の長城**を築く。
　　　　西安に巨大な墓・大量の兵馬俑

●**漢の成立**▶紀元前2世紀，（⑥　　　　　　　）が朝鮮半島から中央アジアまで支配する大帝国になる。紙が発明される。

　◆「（⑦　　　　　　　）（絹の道）」が開け，西方と交流。
　　　　絹織物が西へ，仏教・馬・ぶどうが東へ

2 ギリシャ・ローマの文明 教 p.26～27

●**ギリシャの都市国家**▶地中海各地に**アテネ**や**スパルタ**などの（⑧　　　　　　　）と呼ばれる都市国家ができる。

　◆アテネでは（⑨　　　　　　　）が行われる。
　　　　　　　　　　　　市民全員が話し合って行う政治

　◆ペルシャの攻撃をポリスが連合して退ける。
　　　オリエントを統一した国ちょうこく てつがく

　◆**ギリシャ文明**▶演劇・彫刻，哲学・数学・医学が発展。

●**ヘレニズム**▶紀元前4世紀，ペルシャを征服したマケドニアの（⑩　　　　　　　）大王がインダス川まで遠征し，ギリシャとオリエントの文化が結び付く。

●**ローマ帝国**▶イタリア半島の都市国家ローマでは，最初は王政，
　　　水道・浴場・闘技場を建設
紀元前6世紀には貴族による（⑪　　　　　　　）が行われる。

　◆紀元前30年，地中海沿岸を統一。その後，**帝政**になる。

3 宗教のおこりと三大宗教 教 p.28～29

●**宗教のおこり**▶神や死後の世界への考えの形式が整えられる。

●**仏教のおこり**▶（⑫　　　　　　　）がインドで開く。インドではその後，**ヒンドゥー教**が広まる。

●**キリスト教のおこり**▶ユダヤ教が信仰されていたパレスチナ地方で（⑬　　　　　　　）が説く。聖典は「**聖書（新約聖書）**」。

●**イスラム教のおこり**▶アラビア半島で（⑭　　　　　　　）がおこす。唯一神**アラー**に従う。聖典は「**コーラン**」。

↓甲骨文字が刻まれた牛の骨

うらないの結果を亀の甲や牛や鹿の骨に刻んだんだよ。

↓万里の長城

↓アテネのパルテノン神殿

紀元前	
16世紀	殷がおこる
11世紀	周が殷をほろぼす
	・ギリシャ都市国家
770	春秋・戦国時代
	・儒学おこる
	・仏教おこる
334	アレクサンドロス大王の東方遠征
221	秦が中国統一
202	漢が中国統一
27	ローマ帝国成立
紀元後	・キリスト教おこる
610ごろ	イスラム教おこる

教科書の 資料　次の問いに答えよう。

(1) 右の地図は，紀元前2世紀末の世界を表しています。地図中のAの国を何といいますか。（　　　　　　　　）

(2) Bを支配し，後に地中海沿岸全域を支配下に入れる帝国となった都市国家を何といいますか。（　　　　　　　　）

(3) aの交易路をカタカナで何といいますか。（　　　　　　　　　　）

(4) (3)を使って，西方から中国に伝わったものを， ⬚⬚ から2つ選びなさい。（　　　　　）（　　　　　）

紙	ぶどう
馬	絹織物

(5) 北方の遊牧民の侵入を防ぐために造られたbを何といいますか。

（　　　　　　　　　　　　　　）

教科書 一問一答（チェック）　次の問いに答えよう。

/10問中

★は教科書の太字の語句

1 中国文明の発展

①紀元前16世紀ごろ，黄河流域でおこった国を何といいますか。
★□① ＿＿＿＿＿＿

②春秋・戦国時代の中国で，孔子が説いた教えを何といいますか。
★□② ＿＿＿＿＿＿

③紀元前221年，初めて中国を統一した国を何といいますか。
★□③ ＿＿＿＿＿＿

2 ギリシャ・ローマの文明

④アテネやスパルタなどの都市国家で発達した文明を何といいますか。
★□④ ＿＿＿＿＿＿

⑤ギリシャの文化とオリエントの文化が結び付いたことを何といいますか。
★□⑤ ＿＿＿＿＿＿

⑥紀元前1世紀，地中海沿岸を支配下に入れた大帝国を何といいますか。
★□⑥ ＿＿＿＿＿＿

3 宗教のおこりと三大宗教

⑦紀元前5世紀ごろ，インドでシャカ（釈迦）が開いた宗教を何といいますか。
★□⑦ ＿＿＿＿＿＿

⑧紀元前からパレスチナ地方に広まっていた，ヤハウェを唯一の神とする宗教を何といいますか。
□⑧ ＿＿＿＿＿＿

⑨紀元前後，パレスチナ地方でイエスが開いた宗教を何といいますか。
★□⑨ ＿＿＿＿＿＿

⑩7世紀，アラビア半島でムハンマドが開いた宗教を何といいますか。
★□⑩ ＿＿＿＿＿＿

 知識の泉　イエスが処刑されたエルサレムは，キリスト教の聖地で，世界中から多くの巡礼者が訪れます。また，エルサレムは，ユダヤ教とイスラム教の聖地にもなっています。

第2章

こつこつ　テスト直前　解答　p.2

1節　世界の古代文明と宗教のおこり

定着のワーク　ステージ2

1　人類出現と進化　次の表を見て，あとの問いに答えなさい。

人類の種類	A	B	C
出現時期	700〜600万年前	a 200万年前	20万年前
脳の容積	400〜600㎤	800〜1300㎤	1400〜1800㎤

(1) A〜Cにあてはまる人類を，それぞれ書きなさい。

A（　　　　　　）　B（　　　　　　）　C（　　　　　　）

(2) B・Cが使っていた，石を打ち欠いて作った石器を何といいますか。（　　　　　　）

(3) 下線部aのころ，地球は寒冷化し，氷期と間氷期がくり返されていました。この時代を何といいますか。（　　　　　　）

ヒントの森
(1)Aはサルのような見た目の人類です。
(2)狩りなどに使います。

2　古代文明　右の年表を見て，次の問いに答えなさい。

年代	できごと
紀元前3000	エジプト文明………a
	メソポタミア文明…b
2500	インダス文明………c
16世紀	殷がおこる…………d
11世紀	殷がほろびる………e
6世紀	孔子が儒学を説く…f
221	秦が中国統一………g
202	漢が中国統一………h

(1) bは，チグリス川と，何という川の流域におこりましたか。（　　　　　　）

(2) dで，祭りの道具として使うために造られた，優れた金属器の種類を何といいますか。（　　　　　　）

(3) a〜dで使われた文字を，次からそれぞれ選びなさい。

a（　　）　b（　　）
c（　　）　d（　　）

ア　　イ　　ウ　　エ

(4) eで殷をほろぼした国を何といいますか。（　　　　　　）

(5) fのころ，中国は多くの国に分かれ，戦乱が続いていました。この時代を何といいますか。（　　　　　　）

(6) gの秦について，次の文中の□□にあてはまる語句を書きなさい。

①（　　　　　　）　②（　　　　　　）

初めて中国を統一した秦の王は「①」と名乗り，北方の遊牧民の侵入を防ぐため，②を築いた。

ヒントの森
(3)bの文字はくさびを組み合わせた形。dの文字は漢字の原型。
(7)中国から西方に運ばれた品物が交易路の名の由来。

(7) hのころの，西方との間の交易路を何といいますか。また，この交易路を通って中国から西方へ運ばれた主な品物は何ですか。

交易路（　　　　　　）　品物（　　　　　　）

3 ギリシャ・ローマの文明 次の文を読んで，あとの問いに答えなさい。

第2章

紀元前8世紀，a地中海沿岸には，bいくつものポリスが成立した。紀元前5世紀にcエジプトとメソポタミアをふくむ地域を支配下に入れた（ A ）が攻めてきたときは，ポリスは連合してこれを退け，dギリシャ文明が栄えた。しかし，紀元前4世紀，北方の（ B ）に征服された。

イタリア半島ではローマが紀元前6世紀に王政を廃止し，貴族による（ C ）を進めていたが，領土が地中海全域に拡大すると，紀元前27年，（ D ）に変わった。

よく出る (1) A〜Dにあてはまる語句を，　　からそれぞれ選びなさい。

A (　　　　　) B (　　　　　)

C (　　　　　) D (　　　　　)

帝政　　マケドニア
共和政　　ペルシャ

(2) 下線部aについて，次の文中の　　にあてはまる語句を，それぞれ書きなさい。

① (　　　　　) ② (　　　　　)

地中海沿岸は，麦を育てる ① や，羊や牛を飼う ② に適した気候だった。

(3) 下線部bについて，代表的なポリスを2つ書きなさい。

(　　　　　) (　　　　　)

(4) 下線部cを何といいますか。カタカナ5字で書きなさい。

(　　　　　)

レベルUP (5) 下線部dにあてはまらないものを，次から選びなさい。

(　　　　　)

> ヒントの森
> (2)狩りや採集に比べ，計画的に食料を生産できます。
> (5)1つはローマの文明で実用的です。

ア 哲学・数学などの学問　　イ 水道や浴場などの施設
ウ 演劇・彫刻などの芸術

4 宗教のおこり 右の地図を見て，次の問いに答えなさい。

(1) Aの地域について，次の文中の　　にあてはまる語句をそれぞれ書きなさい。

① (　　　　　)

② (　　　　　)

この地域で紀元前後にイエスが説いた教えは，弟子たちによって「 ① 」にまとめられ， ② 教とよばれた。

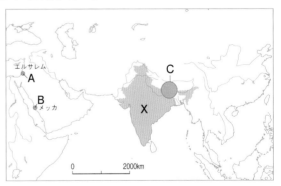

(2) Bの地域でおこったイスラム教の唯一の神を何といいますか。また，イスラム教の聖典を何といいますか。　神 (　　　　　) 聖典 (　　　　　)

(3) Cの地域で仏教をおこしたのはだれですか。

(　　　　　)

(4) 現在，Xの国で多くの人が信仰している多神教は何ですか。

(　　　　　)

> ヒントの森
> (1)ユダヤ教が基です。
> (3)仏像になっています。
> (4)Xの国はインド。

予習・復習 ＜ こつこつ ＜ 解答 ▶ p.2

確認のワーク ステージ**1**　　**2節　日本列島の誕生と大陸との交流**

📖 教科書の **要点** （　　）にあてはまる語句を答えよう。

❶ 旧石器時代と縄文時代の暮らし　　教 p.30〜31

● **旧石器時代の暮らし**▶１万年前まで氷河時代。**打製石器**を使い，ナウマンゾウ・オオツノジカなどの狩りや植物の採集を行う。

◆１万年前，温暖になり海面が上昇。日本列島ができる。

● **縄文時代の暮らし**▶狩りや漁，木の実や貝の採集。　群馬県岩宿遺跡から発見

◆**縄文文化**▶（①　　　　　　）土器を使用＝縄文時代。

■**貝塚**　■（②　　　　　　）住居　■**土偶**
　　　　　　　　　地面をほりくぼめ，柱を立てて屋根をかけた家

❷ 弥生時代の暮らしと邪馬台国　　教 p.32〜33

● **弥生時代の始まり**▶紀元前４世紀，大陸から（③　　　　　　）と**青銅器・鉄器**が伝わる。　　　米づくり

◆**弥生文化**▶（④　　　　　　）土器を使用＝弥生時代。

■（⑤　　　　　　）**倉庫**▶ねずみや湿気を防ぐ。

■（⑥　　　　　　）▶**銅鏡・銅鐸**など。祭りの道具。

■（⑦　　　　　　）▶武器や工具，農具。

● **国々の成立/邪馬台国**▶むらがまとまり，国ができる。

◆紀元前１世紀▶**倭**に100余りの国。　福岡県志賀島で江戸時代に発見

◆１世紀▶**奴国**の王が漢に使い。**金印**を授かる。

◆３世紀▶**邪馬台国**の女王（⑧　　　　　　）が30ほどの国を従える。（⑨　　　　　　）時代の魏に**朝貢**し，「**親魏倭王**」の称号と，金印・銅鏡を授かる（**魏志倭人伝**）。
　　　　魏・呉・蜀が並び立つ

❸ 大王の時代　　教 p.34〜35

● **大和政権の発展/古墳時代の文化**

◆（⑩　　　　　　）**政権**▶３世紀後半，奈良盆地を中心に王と**豪族**たちがつくる。５世紀には九州から東北地方南部までを支配し，中心人物は（⑪　　　　　　）と呼ばれる。

◆**古墳時代の文化**▶王や豪族の墓として（⑫　　　　　　）が造られる。**前方後円墳**など。表面に**埴輪**が置かれる。

● **中国・朝鮮半島との交流**　このうち「武」はワカタケル大王と考えられている

◆中国▶**南北朝時代**。**倭の五王**がたびたび南朝に朝貢。

◆**朝鮮半島**▶**高句麗・百済・新羅**が争う。**大和政権**は，百済や**伽耶地域（任那）**と結び，高句麗や新羅と戦う。

◆（⑬　　　　　　）▶朝鮮半島から一族で日本に移住。
　■**須恵器**の製法，**漢字，儒学，仏教**を伝える。
　黒っぽくかたい土器

57	奴国の王が後漢に使い
220	中国が三国時代（魏・呉・蜀）
239	邪馬台国の卑弥呼が魏に使い
	・倭が高句麗と戦う
439	中国が南北朝時代
	・大和政権の統一
478	倭王武が南朝に使い

←縄文土器

弥生土器→

↓金印

金印の表には，「漢委奴国王」と刻まれているよ。

↓**大仙古墳（仁徳陵古墳）**

😊まるごと暗記　👁邪馬台国 弥生時代の女王卑弥呼の国　👁大和政権 古墳時代に奈良盆地に成立した強い勢力

📖教科書の 資料　次の問いに答えよう。

(1) 右の地図は，5世紀の東アジアを表しています。A～Dにあてはまる国名・地域名を　　　からそれぞれ選びなさい。

A（　　　　　　　）

B（　　　　　　　）

C（　　　　　　　）

D（　　　　　　　）

百済　新羅　高句麗　伽耶地域

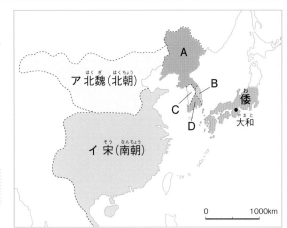

(2) 大和政権の大王が使いを送ったのは，ア・イのどちらですか。（　　　　　）

📖教科書 チェック 一問一答　次の問いに答えよう。

/10問中

★は教科書の太字の語句

1 旧石器時代と縄文時代の暮らし

①日本では約1万年前まで続いた，打製石器を使い，狩りや採集で暮らしていた時代を何といいますか。

□①＿＿＿＿＿＿＿＿＿

②表面に縄目の文様のある土器を使っていた時代を何といいますか。

□★②＿＿＿＿＿＿＿＿＿

③昔の人が食べ物の残りかすなどを捨てたあとは，現在では何と呼ばれていますか。

□★③＿＿＿＿＿＿＿＿＿

2 弥生時代の暮らしと邪馬台国

④薄手でかたい土器を使い，稲作（いなさく）が広まった時代を何といいますか。

□★④＿＿＿＿＿＿＿＿＿

⑤1世紀に漢（後漢）に使いを送り，金印を授けられた北九州の国を何といいますか。

□⑤＿＿＿＿＿＿＿＿＿

⑥3世紀の倭（日本）で，30ほどの国を従え，女王卑弥呼（ひみこ）が治めていた国を何といいますか。

□★⑥＿＿＿＿＿＿＿＿＿

⑦中国の皇帝（こうてい）にみつぎ物をおくることを何といいますか。

□★⑦＿＿＿＿＿＿＿＿＿

3 大王の時代

⑧王や豪族の大規模な墓が造られた時代を何といいますか。

□★⑧＿＿＿＿＿＿＿＿＿

⑨大阪府にある仁徳天皇のものとされている墓の形を何といいますか。

□⑨＿＿＿＿＿＿＿＿＿

⑩王や豪族の墓の上に並べられた，円筒形（えんとう）や人・動物をかたどった土製品を何といいますか。

□⑩＿＿＿＿＿＿＿＿＿

知識の泉　邪馬台国がどこにあったか，今も分かっていません。九州説や畿内説が有力ですが，卑弥呼の墓や魏の皇帝から授けられた金印はまだ発見されていないのです。

こつこつ　テスト直前　解答 p.3

定着のワーク ステージ2　2節　日本列島の誕生と大陸との交流

1 旧石器時代と縄文時代の暮らし　次の文を読んで，あとの問いに答えなさい。

　　氷河時代，日本は大陸と陸続きで，a大形の動物を追って，人々が移り住んできた。約1万年前，最後の氷期が終わり，日本列島が大陸から切り離されたころ，b厚手で黒褐色（こくかっしょく）の土器が作られ，食べ物を煮（に）たり，保存したりできるようになった。人々は，（　c　）住居に住んで，狩りや採集で食料を得て，d食べ物の残りかすは海岸や水辺に捨てた。また，eさまざまな儀式（ぎしき）も行われた。

(1)　下線部aにあてはまる動物を1つ書きなさい。　（　　　　　　　）

(2)　下線部aの狩りに使われた，石を打ち欠いたするどい刃（は）を持つ石器を何といいますか。　（　　　　　　　）

(3)　下線部bのころの文化を何といいますか。（　　　　　　　）

(4)　cにあてはまる語句を書きなさい。　（　　　　　　　）

(5)　下線部dのあとは何と呼ばれますか。　（　　　　　　　）

(6)　下線部eに使われたと考えられる右の写真の人形を何といいますか。（　　　　　　　）

ヒントの森
(1)大形ということに注意。鹿やいのししではありません。
(2)このころ日本は旧石器時代。
(3)土器の名前と同じ。
(6)土でできています。

2 弥生時代の暮らし　次の文を読んで，あとの問いに答えなさい。

　　a大陸から伝わった稲作（いなさく）が広まると，人々はむらを造って定住するようになった。集団で農作業を行ううち，人々を支配する有力者が現れ，いくつかのむらを従えるb小さな国ができた。このころ，c青銅器や鉄器やd薄く赤褐色（せきかっしょく）をした土器が使われた。

(1)　下線部aについて，大陸から稲作が伝わったのは，紀元前何世紀ごろのことでしたか。　（　　　　　　　）ごろ

(2)　下線部bについて，北九州の国の王が中国の皇帝から授（さず）けられたと考えられる金印が福岡県で見つかっています。この印に刻まれた文字を，次から選びなさい。　（　　　　）

ア　親魏倭王　　イ　漢委奴国王　　ウ　獲加多支鹵大王　　エ　広開土王

(3)　下線部cについて，右のA・Bを何といいますか。

A（　　　　　　　）

B（　　　　　　　）

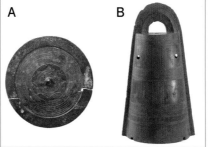

(4)　下線部dのころの文化を何といいますか。　（　　　　　　　）

ヒントの森
(1)後に古墳にほうむられた人々です。
(2)当時の中国の国名と北九州の国名がふくまれています。

3 **大王の時代**　次の写真や地図を見て，あとの問いに答えなさい。

A

B

(1)　Aのような形の古墳（こふん）を何といいますか。（　　　　　　　　）

(2)　古墳の上に並べられたBを何といいますか。（　　　　　　　　）

(3)　右上の地図は，(1)の分布を表しています。次の文中の□□にあてはまる地方名をそれぞれ書きなさい。①（　　　　　　　）

②（　　　　　　　）　③（　　　　　　　）

> (1)は，西は ① 地方から，東は ② 地方の南部まで分布している。なかでもAの大仙古墳（だいせん）がある ③ 地方には，特に多く分布している。

ヒントの森
(1)円形と四角形を組み合わせた形。
(3)③大和政権ができた場所。

4 **中国・朝鮮半島との交流**　右の年表を見て，次の問いに答えなさい。

(1)　aの卑弥呼（ひみこ）が治めていた国を何といいますか。（　　　　　　　）

(2)　aの中国は何という国でしたか。（　　　　　　　）

年	できごと
220	中国が三国時代になる
239	女王卑弥呼が中国に使いを送る ………a
	・倭が高句麗と戦う ………………………b
439	中国が（　　　）時代になる …………c
478	倭王武が中国に使いを送る …………d

(3)　bの高句麗（こうくり）の位置を，右の地図中のア～エから選びなさい。（　　　　）

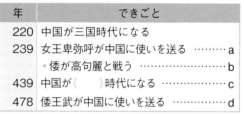

(4)　cの（　　　）にあてはまる語句を書きなさい。（　　　　　　　　　）

(5)　dの倭王武（わおうぶ）は，当時日本の大部分を支配していた政権の人物です。この政権を何といいますか。（　　　　　　　）

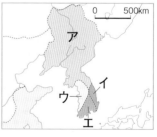

(6)　dのころ，朝鮮半島から一族で日本に移り住んだ人々を何といいますか。（　　　　　　　）

(7)　(6)が伝えた次の①～④は何ですか。あとからそれぞれ選びなさい。

①　高温のかまで焼く土器　　　　　　　（　　　）

②　中国で発明された文字　　　　　　　（　　　）

③　孔子（こうし）が説いた教え　　　　　　　（　　　）

④　シャカが開いた宗教　　　　　　　　（　　　）

ヒントの森
(2)魏・呉・蜀の中の一つ。
(4)武は南朝に使いを送りました。
(5)現在の奈良盆地を中心とする地域に現れた政権です。

　　ア　仏教　　イ　漢字　　ウ　キリスト教
　　エ　儒学（じゅ）　オ　須恵器（すえき）　カ　アルファベット

実力判定テスト　ステージ3　総合問題編　第2章　古代までの日本①　こつこつ テスト直前 解答 p.3　30分　/100

1 次の表を見て，あとの問いに答えなさい。　4点×6（24点）

文明	エジプト文明	A 文明	B 文明	中国文明
河川	C 川	チグリス・ユーフラテス川	インダス川	D ・長江 チャンチアン
代表的な遺跡	（ a ）	ジッグラト	モヘンジョ・ダロ	b 万里の長城

(1) 表中のA・Bにあてはまる語句を，それぞれ書きなさい。

(2) 表中のC・Dにあてはまる語句を，それぞれ書きなさい。

(3) 表中のaにあてはまる建造物の名前を書きなさい。

記述 (4) 表中の下線部bが築かれた理由を，簡単に書きなさい。

(1)A	B	
(2)C	D	(3)
(4)		

2 右の地図を見て，次の問いに答えなさい。　4点×6（24点）

(1) 次の文にあてはまる宗教や思想を，それぞれ書きなさい。

① Aで紀元前から信仰されていた一神教。

② Bでシャカがおこした。

③ Cで孔子が説いた。

(2) キリスト教を国教とし，Xをふくむ地中海沿岸を支配した国を何といいますか。

(3) Yでイスラム教を開いたのはだれですか。

(4) 紀元前4世紀ごろからギリシャとオリエントの文化が結び付いたことによって，Zで新しい美術が生まれました。このことを何といいますか。

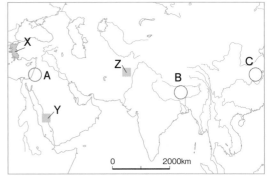

(1)①	②	③
(2)	(3)	(4)

目標	☐ 古代文明の名称と特徴をおさえる ☐ 宗教の開祖と成立場所をおさえる ☐ 古墳時代までの文化をおさえる

自分の得点まで色をぬろう!

😣がんばろう	😊もう一歩	😄合格!
0　　　　　　　　　　60　　　　80　　　100点

3 右の資料を見て，次の問いに答えなさい。　　　　　　　　4点×7（28点）

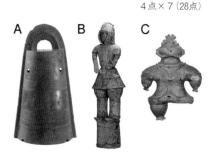

A　　　　B　　　　C

(1)　A～Cをそれぞれ何といいますか。

(2)　A～Cを，作られた順に並べなさい。

(3)　A～Cが作られた時代と関係の深いことがらを次か
　　らそれぞれ選びなさい。
　　ア　縄文土器の製作　　　イ　古墳の建造
　　ウ　高床倉庫を造る　　　エ　ナウマンゾウの狩り

(1) A		B		C	
(2)	→　　　　→	(3) A	B		C

4 右の資料を見て，次の問いに答えなさい。　　　　　　　　4点×6（24点）

(1)　資料1が書かれた書物を，次から選びなさい。
　　ア　「漢書」地理志　　　イ　「後漢書」東夷伝
　　ウ　魏志倭人伝　　　　　エ　「宋書」倭国伝

(2)　資料1中の（　　）にあてはまる語句を，それぞ
　　れ書きなさい。

(3)　資料1のころの日本の様子について，次の文中
　　の□□にあてはまる語句を書きなさい。
　　　大陸から伝わった□□が盛んになり，むらをま
　　とめる王が現れた。

(4)　資料2について，武が中国の皇帝に使いを送っ
　　た理由を，次から選びなさい。
　　ア　朝鮮の国々よりも優位に立つため。
　　イ　中国と貿易を行い，利益を得るため。
　　ウ　中国を支配下に置くため。

(5)　倭王武と同一人物であると考えられている「ワ
　　カタケル」大王の文字が刻まれた鉄刀と鉄剣が，
　　熊本県と埼玉県の古墳からそれぞれ出土しています。このことからどのようなことが分か
　　りますか。簡単に書きなさい。

資料1

　…南に進むと（　A　）に着く。ここは
女王が都を置いている所である。…倭
にはもともと男の王がいたが，その後
国内が乱れたので一人の女子を王とし
た。名を（　B　）といい，成人している
が夫はおらず，一人の弟が国政を補佐
している。

資料2　倭王武の手紙

　私の祖先は，自らよろいやかぶとを
身に着け，山や川をかけめぐり，東は
55国，西は66国，さらに海をわたっ
て95国を平定しました。しかし私の使
いが陛下の所に貢ぎ物を持っていくの
を，高句麗がじゃまをしています。今
度こそ高句麗を破ろうと思いますので，
私に高い地位をあたえて激励してくだ
さい。

(1)		(2) A		B	
(3)		(4)			
(5)					

予習・復習 こつこつ 解答 p.4

3節　古代国家の歩みと東アジア世界①

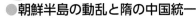

教科書の **要点** （　）にあてはまる語句を答えよう。

① 聖徳太子の政治改革
教 p.36〜37

↓聖徳太子と伝えられる肖像画

聖徳太子は推古天皇のおいに当たるんだね！

● **朝鮮半島の動乱と隋の中国統一**
- ◆**朝鮮半島**▶（①　　　　　　　）と**新羅**が勢力を強める。
- ◆**中国**▶6世紀末，隋が南北朝を統一する。律令を整え，人々を（②　　　　　　　）に登録して税や兵役を課す。

● **聖徳太子と蘇我氏**
- ◆**豪族の争い**▶蘇我氏が（③　　　　　　　）氏をほろぼし，女性の（④　　　　　　　）天皇を即位させる。
- ◆（⑤　　　　　　　）（厩戸皇子）の政治
  - ■**蘇我馬子**と協力し，天皇中心の政治制度を整えようとする。
  - ■**冠位十二階**▶才能や功績のある人物を役人にする。
  - ■（⑥　　　　　　　）▶役人の心構えを示す。
  - ■（⑦　　　　　　　）の派遣▶進んだ文化や制度を取り入れようと**小野妹子**らを中国に送る。留学生や僧も同行。

● **飛鳥文化**▶飛鳥地方を中心に栄えた日本最初の**仏教**文化。
- ◆**法隆寺**▶聖徳太子が建立。世界最古の木造建築。釈迦三尊像。

② 東アジアの緊張と律令国家への歩み
教 p.38〜39

● **唐の成立と東アジアの緊張**▶（⑧　　　　　　　）がほろび，唐が中国を統一。日本は（⑨　　　　　　　）を送る。
制度や文化を学ぶため

● **大化の改新** 645年
- ◆**中大兄皇子**・（⑩　　　　　　　）（藤原鎌足）が，朝廷で独裁を行う蘇我蝦夷・入鹿をたおし，政治改革を始める。
- ◆全国の土地と人民を（⑪　　　　　　　）とする。

● **白村江の戦いと壬申の乱**
- ◆**白村江の戦い**▶（⑫　　　　　　　）・唐にほろぼされた**百済**を救おうと，朝鮮半島に兵を送るが，唐・新羅軍に敗北する。
  - ■山城や水城を造り，侵攻に備える。
- ◆**天智天皇**▶（⑬　　　　　　　）が大津宮で即位。初めて全国の戸籍を作る。
- ◆**天武天皇**▶（⑭　　　　　　　）の乱に勝って即位。律令や都造りを命令。
天智天皇のあとつぎ争い
- ◆**持統天皇**▶藤原京を完成させる。
天武天皇のきさき

6世紀	百済から仏像・経典をおくられる
589	隋が中国を統一
593	聖徳太子が政務に参加
607	遣隋使を派遣
618	唐が建国される
630	第一回遣唐使を派遣
645	大化の改新
663	白村江の戦い
672	壬申の乱が起こる
676	新羅が朝鮮半島を統一
694	藤原京が完成する

↓7世紀半ばの東アジア

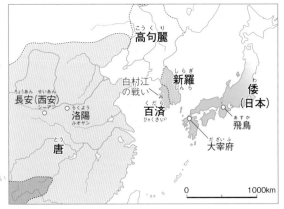

教科書の 資料 次の問いに答えよう。

(1) 右の写真は，7世紀に建てられた寺院で，世界最古の木造建築とされています。この寺院を何といいますか。（　　　　　　）

(2) この寺院を建てたといわれる人物はだれですか。
（　　　　　　）

(3) この寺院にまつられている，仏教の開祖を中心とした3体の仏像を何といいますか。（　　　　　　）

(4) (3)に代表される，日本で最初の仏教文化を何といいますか。（　　　　　　　　　）

第2章

教科書 チェック 一問一答 次の問いに答えよう。

/10問中

★は教科書の太字の語句

1 聖徳太子の政治改革

①隋が，政治の仕組みを整えるために定めた法律を何といいますか。

★① ＿＿＿＿＿

②対立する物部氏をほろぼして，大和政権で力を強めた豪族は何氏ですか。

★② ＿＿＿＿＿

③聖徳太子が才能や功績のある人物を役人に取り立てるために整えた政治制度を何といいますか。

★③ ＿＿＿＿＿

2 東アジアの緊張と律令国家への歩み

④隋がほろびた後に建国され，大帝国となった国はどこですか。

★④ ＿＿＿＿＿

⑤中大兄皇子や中臣鎌足らが始めた政治改革を何といいますか。

★⑤ ＿＿＿＿＿

⑥天皇と豪族や貴族から成る政府のことを何といいますか。

★⑥ ＿＿＿＿＿

⑦日本は，663年に朝鮮半島に兵を送りましたが，唐と新羅の連合軍に敗れました。この戦いを何といいますか。

★⑦ ＿＿＿＿＿

⑧中大兄皇子は，大津宮で即位して何という天皇になりましたか。

★⑧ ＿＿＿＿＿

⑨壬申の乱に勝って即位し，①や歴史書を作るよう命じた天皇はだれですか。

★⑨ ＿＿＿＿＿

⑩持統天皇が完成させた，日本で初めての本格的な都を何といいますか。

⑩ ＿＿＿＿＿

 知識の泉　6月10日は，時の記念日です。これは，天智天皇の時代に日本で初めて時計を使って鐘を打ったことに由来します。このときの時計は水時計でした。

予習・復習 ◀ こつこつ ▶ 解答 p.4

3節　古代国家の歩みと東アジア世界②

確認のワーク　ステージ**1**

📖 **教科書の** 要点 　（　）にあてはまる語句を答えよう。

❶ 律令国家の成立と平城京
教 p.40〜41

●大宝律令／平城京
◆**律令国家の成立**▶天皇や貴族が，律令に基づいて政治を行う。
- **大宝律令の制定** 701年 ▶唐の法律にならう。
- （①　　　　　　　）の派遣▶唐の制度や文化を学ぶ。
- （②　　　　　　　）710年 ▶唐の**長安**を手本にした都。

　この後，（③　　　　　　　）時代が約80年間続く。
- **貨幣**の発行▶（④　　　　　　　）が都の**市**で使われる。

●地方の仕組み▶地方を国に分け，さらに郡に分ける。
◆**国**▶中央の貴族を（⑤　　　　　　　）として派遣。
◆**郡**▶地方の**豪族**を（⑥　　　　　　　）に任命。
◆九州に（⑦　　　　　　　），東北地方に多賀城を設置。

❷ 奈良時代の人々の暮らし
教 p.42〜43

●人々の身分と負担
◆**身分**▶6年ごとに**戸籍**が作られ，良民・賎民に分けて登録。
奴婢など
◆**班田収授法**▶6歳以上の男女に（⑧　　　　　　　）があたえられ，死後は国に返す。
◆**負担**▶**租・調・庸**（税），**雑徭**（労役），**防人**（兵役）など。

●土地の私有と荘園
◆**三世一身法** 723年 ▶**口分田**が不足したため，**開墾**を奨励。
◆**墾田永年私財法** 743年 ▶土地の私有を認める。貴族や寺院が私有地を拡大。後に（⑨　　　　　　　）となる。

❸ 天平文化
教 p.44〜45

●天平文化▶（⑩　　　　　　　）天皇のころの仏教と唐の文化の影響を受けた国際色豊かな文化。東大寺の正倉院宝物。

●奈良時代の仏教
◆**聖武天皇**▶仏教の力で災害や伝染病から国を守ろうとする。国ごとに**国分寺・国分尼寺**，都に東大寺の（⑪　　　　　　　）。
金銅の仏像
◆**行基**▶一般の人々に仏教を広め，橋やため池を造る。
◆（⑫　　　　　　　）▶唐から来日し，正式な仏教を伝える。

●歴史書と万葉集
◆**歴史書**▶「（⑬　　　　　　　）」，「**日本書紀**」。
◆**地理書**▶「**風土記**」　◆**和歌集**▶「（⑭　　　　　　　）」

701	大宝律令の制定
708	和同開珎を鋳造
710	平城京が造られる
712	「古事記」
720	「日本書紀」
723	三世一身法
741	国分寺建立の詔
743	墾田永年私財法
	大仏造立の詔
752	大仏完成
754	鑑真が都に来る

↓律令による役所の仕組み

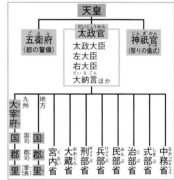

都と地方は道路で結ばれ，途中の駅には馬が用意されていたよ！

↓一般の人々の負担

6歳以上の男女	
租	収穫量の約3％の稲
正丁（21〜60歳の男子）	
調	地方の特産物
庸	労役のかわりの布
雑徭	地方での労役
兵役	3，4人に1人 都1年か防人3年

・**大宝律令** 唐にならって制定された法律　・**天平文化** 奈良時代の聖武天皇のころの文化

教科書の 資料 次の問いに答えよう。

(1) Aの建物には，Bなどの宝物が収められていました。この建物を何といいますか。
（　　　　　　　　）

(2) Aは何という寺院にありますか。
（　　　　　　　　）

A

(3) Bは朝廷が中国に送った使いが持ち帰ったと考えられています。この使いを何といいますか。
（　　　　　　　　）

(4) Bに代表される，奈良時代の仏教と中国の影響を受けた国際色豊かな文化を何といいますか。
（　　　　　　　　）

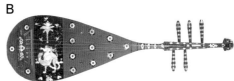
B

第2章

教科書 一問一答 次の問いに答えよう。
/10問中

★は教科書の太字の語句

1 律令国家の成立と平城京

①701年に唐の法律にならって作られた，全国を支配する仕組みを細かく定めた決まりを何といいますか。
★①＿＿＿＿＿

②平城京が手本とした唐の都を何といいますか。
②＿＿＿＿＿

2 奈良時代の人々の暮らし

③戸籍に基づき，6歳以上の男女に口分田をあたえる決まりを何といいますか。
③＿＿＿＿＿

④6歳以上の男女が，口分田の収穫量の約3％の稲を納めた税を何といいますか。
★④＿＿＿＿＿

⑤成年男子が絹や糸，真綿など，地方の特産物を納めた税を何といいますか。
★⑤＿＿＿＿＿

⑥成年男子が労役のかわりに布を納めた税を何といいますか。
★⑥＿＿＿＿＿

⑦743年に出された，新しく開墾した土地の私有を認める決まりを何といいますか。
★⑦＿＿＿＿＿

3 天平文化

⑧聖武天皇が国ごとに造らせた寺院を何といいますか。
⑧＿＿＿＿＿

⑨一般の人々に仏教を広め，橋やため池を造った僧はだれですか。
⑨＿＿＿＿＿

⑩地方の国ごとにまとめられた，自然，産物，伝説などを記した地理書を何といいますか。
★⑩＿＿＿＿＿

 知識の泉　聖武天皇のきさきだった光明皇后は，仏教をあつく信仰していました。光明皇后は，貧しい人を助けたり，病人を集めて治療する施設を造ったりして，今でいう慈善事業にも取り組みました。

定着のワーク ステージ2 3節 古代国家の歩みと東アジア世界①②

こつこつ テスト直前 解答 p.5

1 **聖徳太子の政治改革** 右の年表を見て，次の問いに答えなさい。

(1) aの聖徳太子と協力して政治を行った豪族はだれですか。 （　　　　　　　　）

(2) bについて，次の文中の□□□にあてはまる語句を書きなさい。 （　　　　　　　　）

　　 この制度は，□□□中心の政治制度を整えるために定められた。

年	できごと
593	聖徳太子が政務に参加する………a
603	冠位十二階の制度を定める………b
604	十七条の憲法を定める……………c
607	（　　）らを隋に送る……………d
	・法隆寺が建てられる……………e

(3) cの十七条の憲法はだれの心構えを示したものですか。 （　　　　　　　　　）

(4) dの（　　）にあてはまる人物名を書きなさい。

（　　　　　　　　　）

(5) eのころの文化の特徴について，次の文中の□□□にあてはまる語句をそれぞれ書きなさい。

　　 ①（　　　　　　　　） ②（　　　　　　　　）

　　 □①□地方を中心に栄えた日本初の□②□文化。

ヒントの森
(1)蘇我蝦夷の父親です。
(5)①奈良盆地の南部。

2 **大化の改新** 右の地図を見て，次の問いに答えなさい。

(1) Aの唐の都を何といいますか。

（　　　　　　　　）

7世紀半ばの東アジア

(2) 後に朝鮮半島を統一するBの国を何といいますか。 （　　　　　　　　）

(3) Cで日本軍が敗れた戦いを何といいますか。 （　　　　　　　　）

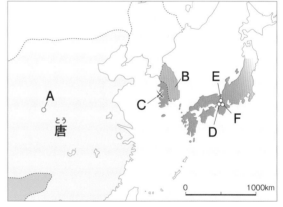
唐

0　　　　1000km

(4) Dについて述べた，次の文中の□□□にあてはまる語句をそれぞれ書きなさい。

　　 ①（　　　　　　　　）
　　 ②（　　　　　　　　）
　　 ③（　　　　　　　　）

　　 中大兄皇子と□①□は，蘇我氏をほろぼした後，都をDの難波宮に移し，それまで各地の豪族が支配していた土地と人民を国が直接支配するという，□②□の方針を示すなどの改革を行った。この改革は□③□と呼ばれる。

(5) Eの大津宮に都を移した中大兄皇子は，何という天皇として即位しましたか。 （　　　　　　　　）

(6) Fに藤原京を完成させた天皇はだれですか。

（　　　　　　　　）

ヒントの森
(1)現在の西安。
(4)①藤原氏の祖です。
　③日本で初めて定められた元号にちなみます。
(5)天武天皇ではありません。
(6)天武天皇の皇后だった女性の天皇です。

❸ 律令国家の成立と平城京 次の文を読んで，あとの問いに答えなさい。

701年，唐の法律にならって（ A ）が制定され，日本は_a律令に基づいて政治を行う国家になった。奈良に_b新しい都が造られ，天皇と（ B ）が政治を運営した。_c地方は，国・郡・里に分けられ，国ごとに（ C ）が中央から派遣され，その下で地方の豪族が郡司に任命された。

(1) A～Cにあてはまる語句を，それぞれ書きなさい。

A（　　　　　　） B（　　　　　　） C（　　　　　　）

(2) 下線部aのような国家を何といいますか。（　　　　　　）

(3) 下線部bの都を何といいますか。（　　　　　　）

(4) 下線部cについて，現在の福岡県に置かれ，九州地方の政治，外交，防衛に当たった役所を何といいますか。

（　　　　　　）

ヒントの森
(1)B 高い位をあたえられた近畿地方の豪族。

❹ 奈良時代の人々の暮らしと文化 次の問いに答えなさい。

(1) 右の表中のA～Dにあてはまる負担を，[　　]からそれぞれ選びなさい。

A（　　　　　　） B（　　　　　　）
C（　　　　　　） D（　　　　　　）

[令　防人　調　奴婢　租　雑徭]

奈良時代の人々の負担

6歳以上の男女	
A	収穫量の約3％の稲
正丁（21～60歳の男子）	
B	地方の特産物
庸	労役のかわりの布
C	地方での労役
兵役	3，4人に1人
	都1年か D 3年

(2) 次の文中の[　]にあてはまる語句を，それぞれ書きなさい。

①（　　　　　　）
②（　　　　　　） ③（　　　　　　）

人々は①と賤民に分けられ，6年ごとに作られる②に登録された。6歳以上の男女には，国から③が支給された。

(3) 田が不足したために723年に出された，税を納めていれば，一定期間，新しく開墾した土地を自由にしてよいという決まりを何といいますか。（　　　　　　）

(4) 奈良時代の文化について，次の問いに答えなさい。

① 聖武天皇の命令で都に建てられ，現在は右の写真の仏像がまつられている寺院を何といいますか。

（　　　　　　）

② 奈良時代にまとめられた歴史書には，「古事記」と何がありますか。

（　　　　　　）

③ 天皇や貴族，農民の歌が収められた和歌集を何といいますか。

（　　　　　　）

ヒントの森
(1)残りの2つは政治を行ううえでの決まりと賤民の種類を表す言葉です。
(4)①正倉院がある寺。
②③「風土記」ではありません。

予習・復習　こつこつ　解答 p. 6

確認のワーク ステージ1　3節　古代国家の歩みと東アジア世界③

教科書の 要点 （　）にあてはまる語句を答えよう。

1 平安京と律令国家の変化　教 p.46〜47

●平安京／律令国家の変化

◆奈良時代後半，貴族や僧が勢力を争い，政治が混乱。

◆（①　　　　　　　）天皇▶政治の立て直しを図る。

■**長岡京**→（②　　　　　　）京 794年 ▶平安時代。

■国司の監督を強化し，兵役を軽減する。

■坂上田村麻呂を（③　　　　　　　）に任命し，東北地方

（国に任命された貴族の役人）の（④　　　　　　）と呼ばれる人々を従わせる。

（蝦夷討伐の総司令官）

●新しい仏教の動き▶平安時代初め，唐に留学した僧が伝える。

◆**最澄**▶（⑤　　　　　　）宗。比叡山に延暦寺を建立。

◆**空海**▶（⑥　　　　　　）宗。高野山に金剛峯寺を建立。

●東アジアの変化▶9世紀，唐の勢力がおとろえる。

◆（⑦　　　　　　　）の進言で遣唐使を停止する。

2 摂関政治の時代　教 p.48〜49

●藤原氏と摂関政治

◆藤原氏▶娘を天皇のきさきにし，その子を次の天皇にする。

◆（⑧　　　　　　）政治▶藤原氏が摂政・関白の位を独占。

■（⑨　　　　　　）・頼通父子のとき全盛期。

●新しい税と国司の変化

◆新しい税▶土地の面積に応じて米を納めさせることにする。

◆地方の政治▶（⑩　　　　　）に任され，政治が乱れる。

3 国風文化　教 p.50〜51

●唐の滅亡と宋の商人

◆中国▶唐がほろび，（⑪　　　　　　　）が統一。日本と貿易。

◆朝鮮半島▶（⑫　　　　　）が新羅をほろぼす。

●国風文化▶日本の風土や生活，日本人の感情に合った文化。

◆**仮名文字の文学**

■「古今和歌集」▶紀貫之ら。（こきん平仮名・片仮名）

■「源氏物語」▶（⑬　　　　　　）が書く。

■「枕草子」▶（⑭　　　　　　）が書く。

◆絵画▶大和絵　◆建築▶寝殿造

●浄土信仰▶念仏を唱えて阿弥陀如来にすがり，死後，

極楽浄土に生まれ変わることを願う。

784	都を長岡京に移す
794	都を平安京に移す
802	坂上田村麻呂が胆沢城を築く
805	最澄が唐から帰国
806	空海が唐から帰国
866	藤原良房が摂政になる
884	藤原基経が関白になる
894	遣唐使の停止
907	唐がほろびる
1016	藤原道長が摂政になる

↓天皇家と藤原氏の関係

青字は天皇
数字は即位順
□□は藤原氏の娘

「竹取物語」などの物語も作られたよ！

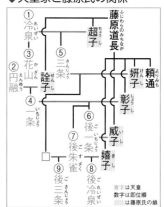
↓平等院鳳凰堂(京都府宇治市)

藤原頼通が建てた阿弥陀堂

教科書の 資 料　次の問いに答えよう。

(1) 右の絵は，平安時代の日本の自然や風俗をえがいたものです。このような絵を何といいますか。（　　　　　）

(2) この絵は，紫式部が書いた長編小説の一場面をえがいています。この長編小説を何といいますか。（　　　　　）

(3) (2)の小説は，漢字を変形させて，日本語の発音を表せるように工夫した文字を使って書かれました。この文字を何といいますか。（　　　　　）

(4) この絵に代表される，平安時代の文化を何といいますか。（　　　　　）

第2章

教科書 一 問 一 答　次の問いに答えよう。　/10問中

★は教科書の太字の語句

1 平安京と律令国家の変化

①桓武天皇が都を平安京に移してから，約400年間を何時代といいますか。★①＿＿＿

②唐から帰国し，天台宗を伝えた僧はだれですか。★②＿＿＿

③唐から帰国し，真言宗を伝えた僧はだれですか。★③＿＿＿

2 摂関政治の時代

④娘を天皇のきさきにし，生まれた子を次の天皇にして，朝廷で勢力を強めた貴族は何氏ですか。★④＿＿＿

⑤天皇が幼いとき，かわりに政治を行う職を何といいますか。★⑤＿＿＿

⑥成人した天皇を補佐する職を何といいますか。★⑥＿＿＿

3 国風文化

⑦紀貫之らがまとめた和歌集を何といいますか。★⑦＿＿＿

⑧清少納言が書いた随筆を何といいますか。★⑧＿＿＿

⑨大貴族が住んだ，複数の建物を廊下で結んだ屋敷の造りを何といいますか。⑨＿＿＿

⑩念仏を唱えて阿弥陀如来にすがり，死後，極楽浄土に生まれ変わることを願う教えを何といいますか。★⑩＿＿＿

 知識の泉　紫式部が仕えた藤原彰子，清少納言が仕えた藤原定子は，同じ一条天皇のきさきでした。2人は文学だけでなく，仕事上もライバルでした。

こつこつ　テスト直前　解答 p. 6

定着のワーク ステージ2

3節　古代国家の歩みと東アジア世界③

1 平安京　右の年表を見て，次の問いに答えなさい。

(1) A・Bにあてはまる都の名前を， ┈┈ からそれぞれ選びなさい。

A（　　　　　　　　　） B（　　　　　　　　　）

平城京 へいじょうきょう へいぜい	平安京 へいあんきょう	藤原京 ふじわらきょう	長岡京 ながおかきょう

年	できごと
784	都を（ A ）に移す…………a
794	都を（ B ）に移す…………b
802	（ C ）が胆沢城を築く……c
805	最澄が唐から帰国する……d
806	空海が唐から帰国する……e

(2) a・bを行った天皇はだれですか。

（　　　　　　　　　）

(3) (2)は，地方の国を治めていた朝廷の役人の監督を厳しくしました。この役人を何といいますか。

（　　　　　　　　　）

(4) Cにあてはまる，征夷大将軍に任命された人物の名前を書きなさい。

（　　　　　　　　　）

(5) cの胆沢城は，現在のどこの地方を支配するために置かれましたか。

（　　　　　　　　　）

レベルUP (6) dの最澄が比叡山に建てた寺院を何といいますか。

（　　　　　　　　　）

レベルUP (7) eの空海が高野山に建てた寺院を何といいますか。

（　　　　　　　　　）

ヒントの森
(1)AもBも京都府にありました。
(3)律令による役所の仕組みを思い出しましょう。
(5)蝦夷征服の拠点の1つでした。

2 東アジアの変化　右の地図を見て，次の問いに答えなさい。

(1) 次の文にあてはまる国名を， ┈┈ からそれぞれ選びなさい。

① 10世紀に中国を統一したAの国。

（　　　　　　　　　）

② 10世紀に朝鮮半島を統一したBの国。

（　　　　　　　　　）

唐 とう	新羅 しらぎ	宋 そう	高麗 こうらい

11世紀の東アジア

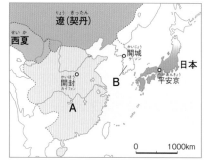

(2) 11世紀，日本は何時代でしたか。

（　　　　　　　　　）

(3) 日本とAの国との関係を，次から選びなさい。　（　　　　　）

ア 日本とAは正式に国交を結び，使いを送った。

イ 日本とAとは全く交流しなかった。

ウ Aの国の商人が日本に来て貿易を行った。

ヒントの森
(1)ほかの2つは飛鳥時代に日本と戦いました。
(2)8世紀末からこの時代でした。

3 摂関政治 次の文を読んで，あとの問いに答えなさい。

> 平安時代，藤原氏（ふじわら）が天皇家との関係を強め，<u>a ほかの貴族たちを退けていった</u>。9世紀後半には，藤原氏が，天皇が幼いときは（　A　），成長すると（　B　）という，天皇を補佐する職に就（つ）いて，政治の実権をにぎるようになった。
>
> 11世紀前半の<u>b 藤原道長</u>（ふじわらのみちなが）とその子（　C　）のころ，藤原氏は全盛期を迎え，朝廷の高い位を一族で独占して多くの給与を受け取り，はなやかな生活を送った。

(1)　A〜Cにあてはまる語句を，それぞれ書きなさい。

A（　　　　　　　） B（　　　　　　　） C（　　　　　　　）

(2)　下線部aのうち，遣唐使（けんとうし）の停止を進言し，後に大宰府（だざいふ）に左遷（させん）されてそこで亡くなった人物はだれですか。（　　　　　　　）

(3)　右は，下線部bがよんだ歌です。これについて述べた次の文中の　　にあてはまる語句を，それぞれ書きなさい。　①（　　　　　）　②（　　　　　）

> この世をば わが世とぞ思う 望月の 欠けたることも 無しと思えば

> 自分の ① の１人が天皇の ② となることが決まり，満足な気持ちを歌っている。

ヒントの森
(1)A・Bが中心となった政治を摂関政治といいます。
(3)天皇家とのつながりを強めました。

4 平安時代の文化 次の問いに答えなさい。

(1)　次の文にあてはまる語句を，　　からそれぞれ選びなさい。

① 「古今和歌集」（こきんわかしゅう）をまとめた人物。（　　　　　）
② 「枕草子」（まくらのそうし）を書いた人物。（　　　　　）
③ 天皇や貴族を題材にした長編小説。（　　　　　）
④ かぐや姫の物語。（　　　　　）
⑤ 右のAのように漢字をくずして作られた文字。（　　　　　）
⑥ 右のBのように漢字の一部から作られた文字。（　　　　　）

漢字から仮名文字への変化

> 竹取物語（たけとり）　片仮名　紫式部（むらさきしきぶ）　清少納言（せいしょうなごん）
> 源氏物語（げんじ）　平仮名　紀貫之（きのつらゆき）

(2)　Cについて述べた次の文中の　　にあてはまる語句をそれぞれ書きなさい。①（　　　　　）②（　　　　　）

> Cは京都府宇治市（うじ）にある ① という阿弥陀堂（あみだ）で，② の様子を表したといわれる。念仏を唱えて阿弥陀如来（にょらい）にすがり，死後，② に生まれ変わることを願う浄土信仰（じょうどしんこう）を背景に建てられた。

ヒントの森
(1)①は男性，②は女性です。
(2)①漢字6字，②漢字4字。

実力判定テスト ステージ3 | 総合問題編 | **第2章 古代までの日本②**

こつこつ | テスト直前 | 解答 p.7

30分 /100

1 次の年表を見て，あとの問いに答えなさい。

4点×14(56点)

世紀	日本の政治の移り変わり		仏教	中国	朝鮮半島
6	（ A ）中心の	・聖徳太子の政治…………… a → 使い →		隋	高句麗・百済・新羅
7	国造り	・大化の改新…………… b		あ	い の統一
8	律令国家の成立……c	・（ B ）の制定	行基		
		・平城京に都が移される	鑑真 ◀		
	律令国家の立て直し	・平安京に都が移される………… d	最澄		
9		・東北地方を平定	空海…e		
10	藤原氏による	・地方政治の乱れ	浄土信仰	宋	高麗
11	（ C ）政治	・藤原氏全盛			

(1) A〜Cにあてはまる語句を，それぞれ書きなさい。

(2) あ・いにあてはまる国名を，それぞれ書きなさい。

記述 (3) aの聖徳太子が十七条の憲法を制定した理由を，簡単に書きなさい。

(4) bを行った人物のうち，後に天智天皇として即位した人物の名前を書きなさい。

よく出る (5) bで行われたことを，次から選びなさい。

ア 公地・公民とする。　　　イ 墾田永年私財法を制定する。
ウ 国司の監督を強化する。　　エ 冠位十二階の制度を定める。

レベルUP (6) cについて，次の文中の＿＿にあてはまる語句を，あとからそれぞれ選びなさい。

人々は，6年ごとに作られる戸籍に良民と ① などの賤民に分けて登録され，② に従って，6歳以上の全ての人に口分田があたえられた。人々は口分田の収穫量の約3％の稲を ③ として納めた。

ア 三世一身法　　イ 班田収授法　　ウ 調　　エ 租
オ 蝦夷　　カ 奴婢

(7) dに関係の深い天皇を，次から選びなさい。

ア 聖武天皇　　イ 天武天皇　　ウ 桓武天皇　　エ 持統天皇

(8) eについて述べた次の文中の＿＿にあてはまる語句を，それぞれ書きなさい。

空海は ① 宗を伝え，② に金剛峯寺を建てた。

(1)A		B		C		(2)あ		い	
(3)									
(4)		(5)		(6)①		②		③	
(7)		(8)①		②					

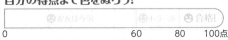

目標
- 天皇中心の国づくりの様子をおさえる
- 律令国家の成立〜崩壊の流れをおさえる
- 飛鳥・奈良・平安時代の文化をおさえる

自分の得点まで色をぬろう!
0　　　　　　　　　　60　　80　　100点

第2章

2 右の資料を見て，次の問いに答えなさい。　　　　4点×5（20点）

(1)　Aの歌は，九州北部の防衛にあたる兵役に就く人がよんだものです。この兵役を何といいますか。

(2)　Aの歌が収められている，日本最古の和歌集を何といいますか。

A　から衣　すそに取りつき　泣く子らを
　　　　置きてぞ来ぬや　母なしにして

B　この世をば　わが世とぞ思う　望月の
　　　　欠けたることも　無しと思えば

(3)　Bの歌がよまれる前の次の出来事を，古い順に並べなさい。

ア　政治の立て直しのため，長岡京に都が移された。
イ　遣唐使の延期が提案された。
ウ　坂上田村麻呂が征夷大将軍に任命された。

天皇家と藤原氏の関係

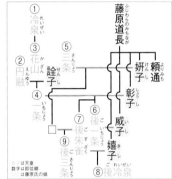

(4)　Bの歌がよまれたころの文化にあてはまらないものを，次から選びなさい。

ア　仮名文字　イ　寝殿造　ウ　埴輪　エ　大和絵

記述
(5)　Bの歌をよんだ藤原道長は，どのようにして政治の実権をにぎりましたか。右の図を参考に，簡単に書きなさい。

(1)		(2)		(3)	→	→	(4)	
(5)								

3 次の資料を見て，あとの問いに答えなさい。　　　　4点×6（24点）

A　　　　　　　　　　B　　　　　　　　　　C

(1)　A〜Cに代表される文化を，それぞれ何といいますか。

(2)　Aに収められている仏像を，次から選びなさい。

ア　大仏　イ　釈迦三尊像　ウ　弥勒菩薩像　エ　阿弥陀如来像

(3)　Bの宝物が収められていた建物の名前を書きなさい。

(4)　Cの寺院が初めて建てられたころ，強い力を持っていた豪族は何氏ですか。

(1)	A		B		C	
(2)		(3)			(4)	

1 右の地図を見て，次の問いに答えなさい。　　　　　7点×3（21点）

(1)　▨▨▨は古代文明がおこった地域を示しています。4つの地域に共通する地形の特徴を書きなさい。

(2)　(1)は文明の発生にどのように関係していると考えられますか。食料生産の観点から書きなさい。

(3)　4つの古代文明に共通することがらを，次から選びなさい。

　　ア　水道の整備　　イ　巨大な神殿
　　ウ　暦の作成　　　エ　文字の発明

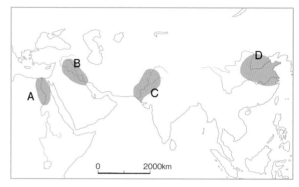

(1)	
(2)	(3)

2 次の資料を見て，あとの問いに答えなさい。　　　　　7点×4（28点）

（ A ）時代のむらの様子

（ B ）時代のむらの様子

(1)　資料の2つの時代のちがいについて，次のことに着目して簡単に書きなさい。

　　①　建物の特徴に着目したちがい

　　②　食料確保の方法に着目したちがい

(2)　むらどうしの戦いがあったと考えられるのは，A・Bどちらの時代ですか。記号を書き，その時代名も書きなさい。

(1)	①	
	②	
(2)	記号　　　　時代名	

絵画資料は，えがかれている建物や人物の行動に注目しよう。歴史地図は，現在のどの国，どの都道府県にあたるか考えよう。

自分の得点まで色をぬろう！

| 😣 がんばろう | 😊 もう一歩 | 😄 合格！ |

0　　　　　　　　60　　80　　100点

❸ 次の資料を見て，あとの問いに答えなさい。

7点×5（35点）

第2章

　　唐が新羅と手を結んで百済をほろぼしたため，中大兄皇子らは百済を助けようと朝鮮半島に大軍を送った。663年，白村江の戦いが起こり，日本軍は唐・新羅連合軍に大敗した。その後すぐに，中大兄皇子は北九州に大野城や水城，西日本各地に山城を築いた。また，都を（　　）に移した。

都の移り変わり

京都府
平安京（794～1869）
大津宮（667～672）
滋賀県
A 長岡京（784～794）
紫香楽宮（745）
大阪府
B 恭仁京（741～742）
難波宮（645～655 744～755）
平城京（710～784）
藤原京（694～710）
奈良県
飛鳥地方

0　10km

── 古代の道
　　現在の海岸線

(1) 下線部の大野城や水城が作られた理由を，上の文を参考に簡単に書きなさい。

(2) （　　）にあてはまる都を，地図から選びなさい。

(3) A・Bに都があったときの天皇を，次からそれぞれ選びなさい。
　　ア　天武天皇　　イ　聖武天皇　　ウ　天智天皇　　エ　桓武天皇

(4) 藤原京がほかの都より優れている点を，交通の面から書きなさい。

(1)			(2)	
(3) A	B	(4)		

❹ 奈良時代の日本について，次の資料を見て，あとの問いに答えなさい。

8点×2（16点）

　　奈良時代には6年ごとに戸籍が作られ，戸籍に登録された6歳以上の人々に口分田が支給された。
　　平安時代には，女子が不自然に多い戸籍が各地で作られるようになり，班田収授法は行われなくなった。

A 律令に定められた人々の負担

6歳以上の男女	
租	収穫量の約3％の稲
正丁（21～60歳の男子）	
調	絹，糸，真綿，布または地方の特産物　都まで運んで納める
庸	労役10日のかわりの布　都まで運んで納める
雑徭	地方での年間60日までの労役
兵役	3，4人に1人　武器は自分で負担し，訓練を受ける　一部は都1年か防人3年

B 木簡

周防国大嶋郡美敢郷凡海阿耶男御調塩二斗

(1) 下線部の理由を，Aを参考にして簡単に書きなさい。

(2) Bは，その形や書かれた文字から，何に使われたと考えられますか。簡単に書きなさい。

(1)	
(2)	

予習・復習 こつこつ 解答 p.8

確認のワーク ステージ**1**　1節　武士の政権の成立①

教科書の 要点 （　　）にあてはまる語句を答えよう。

1 武士の成長　　教 p.64〜65

●**武士の登場／武士団の形成** ▶10世紀，都や地方で武士が成長。

◆武士は（①　　　　　　　　　　）を作り，朝廷に反抗。
　　　　　　　　一族や家来のまとまり

　■（②　　　　　　　　　）の乱 935年 ▶北関東

　■（③　　　　　　　　　）の乱 939年 ▶瀬戸内地方

◆源氏は東日本で，平氏は西日本で勢力をのばす。

◆（④　　　　　　　　　）氏 ▶東北地方の平泉を拠点に栄える。

●**荘園・公領での武士の役割** ▶土地の開発や年貢の取り立て。

◆（⑤　　　　　　　　　）▶貴族・寺社に寄進された土地。

◆（⑥　　　　　　　　　）▶国司が支配する土地。

2 院政から武士の政権へ　　教 p.66〜67

●**院政と武士** ▶白河天皇が位をゆずって（⑦　　　　　　　　　　）となり，院政を行う。武士を取り立てる。荘園が集まる。

◆寺社は（⑧　　　　　　　　　）をかかえ，勢力を拡大。
　　　　　武装した僧

◆**保元の乱** 1156年 ▶平 清盛・源 義朝が天皇方で勝利。

◆（⑨　　　　）1159年 ▶平清盛が源義朝を破る。

●**平清盛の政権** ▶平清盛が武士として初めて**太政大臣**になる。

◆兵庫の港を整え，（⑩　　　　　　　　　）貿易を行う。
　　　　　　　　　　　　　　　　　　中国との貿易

◆娘を天皇のきさきにし，朝廷の実権をにぎる。

◆**平氏の滅亡** ▶源頼朝や源義仲が平氏打倒の兵を挙げる。

　■（⑪　　　　　　　）が**壇ノ浦**で平氏をほろぼす。
　　　　頼朝の弟

3 鎌倉幕府の成立と執権政治　　教 p.68〜69

●**鎌倉幕府の始まり** ▶源頼朝が鎌倉幕府を開く→鎌倉時代。

◆国ごとに守護，荘園・公領ごとに地頭を置く 1185年。

◆頼朝が**征夷大将軍**に任命される 1192年。

◆（⑫　　　　　　　）と，御恩と奉公の関係を結ぶ。
　　　　主従関係を結んだ武士

　■（⑬　　　　　　　）▶領地の保護。土地をあたえる。

　■（⑭　　　　　　　）▶軍役や鎌倉・京都の警護。

●**執権政治** ▶**北条氏**が執権の地位を独占して行った政治。
　　　　　　　頼朝の妻政子の一族

◆（⑮　　　　）1221年 ▶**後鳥羽上皇**が幕府をたおそうと兵を挙げるが，敗れて隠岐に流される。

　■京都に（⑯　　　　　　　）を置いて朝廷を監視。

◆（⑰　　　　　）1232年 ▶**北条泰時**が制定。
　　武士の慣習を基にした最初の武家法。貞永式目ともいう

935	平将門の乱
939	藤原純友の乱
1051	前九年合戦（東北）
1069	後三条天皇の荘園整理
1083	後三年合戦（東北）
1086	白河上皇の院政開始
1156	保元の乱
1159	平治の乱
1167	平清盛が太政大臣になる
1185	平氏がほろびる
	守護・地頭の設置
1192	源頼朝が征夷大将軍になる
1221	承久の乱
1232	御成敗式目の制定

↓中尊寺金色堂（岩手県平泉町）

奥州藤原氏が建てた阿弥陀堂だよ。奥州藤原氏は義経をかくまい，頼朝にほろぼされたんだ。

↓御成敗式目

一　諸国の守護の職務は，……京都の御所の警備と，謀反や殺人などの犯罪人の取りしまりに限る。

一　…頼朝公のとき以来現在に至るまで，子どものない女性が土地を養子にゆずりあたえる事例は，武士の慣習として数え切れない。

😊 まるごと暗記　😊院政 白河上皇が藤原氏をおさえて始めた　😊執権政治 鎌倉幕府で北条氏が行った

📖 教科書の 資料 次の問いに答えよう。

(1) 右の図は，源頼朝が開いた幕府の仕組みです。この幕府を何といいますか。　（　　　　　　）

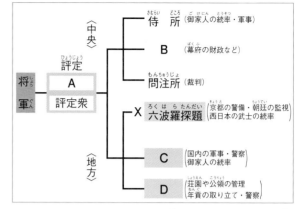

(2) 図中のA～Dにあてはまる役職の名前を，それぞれ書きなさい。

A（　　　　　　）
B（　　　　　　）
C（　　　　　　）
D（　　　　　　）

(3) Aの地位を独占した一族を何といいますか。　（　　　　　　）

(4) Xが置かれた都市はどこですか。　（　　　　　　）

第3章

📖 教科書 一問一答 チェック 次の問いに答えよう。

/10問中

★は教科書の太字の語句

1 武士の成長

①東北地方で起きた，前九年合戦，後三年合戦をしずめ，東日本に勢力を広げた武士団を何といいますか。　□★①＿＿＿＿

②12世紀前半に瀬戸内海の海賊をしずめ，西日本に勢力をのばした武士団を何といいますか。　□★②＿＿＿＿

③荘園や公領で農民から武士が取り立て，領主や国司に納めた税を何といいますか。　□★③＿＿＿＿

2 院政から武士の政権へ

④白河天皇が位をゆずった後も上皇として行った政治を何といいますか。　□★④＿＿＿＿

⑤1156年，天皇と上皇の権力争いから京都で起こった乱を何といいますか。　□★⑤＿＿＿＿

⑥1167年，武士として初めて太政大臣になった人物はだれですか。　□★⑥＿＿＿＿

3 鎌倉幕府の成立と執権政治

⑦1192年，征夷大将軍に任命された人物はだれですか。　□★⑦＿＿＿＿

⑧源氏の将軍が3代で絶えた後，北条氏を中心に行われた政治を何といいますか。　□★⑧＿＿＿＿

⑨幕府をたおそうと兵を挙げたが，幕府の大軍に敗れ，隠岐に流された上皇はだれですか。　□⑨＿＿＿＿

⑩政治の判断の基準として御成敗式目を定めた執権はだれですか。　□⑩＿＿＿＿

 知識の泉　源氏の将軍は3代でとだえましたが，その後，京都から藤原氏や皇族を将軍にむかえました。その将軍のもとで，北条氏は執権として権力をにぎりました。

予習・復習　こつこつ　解答 p. 8

1節　武士の政権の成立②

教科書の 要点 （　）にあてはまる語句を答えよう。

1 武士と民衆の生活 教 p.70〜71

↓武士の館　周りは堀やさくに囲まれ，門の上のやぐらには弓矢やたてが備えられている

●地頭の支配

◆地頭▶板ぶきの館で，質素な生活。

◆農民▶荘園・公領の領主に年貢を
納め，地頭の支配も受ける。

◆地頭が領主との争いの中，力を強
め，下地中分で土地の半分を得る。

●武士の生活

◆武芸の訓練▶乗馬や弓矢。
　　　　　　　笠懸・流鏑馬・犬追物

◆武士の一族▶**惣領**を長として一族が団結。領地は分割相続さ
れ，女性の地頭もいた。

●農業と商業の発達

◆農業▶武士や僧，役人が土地を開発。収穫量が増える。

■農作業▶牛や馬を利用。鉄製の農具が普及。

■肥料▶草や木を焼いた灰を利用。

■二毛作▶同じ田畑で米と（①　　　　　　）を交互に作る。

◆手工業▶農村に鍛冶屋や紺屋などの**手工業者**が住み着く。
　　　　　　　　　　染物屋

◆商業▶寺社の門前や交通の要地で，月三回定期市が開かれる。

年貢の納入や取引に（②　　　　　　）が使われる。
　　　　　　　　　宋から輸入
　　　　　　　　　した銅銭

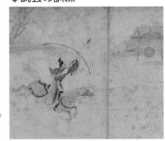

↓武芸の訓練

武士の心構え
は「弓馬の道」，
「武士の道」と
よばれたよ。

2 鎌倉時代の文化と宗教 教 p.72〜73

●鎌倉文化▶武士の気風を反映し，写実的で力強い文化。

◆**東大寺南大門**▶宋の様式で再建。運慶ら作の金剛力士像。

◆「（③　　　　　　）」▶後鳥羽上皇が編集させた和歌集。

◆「（④　　　　　　）」▶琵琶法師が武士の活躍を弾き語り。
　　　　　　　　　　　　　　　　　　　　　藤原定家・西行

◆「（⑤　　　　　　）」▶鴨長明の随筆。

◆「（⑥　　　　　　）」▶兼好法師の随筆。

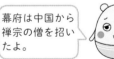

幕府は中国から
禅宗の僧を招い
たよ。

●鎌倉仏教▶分かりやすく実行しやすい新しい仏教が広まる。

開祖	⑦	⑧	⑨	⑩	栄西	⑪
宗派	浄土宗	浄土真宗	時宗	日蓮宗	臨済宗	曹洞宗
特徴	一心に「南無阿弥陀仏」と念仏を唱える。	阿弥陀如来の救いを信じて念仏を唱える。	踊念仏や念仏の札によって布教する。	法華宗ともいう。「南無妙法蓮華経」と題目を唱える。	宋から伝わった，座禅によって，自分の力でさとりを開く禅宗の一派。武士の気風によく合い，幕府の保護を受ける。	

まるごと暗記 　二毛作 米と麦を交互に作る　　運慶 東大寺南大門の金剛力士像を製作

教科書の 資料 次の問いに答えよう。

(1) 右の彫刻を何といいますか。　　　　（　　　　　　　）

(2) 右の彫刻を作った中心人物はだれですか。

　　　　　　　　　　　　　　（　　　　　　　）

(3) 次の文中の □ にあてはまる語句を，それぞれ書きなさい。

　　　　　　　　　　　　　① （　　　　　　　）

　　　② （　　　　　　　）　③ （　　　　　　　）

　　源平の戦いの中で，① 寺が焼かれたため，当時最新だった
　　中国の ② の建築様式を取り入れて ③ が再建され，右の彫
　　刻が収められた。

(4) (3)の下線部をえがいた「平家物語」を語り広めた盲目の僧を
　　何といいますか。　　　　　　　　　　（　　　　　　　）

第3章

教科書 チェック 一問一答 次の問いに答えよう。

/10問中

★は教科書の太字の語句

1 武士と民衆の生活

①幕府によって荘園や公領ごとに任命され，領主と争う
　中で力を強めた役職を何といいますか。

□①＿＿＿＿＿＿＿

②同じ土地で，米と麦を交互に栽培することを何といい
　ますか。

□★②＿＿＿＿＿＿＿

③鎌倉時代に人の集まるところで月三回開かれるように
　なった，米や布などを売買する場所を何といいますか。

□★③＿＿＿＿＿＿＿

2 鎌倉時代の文化と宗教

④「方丈記」を著したのはだれですか。

□④＿＿＿＿＿＿＿

⑤「徒然草」を著したのはだれですか。

□⑤＿＿＿＿＿＿＿

⑥法然が開いた仏教の宗派を何といいますか。

□★⑥＿＿＿＿＿＿＿

⑦親鸞が開いた仏教の宗派を何といいますか。

□★⑦＿＿＿＿＿＿＿

⑧一遍が開いた仏教の宗派を何といいますか。

□★⑧＿＿＿＿＿＿＿

⑨臨済宗を開いた僧はだれですか。

□★⑨＿＿＿＿＿＿＿

⑩座禅によって自分の力でさとりを開こうとする宗派を
　まとめて何といいますか。

□★⑩＿＿＿＿＿＿＿

 知識の泉 　悪人こそが救われる（悪人正機説）と説いたのは浄土真宗の親鸞。阿弥陀仏の慈悲は，救いが
たい悪人をも救うという意味。親鸞は日本で初めて公然と結婚した僧でもあります。

こつこつ　テスト直前　解答▶p.9

定着のワーク ステージ2　1節　武士の政権の成立

1 武士の政権の成立　右の年表を見て，次の問いに答えなさい。

(1) A〜Dにあてはまる語句や人名をそれぞれ書きなさい。

A（　　　　　　　　）
B（　　　　　　　　）
C（　　　　　　　　）
D（　　　　　　　　）

年代	できごと
935	平将門の乱
939	藤原純友の乱
1086	（ A ）が院政を始める
1156	保元の乱
1159	平治の乱
1167	平清盛が武士として初めて（ B ）になる
1185	平氏がほろびる
	守護・地頭の設置
1192	源頼朝が（ C ）になる………a
1221	承久の乱
1232	（ D ）が御成敗式目を制定…b

(2) 次の文にあてはまる出来事を，年表中からそれぞれ選びなさい。

① 北関東で武士団が反乱を起こし，別の武士団がしずめた。（　　　　　　）

② 平清盛と源義朝が後白河天皇の味方をし，勝利した。（　　　　　　）

③ 後鳥羽上皇が幕府をたおそうと兵を挙げたが，敗れた。
（　　　　　　　　）

(3) aの源頼朝に忠誠をちかった武士を何といいますか。
（　　　　　　　　）

(4) bの御成敗式目が定められた目的を，次から選びなさい。（　　　）

ア 土地の開墾を進めるため。
イ 朝廷を監視するため。
ウ 政治の判断の基準を決めるため。

ヒントの森

(1)Bは朝廷で最も高い官職。Cはもとは蝦夷討伐の総大将。
(2)①は10世紀，②は12世紀のできごと。

2 平清盛の政権　右の地図を見て，次の問いに答えなさい。

(1) 12世紀後半，地図中のA〜Cの地域を支配していた一族を，［　　］からそれぞれ選びなさい。

A（　　　　　　　　）
B（　　　　　　　　）
C（　　　　　　　　）

平氏　北条氏　源氏　奥州藤原氏

(2) 地図中のa〜dにあてはまる語句を，次の文を参考にそれぞれ書きなさい。

a 中尊寺金色堂が建てられた場所。（　　　　　　）
b 源頼朝が幕府を開いた場所。（　　　　　　）
c 日宋貿易のころに整備された神社。（　　　　　　）
d 源義経が平氏をほろぼした場所。（　　　　　　）

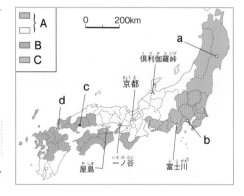

ヒントの森

(1)源氏は東日本，平氏は西日本。
(2)b 幕府名と同じ地名。

❸ 武士と民衆の生活　次の文を読んで, あとの問いに答えなさい。

　　_a13世紀, 武士は簡素な館(やかた)に住み, 常に_b武芸の訓練にはげんだ。　_c武士団の長を中心に一族がまとまり, 領地は_dあとつぎだけでなくその兄弟姉妹にも分けあたえられた。農民は村で_e農業を営み, （　A　）や公領(こうりょう)の領主(りょうしゅ)に（　B　）を納める一方, 幕府から任命された（　C　）の支配も受けた。村には鍛冶屋(かじや)や紺屋(こんや)などの（　D　）が住み着き, 寺社の門前や交通の便利な所では, 月三回, （　E　）が開かれて商品が売買された。

(1)　A～Eにあてはまる語句を, それぞれ書きなさい。

A（　　　　　　　　）　B（　　　　　　　　　）　C（　　　　　　　　　）

D（　　　　　　　　）　E（　　　　　　　　　）

(2)　下線部aについて, このとき日本は何時代でしたか。　　　（　　　　　　　　　）

(3)　下線部bのことから, 武士らしい心構えは, 「□□の道」や「武士の道」と呼ばれました。□□にあてはまる語句を漢字2字で書きなさい。　　　（　　　　　　　　　）

(4)　下線部cを何といいますか。次から選びなさい。　　　　　（　　　　　　　　　）

ア　郎党(ろうとう)　イ　棟梁(とうりょう)　ウ　僧兵(そうへい)　エ　惣領(そうりょう)

(5)　下線部dの相続方法を何といいますか。　　　　　　　　　（　　　　　　　　　）

(6)　下線部eについて, 鎌倉時代の農業を説明した文として適切なものを, 次から選びなさい。　　　（　　　　　　　）

ア　農作業はすべて人の手で行った。

イ　二毛作(にもうさく)が行われるようになった。

ウ　青銅製の農具が広まった。

ヒントの森

(1)A私有地。B米で納める税。
(3)武芸に必要な2つの技術。

❹ 鎌倉時代の文化と宗教　右の資料を見て, 次の問いに答えなさい。

(1)　右のAで始まる文学を何といいますか。

（　　　　　　　　　）

(2)　源平(げんぺい)の戦いで焼失して再建された, 右のBの建物を何といいますか。　　　（　　　　　　　　　）

(3)　次の文と関係の深い人物を, □□□からそれぞれ選びなさい。

①　「新古今和歌集(しんこきんわかしゅう)」に和歌が収められている。

（　　　　　　　　　）

よく
出る

②　Bに収められた金剛力士像(こんごうりきしぞう)を造った。

（　　　　　　　　　）

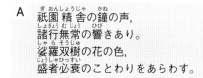
| 重源(ちょうげん)　運慶(うんけい)　紀貫之(きのつらゆき)　藤原定家(ふじわらのさだいえ) |

A
祇園(ぎおん)精舎(しょうじゃ)の鐘(かね)の声,
諸行無常(しょぎょうむじょう)の響(ひび)きあり。
娑羅双樹(しゃらそうじゅ)の花の色,
盛者必衰(じょうしゃひっすい)のことわりをあらわす。

B

(4)　宋から伝わった禅宗(ぜんしゅう)の宗派を, 次から2つ選びなさい。

（　　　　　　）（　　　　　　）

ア　臨済宗(りんざい)　イ　真言宗(しんごん)　ウ　曹洞宗(そうとう)　エ　天台宗(てんだい)

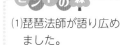
ヒントの森

(1)琵琶法師が語り広めました。
(4)2つは唐の密教。

予習・復習　こつこつ　解答 ▶ p. 9

確認のワーク　ステージ1　2節　ユーラシアの動きと武士の政治の展開①

教科書の 要点 （　　　）にあてはまる語句を答えよう。

❶ モンゴル帝国とユーラシア世界　　教 p.74〜75

● **遊牧民の生活**▶アジアの草原で複数の部族が遊牧生活。

● **モンゴル帝国の拡大**▶遊牧民の諸部族を統一。

◆（①　　　　　　　　　）▶13世紀初め，**モンゴル帝国**をつくる。

◆**フビライ・ハン**▶国号を**元**と改め，宋をほろぼす。

● **ユーラシア世界の形成**▶ヨーロッパの商人やキリスト教宣教師，ムスリム商人，日本の禅宗の僧が元と往来する。

◆イタリア人の**マルコ・ポーロ**が日本をヨーロッパに紹介。

❷ モンゴルの襲来　　教 p.76〜77

● **二度の襲来**▶（②　　　　　　　　　　）が高麗を従え，日本に服属を要求→執権**北条時宗**が無視→元軍が二度攻めてくる（**元寇**）。

◆（③　　　　　　　）1274年▶元・高麗軍が九州北部に上陸。集団戦法と火薬を使った武器で幕府軍を苦しめる。

◆（④　　　　　　　）1281年▶元が再び攻めてくる。石の**防壁**や暴風雨にはばまれる。

● **鎌倉幕府の滅亡**

◆**御家人の窮乏**▶領地の分割相続で生活苦。

■幕府は（⑤　　　　　　　　　　）を出す。
（御家人の土地をただどりもどさせる）

◆**幕府の滅亡**▶後醍醐天皇が，**足利尊氏**らの助けで鎌倉幕府をほろぼす 1333年。

❸ 南北朝の動乱と室町幕府　　教 p.78〜79

● **南北二つの朝廷**

◆**建武の新政** 1334年▶（⑥　　　　　　　　　　　）が始めた政治。

■貴族を重視し，武士の不満が高まる→約2年で失敗。

◆**南北朝時代**▶朝廷が**南朝**と**北朝**に分かれ，約60年間争う。
　　　　　　　　　（吉野）（京都）

◆**室町幕府の成立**▶（⑦　　　　　　　　　　）が征夷大将軍に任命され，京都に（⑧　　　　　　　　　）を開く 1338年→**室町時代**。

● **守護大名と地方の動き**▶守護が**守護大名**に成長。

◆（⑨　　　　　　　　）▶鎌倉に置かれ，関東を支配。
（長官は鎌倉公方）

● **室町幕府の支配の確立**

◆第3代将軍（⑩　　　　　　　　）▶南北朝を統一する。

◆有力な（⑪　　　　　　　）を**管領**に任命する。
（将軍の補佐役）

◆**土倉**や（⑫　　　　　　　）から税を取り立てる。
（金貸し業者）

年	できごと
1206	チンギス・ハンがモンゴルを統一
1274	文永の役
1275	マルコ・ポーロが元に着く
1279	宋（南宋）がほろびる
1281	弘安の役
1297	永仁の徳政令
1333	鎌倉幕府がほろびる
1334	建武の新政
1336	南北朝に分かれる
1338	足利尊氏が征夷大将軍になる
1378	足利義満が幕府を室町に移す
1392	南朝と北朝の統一

ユーラシア大陸が1つの世界になったんだね！

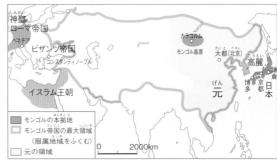

↓モンゴル帝国の拡大

神聖ローマ帝国
ベネチア
ビザンツ帝国
コンスタンティノープル
イスラム王朝
カラコルム
モンゴル高原
大都（北京）
元
高麗
博多
京都
鎌倉
日本

■ モンゴルの本拠地
□ モンゴル帝国の最大領域（服属地域をふくむ）
□ 元の領域

0　　2000km

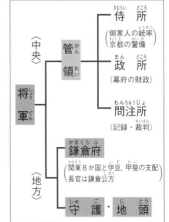

↓室町幕府の仕組み

《中央》
将軍 ─ 管領
　　　├ 侍所（御家人の統率・京都の警備）
　　　├ 政所（幕府の財政）
　　　└ 問注所（記録・裁判）

《地方》
├ 鎌倉府（関東8か国と伊豆，甲斐の支配 長官は鎌倉公方）
└ 守護・地頭

😊まるごと暗記　☺**北条時宗** 元寇のときの鎌倉幕府の執権　☺**建武の新政** 鎌倉幕府をたおした後醍醐天皇の政治

📖 教科書の 資 料 次の問いに答えよう。

(1) 右の絵は，1274年に起こっ
た文永の役での戦いの様子で
す。このときの鎌倉幕府の執
権はだれですか。

（　　　　　　　　）

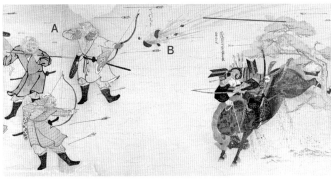

(2) Aの人々は，どこの国の兵
士ですか。

（　　　　　　　　）

(3) Aは，複数で一人の御家人と戦っています。この戦法を何といいますか。

（　　　　　　　　）

(4) Bで爆発_{ばくはつ}しているのは，何を使った武器ですか。 （　　　　　　　　）

📖 教科書 チェック 一 問 一 答 次の問いに答えよう。　　　/10問中

★は教科書の太字の語句

1 モンゴル帝国とユーラシア世界

①13世紀の初め，チンギス・ハンが，遊牧民の諸部族を
統一して建てた国を何といいますか。

☐★①＿＿＿＿＿＿＿＿＿

②モンゴルから中国にかけての地域に元という国名をつ
けた，①の第5代皇帝はだれですか。

☐★②＿＿＿＿＿＿＿＿＿

③日本のことを「黄金の国ジパング」としてヨーロッパ
に紹介したイタリア商人はだれですか。

☐③＿＿＿＿＿＿＿＿＿

2 モンゴルの襲来

④1274年と1281年の二度にわたる元軍の襲来を何といい
ますか。

☐★④＿＿＿＿＿＿＿＿＿

⑤元に服属し，ともに日本に攻めてきた，朝鮮半島にあっ
た国はどこですか。

☐⑤＿＿＿＿＿＿＿＿＿

3 南北朝の動乱と室町幕府

⑥鎌倉幕府をたおした後醍醐天皇が始めた天皇中心の新
しい政治を何といいますか。

☐★⑥＿＿＿＿＿＿＿＿＿

⑦後醍醐天皇が吉野_{よしの}にのがれた後，朝廷が二つに分かれ
て戦いました。この時代を何といいますか。

☐★⑦＿＿＿＿＿＿＿＿＿

⑧京都に足利氏の将軍を中心とした幕府が置かれた時代
を何といいますか。

☐★⑧＿＿＿＿＿＿＿＿＿

⑨有力な守護大名が交代で就_ついた，室町幕府の将軍の補
佐役を何といいますか。

☐★⑨＿＿＿＿＿＿＿＿＿

⑩幕府に保護を受けるかわりに税を納めた金貸し業者は
酒屋と何がありますか。

☐★⑩＿＿＿＿＿＿＿＿＿

 知識の泉　足利尊氏は鎌倉幕府の有力な御家人でした。後醍醐天皇が倒幕の兵を挙げると，幕府の命令で
これを鎮圧に行きましたが，途中で後醍醐天皇方につき，京都の六波羅探題_{ろくはらたんだい}をほろぼしました。

予習・復習　こつこつ　解答▶p.10

確認のワーク　ステージ1

2節　ユーラシアの動きと武士の政治の展開②

📖 教科書の 要点　（　）にあてはまる語句を答えよう。

❶ 東アジアとの交流

教 p.80〜81

●日明貿易

◆明（みん）▶14世紀，漢民族が建国。モンゴル民族を退ける。

◆倭寇（わこう）▶西日本の武士などが大陸沿岸で船をおそう。

◆（①　　　　　　　　）貿易（勘合貿易〈かんごう〉）▶足利義満（あしかがよしみつ）は
（②　　　　　　　　）の求めに応じて（③　　　　　　　　）
を禁じ，（④　　　　　　　　）を用いて朝貢（ちょうこう）貿易を始める。
明からあたえられた証明書

■日本からの輸出品▶刀・硫黄（いおう）・漆器（しっき）

■日本の輸入品▶銅銭・生糸（きいと）・絹織物・書画

●朝鮮との貿易▶李成桂（りせいけい／イソンゲ）が高麗（こうらい）をほろぼして朝鮮国（ちょうせんこく）を建国。

◆（⑤　　　　　　　　）の作成。　◆日本と貿易。
朝鮮独自の文字

●琉球王国の成立

◆琉球（りゅうきゅう）（沖縄）▶12世紀から農耕。豪族がグスクを造り分立。

◆（⑥　　　　　　　　）王国▶15世紀，尚氏（しょう）が沖縄島（じま）を統一。

■都▶首里（しゅり）。　■（⑦　　　　　　　　）貿易で栄える。
明・朝鮮・日本・東南アジアの産物をやりとり

●アイヌ民族の交易活動

◆蝦夷地（えぞち）（北海道）▶（⑧　　　　　　　　）民族が広く交易。

◆和人（わじん）の進出▶コシャマインが乱を起こすが，敗れる。
本州の日本人

❷ 産業の発達と民衆の生活

教 p.82〜83

●農業の改良と手工業の発展

◆農業▶（⑨　　　　　　　　）の普及（ふきゅう）。かんがいに水車，肥
米と麦を交互に作る
料に牛馬のふんの堆肥（たいひ）を使用。麻（あさ），桑（くわ），藍（あい），茶の栽培（さいばい）。

◆手工業▶絹織物，陶器（とうき），紙，酒などの特産物。
京都の西陣織，福岡の博多織

●商業の発展と都市の成長

◆商業▶定期市（いち）が増加。宋銭や（⑩　　　　　　　　）を使用。
輸入された銅銭

◆運送業▶（⑪　　　　　　　　）・問（とい）。
馬で物資を運ぶ　　　　　　　　　　倉庫業もかねる

◆座▶商工業者の同業者組合。営業を独占（どくせん）。

◆都市の発達▶京都で（⑫　　　　　　　　）が祇園祭（ぎおんまつり）を開催（かいさい）。
裕福な商工業者
貿易港の博多（はかた）や堺（さかい）でも自治が行われる。

●村の自治

◆（⑬　　　　　　　　）▶農村の自治組織。おきてを定める。

◆土一揆（つちいっき）▶農民が団結し，（⑭　　　　　　　　）や酒屋（さかや）をお
そって借金の帳消（どちょう）しを求める。

1368	元がほろび，明が建国 ・倭寇が明や高麗の沿岸をおそう
1392	高麗がほろび，朝鮮国が建国
1404	日明貿易の開始
1428	正長の土一揆
1429	琉球王国の成立
1457	コシャマインの戦い

↓グスク

グスクは石造りの山城のことだよ！

↓馬借

↓村のおきて

一　寄合があることを知らせて，二度出席しなかった者は五十文のばつをあたえる。

一　森林の苗木を切った者は五百文のばつをあたえる。

😊 まるごと暗記　🔍 **勘合貿易** 足利義満が始めた明との貿易　🔍 **座** 室町時代の手工業者の同業者組合

📖 教科書の 資料 　次の問いに答えよう。

(1)　右の地図は，15世紀ごろの東アジアを示しています。A・Bにあてはまる国名を書きなさい。

A（　　　　　　　　）　B（　　　　　　　　）

(2)　日本がAの国から多く輸入したものを，次から選びなさい。　　　　　　　（　　　）

　ア　漆器　　イ　綿織物　　ウ　銅銭　　エ　刀

(3)　次の文にあてはまる人物を　　から選びなさい。

① Bを建国した。　　　　　　（　　　　　　　）

② Cに琉球王国を建てた。（　　　　　　　）

③ Dで和人に対し乱を起こした。

（　　　　　　　）

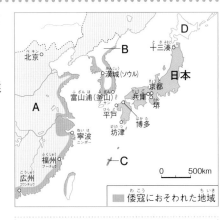

李成桂　　尚氏　　コシャマイン

 チェック

📖 教科書 一 問 一 答 　次の問いに答えよう。

/10問中

★は教科書の太字の語句

1 東アジアとの交流

①倭寇を禁じて，中国や朝鮮と貿易を始めた，室町幕府の第3代将軍はだれですか。

□①＿＿＿＿＿＿

②①が始めた中国との貿易は，用いられた合い札から何と呼ばれますか。

□★②＿＿＿＿＿＿

③沖縄で按司と呼ばれる豪族が各地に建てた石造りの城をカタカナで何といいますか。

□③＿＿＿＿＿＿

④14世紀ごろ，北海道は何と呼ばれていましたか。

□④＿＿＿＿＿＿

2 産業の発達と民衆の生活

⑤室町時代に開かれる場所や日数が増えた，商品を取り引きする場所を何といいますか。

□⑤＿＿＿＿＿＿

⑥交通の活発なところで活動した運送業をかねた倉庫業者を何といいますか。

□★⑥＿＿＿＿＿＿

⑦武士や貴族，寺社に税を納めて保護を受け，営業を独占した商工業者の同業者組合を何といいますか。

□★⑦＿＿＿＿＿＿

⑧京都の町衆が盛大にもよおした，山や鉾が町々をめぐる祭りを何といいますか。

□⑧＿＿＿＿＿＿

⑨農民が団結し，金貸し業者をおそって借金の帳消しを求める行動を何といいますか。

□★⑨＿＿＿＿＿＿

⑩金貸しを行った業者には，土倉と何がありますか。

□⑩＿＿＿＿＿＿

知識の泉　世界遺産に登録されている「琉球王国のグスク及び関連遺産群」には，石積みのグスク（城）や首里城跡のほか，御嶽（うたき）と呼ばれる聖地や王の墓もふくまれています。

定着のワーク ステージ2　2節　ユーラシアの動きと武士の政治の展開①②

1 鎌倉幕府の滅亡と室町幕府の成立　右の年表を見て，次の問いに答えなさい。

年	できごと
1206	（ A ）がモンゴル民族を統一
1274	文永の役 …………………… a
1281	弘安の役 …………………… b
1297	永仁の徳政令 ……………… c
1333	鎌倉幕府がほろびる
1334	（ B ）が建武の新政を開始 … d
1336	南北朝に分かれる ………… e
1338	（ C ）が征夷大将軍になる
1378	（ D ）が幕府を室町に移す
1392	南北朝が統一される

(1)　A〜Dにあてはまる人名を， ____ からそれぞれ選びなさい。

A（　　　　　　　）　B（　　　　　　　）

C（　　　　　　　）　D（　　　　　　　）

> フビライ・ハン　　足利義満_{あしかがよしみつ}　　後醍醐天皇_{ごだいごてんのう}
>
> チンギス・ハン　　足利尊氏_{あしかがたかうじ}　　後鳥羽上皇_{ごとばじょうこう}

(2)　a・bの2つの出来事を，合わせて何と呼びますか。　（　　　　　　　　　）

よく出る (3)　(2)のときの幕府の執権_{しっけん}はだれですか。

（　　　　　　　　　）

(4)　aのとき，幕府軍はどのように戦いましたか。右の資料を参考に，次から選びなさい。　（　　　）

ア　石の防壁_{ぼうへき}を築いた。

イ　火薬の武器を使った。

ウ　一騎_{いっき}うちで戦った。

エ　集団戦法を採_とった。

レベルUP (5)　cの永仁_{えいにん}の徳政令_{とくせいれい}は御家人_{ごけにん}を救うために出されました。この法令の内容を，次から選びなさい。　（　　　）

ア　御家人が一度手放した土地を取り返させる。

イ　諸国の守護の職務は犯罪人の取りしまりに限る。

ウ　子どものない女性が土地を養子にゆずることを認める。

(6)　dの建武_{けんむ}の新政は2年ほどでくずれました。その理由について述べた次の文中の____にあてはまる語句を， ____ からそれぞれ選びなさい。

①（　　　　　　　）　②（　　　　　　　）

> ①の政治を否定し，②を重視する政策を採ったため，
> ①の不満が高まった。

> 貴族　　僧_{そう}　　武士　　町衆_{ちょうしゅうまち}

(7)　eについて，南朝と北朝が置かれた場所を，右上の地図中のア〜オからそれぞれ選びなさい。

南朝（　　　）　北朝（　　　）

ヒントの森

(4)右が幕府軍の御家人です。

(5)残りの2つは御成敗式目の内容です。

② 室町幕府の仕組み　右の図を見て，次の問いに答えなさい。

(1)　室町幕府はどこの都市に置かれましたか。

（　　　　　　）

室町時代の仕組み

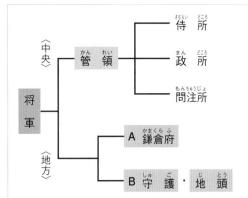

(2)　次の①〜③にあてはまる語句を，図中から
　　それぞれ選びなさい。

　　①　武士の統率・京都の警備を行う。

（　　　　　　）

　　②　将軍を補佐する。（　　　　　　）

　　③　関東8か国と伊豆，甲斐を支配する。

（　　　　　　）

(3)　Aの長官を何といいますか。

（　　　　　　　　　）

(4)　Bのうち，国司の権限を吸収して，地方の国を独自に支配する
　　ようになった守護を何といいますか。　（　　　　　　　　）

(2)②鎌倉幕府は執権。
　③関東の語に着目。

③ 東アジアとの交流と産業の発達　右の地図を見て，次の問いに答えなさい。

(1)　14世紀ごろから，　　　の地域をあらしてい
　　た海賊を何といいますか。

（　　　　　　　）

室町時代の主な交易路

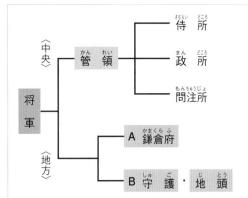

(2)　Aの明を建てた民族を何といいますか。

（　　　　　　　　）民族

(3)　日本とAとの貿易は，使われた証明書から
　　何と呼ばれますか。　（　　　　　　）

(4)　日本がAに輸出したものを，次から選びな
　　さい。　　　　　　　　（　　　　　　）

　　ア　硫黄　　イ　綿織物
　　ウ　生糸　　エ　銅銭

(5)　Bに15世紀に成立した独立国を何といいま
　　すか。

（　　　　　　）

(6)　Cの博多やDの西陣の特産物を，次から選びなさい。

（　　　　　　）

　　ア　陶磁器　　イ　紙　　ウ　絹織物　　エ　酒

(7)　貿易で栄え，商工業者による自治が行われたEの港町を
　　何といいますか。　　　　　　　（　　　　　　）

(8)　Fで狩りや漁，交易を行っていた民族を何といいますか。

（　　　　　　　　）民族

資料

正長元年ヨリ
サキ者、カンヘ四カン
カウニヲキメアル〈郷〉
ヘカラス
（一四二八年以前の借
金は神戸四か郷では帳
消しにする。）

(9)　資料は，室町時代に土倉や酒屋をおそった集団の宣言文です。
　　このような行動を何といいますか。　（　　　　　　）

(2)現在中国に最も多く
　住む民族。
(6)博多織や西陣織。

第3章

予習・復習　こつこつ　解答▶ p.11

ステージ1 確認のワーク　2節　ユーラシアの動きと武士の政治の展開③

教科書の 要点　（　）にあてはまる語句を答えよう。

① 応仁の乱と戦国大名　教 p.84~85

●応仁の乱/社会の変化と戦国大名の登場

◆応仁の乱 1467年 ▶京都から全国に広がり，11年間続く。

■原因は第8代将軍足利義政のあとつぎ問題と，有力な
（①　　　　　　　　　）の細川氏と山名氏の対立。

◆社会の変化

■（②　　　　　　　　）国一揆▶武士と農民が守護大名を追
京都府南部
いはらい，自治を行う。

■（③　　　　　　　　）の一向一揆▶浄土真宗（一向宗）の
石川県
信者が守護大名をたおし，約100年間自治を行う。

◆戦国大名の登場

■下剋上▶応仁の乱以後，家来が主人をたおす風潮が広がる。

■戦国時代▶戦国大名が領地を自分のものとして支配する。

●戦国大名の支配の在り方▶軍隊を作り，産業を発展させる。
石見銀山の開発など
◆城下町▶平地に城を築き，家来や商工業者を集める。

◆（④　　　　　　　　）▶領国を治めるための独自の法。

② 室町文化とその広がり　教 p.86~87

●室町文化▶貴族と武士の文化が融合し，室町文化が生まれる。

◆北山文化▶足利義満のころの文化。
第3代将軍
■（⑤　　　　　　　　　）▶義満が京都の北山に建てる。

■（⑥　　　　　　　　）の流行▶茶を飲む習慣から発展。

■連歌▶和歌を複数の人でよみつなぐ。

■芸能▶猿楽や田楽。観阿弥・（⑦　　　　　　　　）親
子が能を大成。

◆東山文化▶足利義政のころの質素で落ち着いた文化。
第8代将軍
■（⑧　　　　　　　　　）▶寺院の様式を取り入れた造り。

■（⑨　　　　　　　　）▶墨一色でえがく絵。雪舟が大成。

■（⑩　　　　　　　　）▶義政が京都の東山に建てる。

■枯山水の庭園▶龍安寺の石庭など。河原者が作庭。
禅宗の寺
●民衆への文化の広がり

◆（⑪　　　　　　　　）▶能の合間に演じられる劇。

◆（⑫　　　　　　　　）▶絵入りの物語。「一寸法師」など。

◆足利学校▶上杉氏が保護。（⑬　　　　　　　　）を教える。
栃木県　　　　　　　　　　　　　　　　　　孔子の教え

1398	金閣が建てられる
1467	応仁の乱が起こる
1485	山城国一揆
1488	加賀の一向一揆
1489	銀閣が建てられる

↓分国法

朝倉氏
一　本拠である朝倉館のほか，国内に城を構えてはならない。全ての有力な家臣は，一乗谷に引っ越し，村には代官を置くようにしなさい。
（朝倉孝景条々）

武田氏
一　けんかをした者は，いかなる理由による者でも処罰する。
一　許可を得ないで他国へおくり物や手紙を送ることは一切禁止する。
（甲州法度之次第）

↓書院造（東求堂同仁斎）

↓秋冬山水図（雪舟）

教科書の 資料 次の問いに答えよう。

(1) A・Bの建物を，それぞれ何
といいますか。

A　　　　　　　　　　　B

A（　　　　　　　　）

B（　　　　　　　　）

(2) A・Bの建物を建てた人物を，
それぞれ書きなさい。

A（　　　　　　　　）

B（　　　　　　　　）

(3) A・Bの2つの建物がある都市はどこですか。　　　（　　　　　　　　　　）

(4) A・Bに代表される室町時代の文化を，それぞれ何といいますか。

A（　　　　　　　　）　B（　　　　　　　　）

第3章

教科書 チェック 一問一答 次の問いに答えよう。
/10問中

★は教科書の太字の語句

1 応仁の乱と戦国大名

①1467年に京都で起こり，11年にわたって続いた戦乱を
何といいますか。

□★①＿＿＿＿＿＿＿＿

②浄土真宗の信仰で結び付いた武士や農民たちが起こし
た一揆を何といいますか。

□★②＿＿＿＿＿＿＿＿

③実力のある者が，力をのばして上の身分の者に打ち勝
つ風潮を何といいますか。

□★③＿＿＿＿＿＿＿＿

④①以後，各地で戦国大名が戦った時代を何といいます
か。

□★④＿＿＿＿＿＿＿＿

⑤戦国大名が交通の便利な平地に城を造り，家来や商工
業者を集めて造った町を何といいますか。

□★⑤＿＿＿＿＿＿＿＿

⑥戦国大名に保護された博多の商人が開発した，島根県
にある銀山を何といいますか。

□⑥＿＿＿＿＿＿＿＿

2 室町文化とその広がり

⑦複数の人が和歌の上の句と下の句を次々よんでいく文
芸を何といいますか。

□⑦＿＿＿＿＿＿＿＿

⑧室町時代に田楽とともに貴族や武士に楽しまれ，能の
もととなった芸能を何といいますか。

□⑧＿＿＿＿＿＿＿＿

⑨幕府の保護を受け，観阿弥・世阿弥親子が大成した芸
能は何ですか。

□★⑨＿＿＿＿＿＿＿＿

⑩明で水墨画の技術を学び，日本の水墨画を完成させた
人物はだれですか。

□⑩＿＿＿＿＿＿＿＿

 知識の泉　銀の精製にはふつう大量の木材が必要ですが，石見銀山では周りの森林を適切に管理し，環境
を保護していました。日本の銀は，最盛期には世界全体の銀の約3分の1を占めていたそうです。

こつこつ　テスト直前　解答▶p.11

定着のワーク　ステージ2

2節　ユーラシアの動きと武士の政治の展開③

1 応仁の乱　次の文と資料を見て，あとの問いに答えなさい。

（　A　）のあとつぎ問題をめぐり，有力な（　B　）が対立して，1467年に a 応仁の乱が起こった。この乱の後，b 実力がある者が上の身分の者に打ち勝つ風潮が広がった。

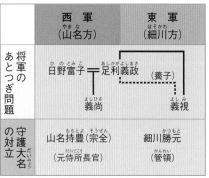

	西　軍 （山名方）	東　軍 （細川方）
将軍のあとつぎ問題	日野富子＝足利義政（養子）	
	義尚	義視
の対立守護大名	山名持豊（宗全） （元侍所長官）	細川勝元 （管領）

(1)　下線部 a のきっかけについて，文中の A・B にあてはまる語句を，それぞれ書きなさい。

A（　　　　　　　）　B（　　　　　　　）

(2)　下線部 b の風潮を何といいますか。

（　　　　　　　　　）

(3)　次の①・②の一揆が起こった場所を，右の地図中のア〜オからそれぞれ選びなさい。

① 山城国一揆　　（　　　）
② 加賀の一向一揆　（　　　）

ヒントの森
(1)資料の中の語句を使いましょう。
(2)下の者が上の者に勝つという意味。
(3)①は京都府，②は石川県です。

2 戦国時代　右の地図を見て，次の問いに答えなさい。

(1)　地図中の◯は守護大名が成長した者，□は家来から主君の地位にかわった者です。このような大名を何といいますか。

（　　　　　　　　　）

(2)　A の朝倉氏は，一乗谷に館を造り，家来を館の周辺に集めました。このような町を何といいますか。（　　　　　　　　）

(3)　B の武田氏は，次の決まりを定めました。このような独自の法を何といいますか。

（　　　　　　　　　）

――　けんかをした者は，いかなる理由による者でも処罰する。

1560年ごろの主な大名

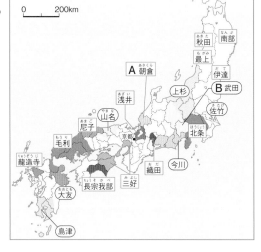

(4)　次の地域を治めた大名を，地図中からそれぞれ選びなさい。

① 越後（新潟県）　（　　　）氏
② 駿河（静岡県東部）（　　　）氏
③ 安芸（広島県西部）（　　　）氏

ヒントの森
(4)①は◯◯謙信，②は◯◯義元，③は◯◯元就が有名。

3 室町文化 右の写真を見て，次の問いに答えなさい。

(1) Aは，京都のどこにありますか。次から選びなさい。

（　　　）

ア 北山　イ 宇治　ウ 東山　エ 西陣

A

(2) Aが建てられたころの文化の特徴を，次から選びなさい。（　　　）

ア 親しみやすく，力強い感じをあたえる。

イ 西アジアやインドの影響が見られる。

ウ 貴族の文化と武士の文化が合わさっている。

(3) Bの部屋の造りを何といいますか。

（　　　）

B

(4) 次の文中の□□にあてはまる語句を，それぞれ書きなさい。

①（　　　）②（　　　）③（　　　）

AやBに代表される ① 文化は，京都に朝廷と幕府が置かれたことから，貴族と，宋から伝わった ② 宗の影響を強く受けた武士の文化が融合した。 ② 宗の寺院では，石や木をたくみに配置した枯山水という ③ が多く造られた。

(5) Cのような墨一色で自然をえがいた絵を何といいますか。

（　　　）

C

(6) 次の文にあてはまる人物を，右の□□□からそれぞれ選びなさい。

①Aを建てた。（　　　）

②Bを書斎にした。（　　　）

③Cをえがいた。（　　　）

④能を大成した。（　　　）

足利尊氏	世阿弥
足利義満	運慶
足利義政	雪舟

(7) 室町時代の民衆の文化について，次の①～③にあてはまるものを，あとの□□□からそれぞれ選びなさい。

① 複数の人で，和歌の上の句と下の句を次々よむ。（　　　）

② 「一寸法師」などの絵入りの物語。（　　　）

③ 能の合間に演じられた，民衆の生活や感情を表した劇。（　　　）

狂言　茶の湯　連歌　田楽　御伽草子

(8) 現在の栃木県にあり，上杉氏の保護を受け，全国から集まった人材に儒学を教えた教育機関を何といいますか。

（　　　）

ヒントの森

(1)このころの文化の名前になっています。

(2)1つは天平文化，1つは鎌倉文化の特徴です。

(4)②鎌倉時代に伝わり，幕府の保護を受けた仏教の宗派。

(8)栃木県の都市の名前がついた学校。

第3章

1 次の年表を見て，あとの問いに答えなさい。　　　　　　　　　4点×10（40点）

世紀		日本の政治の移り変わり	中国	朝鮮半島
10	摂関政治 地方の乱れ	・平将門の乱（関東） ・（ A ）の乱（瀬戸内）	あ	高麗
11 12	上皇による （ B ）	・白河上皇が摂関政治をおさえる ・保元の乱・平治の乱		
	平氏の政権	・平清盛の政治 ──貿易→ ・源平の争乱		
13	鎌倉幕府	・源頼朝が幕府を開く ………a ・北条氏の（ C ）政治………b ◀─元寇──	元	
14	建武の新政…c	・後醍醐天皇の政治 ・足利尊氏が京都に幕府を開く		
15	室町幕府	・足利義満が幕府の力を強める ──貿易…d→ ・応仁の乱→下剋上の戦国時代へ ─貿易→	い	朝鮮国

（1）　A〜Cにあてはまる語句を，それぞれ書きなさい。

（2）　あ，いにあてはまる国名を，それぞれ書きなさい。

（3）　aについて，源 頼朝が国ごとに置いた役職は何ですか。

（4）　右の資料は，bのころ，後鳥羽上皇が幕府を　　　　　頼朝の妻の北条政子の演説
たおそうと兵を挙げたときに行われた演説です。
これを読んで，次の問いに答えなさい。

> みなの者，よく聞きなさい。これが最後の言葉です。頼朝公が朝廷の敵をたおし，幕府を開いてからは，X 官職といい，土地といい，みながいただいた恩は山より高く，海より深いものです。…名誉を大事にする者は，Y ただちに逆臣をうち取り，幕府を守りなさい。　（吾妻鏡）

　　①　下線部Xについて，将軍が御家人に官職や
　　　　土地をあたえることを何といいますか。

　　②　下線部Yは，御家人に，①に対して何をす
　　　　ることを求めていますか。

（5）　cの建武の新政は，2年ほどでくずれました。その理由を，「貴族」「武士」の語句を使って簡単に書きなさい。

（6）　dの貿易で勘合という証明書が使われた理由を，簡単に書きなさい。

(1) A		B		C		(2) あ		い
(3)			(4) ①			②		
(5)								
(6)								

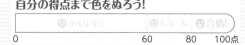

目標

- 朝廷から武士への政権の転換をおさえる
- 鎌倉・室町時代の産業の発展をおさえる
- 鎌倉・室町時代の文化をおさえる

自分の得点まで色をぬろう！

| 0 | 60 | 80 | 100点 |

第3章

2 次の文を読んで，あとの問いに答えなさい。　4点×10（40点）

　鎌倉時代の農民は，荘園の（　A　）と，幕府が任命した（　B　）の二重支配を受けながら，a同じ田畑で米と麦を交互に作り，水車をかんがいに，草木の灰や牛馬のふんを肥料に使うようになり，収穫が増えていった。団結を固めた農民は，室町時代には（　C　）という自治組織を作り，b村のおきてを定めた。

　鎌倉時代に月三回開かれていた（　D　）は，室町時代になると場所や回数が増え，取り引きにはc貨幣が使われた。また，都市や交通が発達し，d商工業者が活動するようになり，中には（　E　）を結成して営業を独占する者も現れた。

(1)　A〜Eにあてはまる語句を，それぞれ書きなさい。

(2)　下線部aを何といいますか。

(3)　下線部bにあてはまるものを，次から選びなさい。

　ア　寄合があることを知らせて，二度出席しなかった者は五十文のばつをあたえる。

　イ　許可を得ないで他国へおくり物や手紙を送ることは一切禁止する。

　ウ　武士が20年の間，実際に土地を支配しているならば，その権利を認める。

(4)　下線部cはどんな貨幣ですか。次から選びなさい。

　ア　朝廷が発行した貨幣　　イ　幕府が発行した貨幣　　ウ　中国から輸入された貨幣

(5)　下線部dのうち，金貸しを営んだ商工業者を，次から2つ選びなさい。

　ア　馬借　　イ　土倉　　ウ　問　　エ　酒屋

(1) A		B		C		D		E	
(2)		(3)		(4)		(5)			

3 右の写真を見て，次の問いに答えなさい。　4点×5（20点）

(1)　A・Bに代表される文化の特色を，次からそれぞれ選びなさい。

　ア　落ち着きがある。　　イ　力強い。

　ウ　国際色豊かである。　　エ　はなやか。

(2)　Aが収められた建築物を何といいますか。

(3)　Bをえがいた人物はだれですか。

(4)　Aが作られたころ栄西や道元が中国から伝えた仏教は，鎌倉幕府や室町幕府の保護を受けました。この仏教の宗派を何といいますか。

(1) A	B	(2)	(3)	(4)

こっこつ　解答▶ p.12

30分　　/100

1 右の地図は，承久の乱とその後の動きを示しています。これを見て，次の問いに答えなさい。

6点×5 (30点)

(1) 承久の乱のとき，幕府が御家人を動員したのはどの範囲ですか。

(2) 次の文中の□にあてはまる語句や数字を，それぞれ答えなさい。

　　幕府軍は①つの進路に分かれて②に攻めのぼった。

(3) この乱の後，□に新たに地頭が任命された理由を，簡単に書きなさい。

(4) この乱の後，幕府の支配はどうなったと考えられますか。簡単に書きなさい。

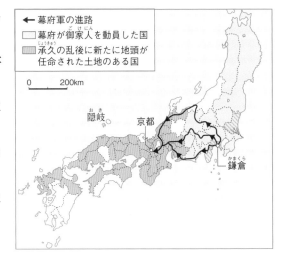

← 幕府軍の進路
□ 幕府が御家人を動員した国
▨ 承久の乱後に新たに地頭が任命された土地のある国

0　200km

隠岐　京都　鎌倉

(1)		(2)①		②	
(3)					
(4)					

2 次の絵は，「一遍聖絵」の一場面で，時宗の開祖である一遍が武士の館を訪ねた場面をえがいています。この絵と右の文を見て，あとの問いに答えなさい。

5点×3 (15点)

　平安時代に空海や最澄が伝えた仏教は，山奥の寺で，学問や厳しい修行を行うことを重視した。
　鎌倉時代の新しい仏教は，仏を信じる心を重視し，念仏や題目を唱えることで，だれでも救われると説いた。

(1) 武士の館に見られる，戦いに備えた工夫を2つ書きなさい。

(2) 右上の文を参考に，鎌倉時代の新仏教が多くの人々の心をとらえた理由を書きなさい。

(1)		
(2)		

ここに 注目! 絵画資料は，いつの時代の，だれをえがいた絵なのかおさえ，文字資料は，だれが，何のために書いた文章なのか，考えよう。

自分の得点まで色をぬろう!
😫 かんばろう　　　😊 もう一歩　　　😄 合格!
0　　　　　　　　　　　60　　80　　100点

3 右の絵は室町時代の田植えの様子をえがいたものです。これを見て，次の問いに答えなさい。　　5点×7 (35点)

(1) Aの女性はどんな仕事をしていますか。

(2) Bの男性はどんな仕事をしていますか。

(3) Cの音楽やおどりは何と呼ばれましたか。

(4) 次の文の下線部a～dは何のために栽培されましたか。あとからそれぞれ選びなさい。

> 室町時代には，食料となる米や麦の栽培だけでなく，a 麻，b 桑，c 藍，d 茶の栽培も広がった。

> ア　飲み物　　イ　染料
> ウ　布の材料　エ　蚕のえさ

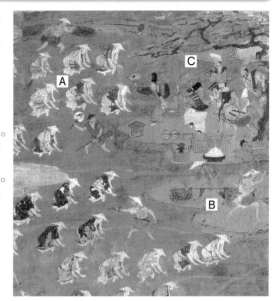

(1)		(2)			
(3)		(4) a	b	c	d

第3章

4 次の戦国大名が定めた分国法の例を見て，あとの問いに答えなさい。　　5点×4 (20点)

A　（朝倉孝景条々）

> 一　本拠である朝倉館のほか，国内に城を構えてはならない。全ての有力な家臣は，一乗谷に引っ越し，村には代官を置くようにしなさい。…a

B　（甲州法度之次第）

> 一　けんかをした者は，いかなる理由による者でも処罰する。
> 一　許可を得ないで他国へおくり物や手紙を送ることは一切禁止する。…b

(1) a・bの条文の目的をそれぞれ書きなさい。

(2) Aを定めた朝倉氏の領国は，1400年ごろには守護大名の斯波氏の領国でした。朝倉氏はどのようにして戦国大名になったか，簡単に書きなさい。

(3) 右の資料は，各地の戦国大名が行ったことです。このような政策に共通する目的を，簡単に書きなさい。

- 大規模な用水路を造る。
- 商人に保護をあたえ，鉱山を開発させる。
- 交通路を整備する。

(1) a		b	
(2)		(3)	

予習・復習　こつこつ　解答 p.13

確認のワーク　ステージ**1**　**1節　ヨーロッパ人との出会いと全国統一①**

教科書の 要点 （　）にあてはまる語句を答えよう。

1 中世ヨーロッパとイスラム世界　教 p.100〜101

●**中世のヨーロッパ**▶キリスト教が人々の生活に強く影響。

　◆**東ヨーロッパ**▶**ビザンツ帝国**（東ローマ帝国）中心の正教会。

　◆**西ヨーロッパ**▶ローマ教皇を頂点とする（①　　　　　　　　　）。

●**イスラム世界の拡大**▶イスラム帝国（7世紀）→オスマン帝国

（13世紀），ムガル帝国（16世紀）。ムスリム商人の活動。
　　　　　　　　　　　　　　　　　　　イスラム教徒の商人

●**十字軍** 1096年〜 ▶（②　　　　　　　　　　）の呼びかけで，イスラ
　　　　　　　　　　　　　　　　　　カトリックの長

ム教徒に占領された（③　　　　　　　）の奪回を図る。
　　　　　　　　　　　　キリスト教・イスラム教・
　　　　　　　　　　　　ユダヤ教の聖地

2 ルネサンスと宗教改革　教 p.102〜103

●**ルネサンス（文芸復興）**▶キリスト教以前の，古代ギリシャ文

化を学び直し，人間を重視する文化。イタリアから広がる。

　◆（④　　　　　　　　　）　　◆**ミケランジェロ**
　　　　　　　　　　　　「モナ・リザ」　　　　　　　「ダビデ」

●**宗教改革**▶免罪符を発売したカトリック教会への抗議行動。
　　　　めんざいふ　　　　　　　　　　　　　こうぎ

　◆（⑤　　　　　　　）（ドイツ）　◆**カルバン**（スイス）

　　■支持者は（⑥　　　　　　　）と呼ばれる。
　　　　　　　　　　　　　「抗議する者」の意味

　◆カトリック側もイエズス会を中心に内部の改革を進める。

●**近世への移り変わり**▶**羅針盤**の実用化で大航海時代となる。
　　　　　　　　　　らしんばん

3 ヨーロッパ世界の拡大　教 p.104〜105

●**大航海時代**▶ポルトガルとスペインが，アジアの**香辛料**などの
　　　　　　　　　　　　　　　　　　　こうしんりょう

入手とキリスト教の布教を目的に新航路の開拓に乗り出す。

　◆**ポルトガル**▶バスコ・ダ・ガマがインドに到達 1498年 。
　　　　　　　　　　　　　　　　　　　　とうたつ

　◆**スペイン**▶コロンブスがアメリカに到達 1492年 。
先住民のアステカ王国や
インカ帝国をほろぼす　　**マゼラン船隊が世界一周を達成** 1522年 。

　◆アメリカ大陸はヨーロッパの（⑦　　　　　　　　）となる。
　　　　　　　　　　　　　　　　　移民して支配

●**オランダの台頭**▶スペインから独立し，アジア貿易で栄える。

4 ヨーロッパ人との出会い　教 p.106〜107

●**鉄砲の伝来** 1543年 ▶（⑧　　　　　　　　　）人が種子島に鉄砲を
　　　　　　　　　　　　　　　　　　　　　　　たねがしま　てっぽう

伝える。（⑨　　　　　　　）（大阪）や**国友**（滋賀）で製造。
　　　　　　　　　　　　　　　　　　くにとも

●**キリスト教の伝来と広まり**▶（⑩　　　　　　　　）が，日本に
　　　　　　　　　　　　　　　　　　　　　　　　イエズス会宣教師

キリスト教を伝える 1549年 。**キリシタン**が増える。

●**南蛮貿易とキリシタン大名**

　◆（⑪　　　　　　）**貿易**▶平戸や長崎で**南蛮人**と貿易。
　　　　　　　　　　　　　　ひらど　　　　　　なんばん

　◆（⑫　　　　　）**大名**▶**天正遣欧使節**を派遣。
　　　　　　　だいみょう　てんしょうけんおう　　はけん　スペイン人や
　　キリスト教徒になった大名。九州の大友宗麟など　　　　　ポルトガル人

395	ローマ帝国が東西分裂
476	西ローマ帝国滅亡
610 ごろ	ムハンマドがイスラム教を開く
	・イスラム帝国の拡大
1096	第1回十字軍
	・ルネサンス
	・大航海時代
1453	ビザンツ帝国滅亡
1492	コロンブスがアメリカに到達
1498	バスコ・ダ・ガマがインドに到達
1517	ルターが宗教改革開始
1519	マゼランが世界一周に出発
1522	アステカ王国滅亡
1533	インカ帝国滅亡
1541	カルバンが宗教改革開始
1543	鉄砲伝来
1549	キリスト教伝来
1581	オランダの独立
1582	天正遣欧使節出発

↓大西洋の三角貿易

ヨーロッパ

アメリカ大陸　毛織物

銀・砂糖

金・象牙
ぞうげ

武器・雑貨

奴隷
どれい

アフリカ

奴隷は鉱山や農園での労働力として連れてこられたんだね。

↓南蛮貿易の主な輸出入品

| 輸入品 | 中国産の生糸や絹織物　東南アジアの香辛料　ヨーロッパの鉄砲・火薬・時計・ガラス製品 |
| 輸出品 | 銀 |

📖 教科書の 資料　次の問いに答えよう。

(1) 右の地図は，16世紀ご
　　ろの世界を示しています。
　　A〜Cの航路を開いた人
　　物はそれぞれだれですか。

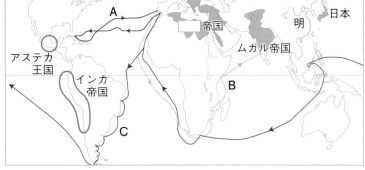

　　A（　　　　　　　　　）

　　B（　　　　　　　　　）

　　C（　　　　　　　　　）

(2) ヨーロッパ人が直接ア
　　ジアに行こうとしたのは，どんな物産を手に入れるためですか。（　　　　　　　　　　　）

(3) ☐にあてはまる語句を書きなさい。（　　　　　　　　　　　）

(4) ◯の2つの国をほろぼした国はどこですか。（　　　　　　　　　　　）

第4章

📖 教科書 一問一答（チェック）　次の問いに答えよう。　　/10問中

★は教科書の太字の語句

1 中世ヨーロッパとイスラム世界

①現在のギリシャ・トルコあたりを領土とした東ローマ
　帝国の別の呼び名を何といいますか。
　☐①＿＿＿＿＿＿＿

②7世紀にアラビア半島で成立し，西はイベリア半島・北
　アフリカ，東はイランまで支配した国を何といいますか。
　☐★②＿＿＿＿＿＿＿

③イスラム教徒に占領された聖地エルサレムを奪回しよ
　うと，キリスト教諸国が送った軍を何といいますか。
　☐★③＿＿＿＿＿＿＿

2 ルネサンスと宗教改革

④古代ギリシャ文化を見直し，人間らしさを表現する芸
　術が復興した動きをカタカナで何といいますか。
　☐★④＿＿＿＿＿＿＿

⑤教皇の免罪符販売を批判し，ルターやカルバンが始め
　た，聖書を信仰の中心に置く運動を何といいますか。
　☐★⑤＿＿＿＿＿＿＿

⑥カトリック教会の改革の中心となり，海外での布教に
　力を入れた組織を何といいますか。
　☐★⑥＿＿＿＿＿＿＿

3 ヨーロッパ世界の拡大

⑦15世紀後半に，ヨーロッパ人が新航路の開拓に乗り出
　した時代を何といいますか。
　☐★⑦＿＿＿＿＿＿＿

⑧スペインから独立してアジアに進出し，ヨーロッパの
　商業や金融の中心となった国はどこですか。
　☐⑧＿＿＿＿＿＿＿

4 ヨーロッパ人との出会い

⑨1543年，種子島に流れ着いたポルトガル人が日本に伝
　えた新しい武器を何といいますか。
　☐★⑨＿＿＿＿＿＿＿

⑩ポルトガル人やスペイン人のことを日本では何と呼び
　ましたか。
　☐★⑩＿＿＿＿＿＿＿

 知識の泉　世界一周を達成したマゼランの船隊。指揮官のマゼランは途中フィリピンで戦死しました。出
発当初約280名いた乗組員のうち，生き残ったのはわずか18名でした。

予習・復習　こつこつ　解答　p.13

1節　ヨーロッパ人との出会いと全国統一②

📖 **教科書の 要 点**（　　）にあてはまる語句を答えよう。

❶ 織田信長・豊臣秀吉による統一事業　教 p.108〜109

● **織田信長の統一事業**

◆（①　　　　　　　　　）の戦い▶駿河(静岡)の今川義元を破る。

◆室町幕府をほろぼす **1573年**▶将軍足利義昭を京都から追放。

◆**長篠の戦い**▶鉄砲を活用し，甲斐(山梨)の**武田勝頼**を破る。

◆経済政策▶**安土**城下で（②　　　　　　　　　）。関所の廃止。
　　　　　　　市での税を免除し，座を廃止する

● **豊臣秀吉の全国統一**

◆信長が**明智光秀**に背かれ，（③　　　　　　　）で自害。
　　　　　　　　　　　　　　　　　　　京都の寺

　→秀吉が光秀をたおし，信長の後継者になる。

◆（④　　　　　　　　）城を築き，本拠地とする。

◆朝廷から**関白**に任じられ，全国統一を完成 **1590年**

◆（⑤　　　　　　　　）時代▶信長・秀吉の時代。

● **宣教師の追放**▶信長はキリスト教を優遇。秀吉は
バテレン追放令を出す。

1560	桶狭間の戦い
1573	室町幕府の滅亡
1575	長篠の戦い
1582	本能寺の変・太閤検地
1587	バテレン追放令
1588	刀狩令
1590	豊臣秀吉が全国統一
1592	文禄の役 |朝鮮侵略
1597	慶長の役	

↓織田信長と豊臣秀吉の全国統一

■ 織田信長の領国(1560年ごろ)
□ 織田信長の領国(1582年)
▨ 織田信長にほろぼされた大名
□ 豊臣秀吉にほろぼされた大名
→ 織田軍の進路
→ 豊臣軍の進路

❷ 兵農分離と秀吉の対外対策　教 p.110〜111

● **太閤検地と刀狩**

◆（⑥　　　　　　　　　）▶全国の田畑を調査する。

　■ 生産量を（⑦　　　　　　　　　）で示す。
　　　　　　　　　　　　　　　　　米の体積

　■ 検地帳に記された農民が土地の耕作権を持ち，年貢を納入。

◆（⑧　　　　　　　　　）▶農民や寺社から武器を取り上げる。

　■ **太閤検地**・**刀狩**で（⑨　　　　　　　　　）が進む。
　　　　　　　　　　　　　　　　　武士と農民の身分が分かれる

● **朝鮮侵略**▶東南アジアとの貿易を奨励する一方，明の征服を目
指し，二度**朝鮮**に兵を送る（**文禄の役・慶長の役**）。

信長は大名だけ
でなく，比叡山
延暦寺や一向一
揆などの仏教勢
力も武力で従わ
せたんだよ。

❸ 桃山文化　教 p.112〜113

● **天下統一と豪壮な文化**▶大名や豪商の権力や富を背景にした
（⑩　　　　　　　　　）文化が栄える。

◆建築▶天守・石垣を持つ壮大な（⑪　　　　　　　　　）。

◆絵画▶ふすまや屏風に濃絵。狩野永徳「唐獅子図屏風」。

◆茶の湯▶（⑫　　　　　　　　　）がわび茶を完成。

● **芸能と生活文化の展開**

◆芸能▶出雲の阿国が（⑬　　　　　　　　　）を始める。

◆衣服▶麻から木綿になり，**小袖**が日常着になる。

● **南蛮文化**▶ヨーロッパの影響を受けた風俗や芸術。活版印刷。

↓姫路城

📖教科書の 資料 次の問いに答えよう。

(1) 右の資料は，1575年に，現在の
愛知県で行われた戦いの様子をえ
がいています。この戦いを何とい
いますか。（　　　　　　　）

(2) A・Bはだれの軍ですか。
からそれぞれ選びなさい。

A（　　　　　　　）

B（　　　　　　　）

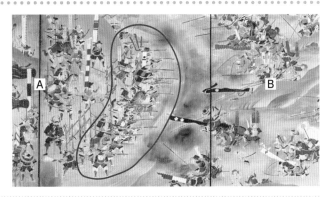

今川義元　　織田信長　　武田勝頼　　足利義昭

(3) ◯で使われている武器は何ですか。（　　　　　　　　　　　）

第4章

📖教科書 チェック 一問一答 次の問いに答えよう。　　　　/10問中

★は教科書の太字の語句

1 織田信長・豊臣秀吉による統一事業

①桶狭間の戦いで織田信長に敗れた戦国大名はだれです
か。

①＿＿＿＿＿

②織田信長が琵琶湖の東岸に建てた，5層7階の天守を
持つ城を何といいますか。

②＿＿＿＿＿

③織田信長の家臣であったが信長に背き，本能寺で信長
を自害に追いこんだ武将はだれですか。

③＿＿＿＿＿

④織田信長の後継者となり，全国統一を達成した武将は
だれですか。

★
④＿＿＿＿＿

⑤④は天皇から何に任命されて，全国に停戦命令を出し
ましたか。

⑤＿＿＿＿＿

2 兵農分離と秀吉の対外対策

⑥明を征服しようと，1592年，約15万人の大軍を朝鮮に
派遣したことを何といいますか。

★
⑥＿＿＿＿＿

⑦1597年の二度目の朝鮮侵略を何といいますか。

★
⑦＿＿＿＿＿

3 桃山文化

⑧「唐獅子図屏風」をえがいた人物はだれですか。

★
⑧＿＿＿＿＿

⑨大名の交流の場となり，千利休がわび茶の作法を完成
させたものを何といいますか。

★
⑨＿＿＿＿＿

⑩ヨーロッパの文化から影響を受けて成立した芸術や風
俗を何といいますか。

★
⑩＿＿＿＿＿

知識の泉　質素なわび茶を追求した千利休。豊臣秀吉に仕えましたが，秀吉は金ぱくを貼った茶室を造る
ほどの派手好き。結局二人はうまくいかず，利休は秀吉に切腹を命じられました。

1節　ヨーロッパ人との出会いと全国統一

1 **中世のヨーロッパ**　右の地図を見て，次の問いに答えなさい。

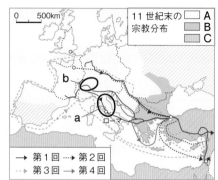

(1) 11世紀にA〜Cの地域で勢力を持っていた宗教や宗派を， ［ ］ からそれぞれ選びなさい。

A（　　　　　　　　）

B（　　　　　　　　）

C（　　　　　　　　）

> イスラム教　正教会
> カトリック教会

(2) 11世紀の末から約2世紀の間，矢印の進路で遠征した軍を何といいますか。（　　　　　　　　）

(3) 14世紀に a の地域で始まったルネサンスの時期に，次の作品を作った人物を，あとからそれぞれ選びなさい。

① 「モナ・リザ」の絵（　　　　）　② 「ダビデ」の彫刻（　　　　）

ア　ミケランジェロ　　イ　ボッティチェリ

ウ　レオナルド・ダ・ビンチ

(4) 15世紀になると，Cの地域の商人の手を経ないでアジアの物産を手に入れようとする動きが起こりました。そのうち，スペインの援助を受け，アメリカに到達したのはだれですか。

（　　　　　　　　　　　）

(5) 16世紀に b の地域で宗教改革を始めたのはだれですか。

（　　　　　　　　　　　）

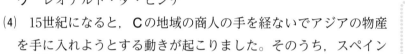

ヒントの森

(1)カトリック教会はローマ，正教会はビザンツ帝国（東ローマ帝国）と結び付いていました。

(5)bはスイスを示しています。

2 **ヨーロッパ人との出会い**　右の地図を見て，次の問いに答えなさい。

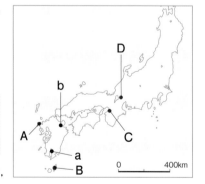

(1) A〜Dにあてはまる地名を，次の文を参考に， ［ ］ からそれぞれ選びなさい。

A（　　　　　　）　B（　　　　　　）

C（　　　　　　）　D（　　　　　　）

A　ヨーロッパ人と貿易。

B　初めて鉄砲が伝わる。

C・D　鉄砲を生産。

> 博多　平戸　堺
> 国友　種子島

(2) Aなどで行われた貿易で，日本が主に輸出したものを，次から選びなさい。（　　　　　　）

ア　銅　イ　銀　ウ　生糸　エ　毛織物

(3) a に上陸し，日本に初めてキリスト教を伝えた宣教師はだれですか。（　　　　　　　　）

(4) b を治める大友宗麟などが，ローマ教皇のもとに派遣した4人の少年を何といいますか。（　　　　　　　　）

ヒントの森

(1)残る1つは福岡県の地名。

(2)石見で採れたもの。

(4)1582年（天正10年）に出発した。

❸ 織田信長・豊臣秀吉の統一事業　次の文を読んで，あとの問いに答えなさい。

A　刀狩を行った。
B　比叡山延暦寺を武力で従わせた。
C　二度にわたり朝鮮を侵略した。
D　室町幕府をほろぼした。
E　太閤検地を行った。
F　（　　　）追放令を出した。
G　安土城下で商工業を保護した。
H　甲斐の武田勝頼を破った。

(1)　A〜Dを行ったのが，織田信長ならア，豊臣秀吉ならイを書きなさい。　A（　　　）　B（　　　）
　　　C（　　　）　D（　　　）

(2)　右の資料に関係する語句を，上の文から選びなさい。
（　　　　　　　）

(3)　Cは中国を征服するために行われました。このときの中国は何という国でしたか。（　　　　　）

(4)　Fの（　）にあてはまる，キリスト教の宣教師を示す語句をカタカナ4字で書きなさい。
（　　　　　　　）

(5)　Gの安土城下で行われた，座の特権を廃止し，税や労役を免除した政策を何といいますか。（　　　　　　　）

(6)　Hの戦いを何といいますか。（　　　　　　　）

ヒントの森
(2)土地の面積を測っています。
(3)漢民族が14世紀に建てた国。

❹ 安土桃山時代の文化　右の資料を見て，次の問いに答えなさい。

(1)　Aの絵やBの建築に代表される文化を何といいますか。
（　　　　　　　）

A

(2)　(1)の文化の特徴を，次から選びなさい。　（　　　　）
　ア　質素で落ち着きがある。
　イ　豪華で壮大。
　ウ　古代ギリシャ文化の影響が強い。

(3)　(1)の文化の担い手を，次から2つ選びなさい。
（　　　）（　　　）

B

　ア　大名　　イ　貴族　　ウ　豪商　　エ　禅宗の僧

(4)　次の文にあてはまる人物を，[　　]から選びなさい。
　①Aの屏風絵をえがいた。（　　　　　）
　②わび茶の作法を完成した。（　　　　　）
　③かぶきおどりを始めた。（　　　　　）

　　出雲の阿国　　狩野永徳　　世阿弥　　雪舟　　千利休

(5)　Bについて述べた次の文中の[　]にあてはまる語句をそれぞれ書きなさい。①（　　　　　）　②（　　　　　）
　巨大な①の上に高くそびえる②を持つ姫路城である。

ヒントの森
(3)権力と富を持つ人々。
(4)①Aは「唐獅子図屏風」です。

第4章

予習・復習　こつこつ　解答 p.14

確認のワーク　ステージ**1**

2節　江戸幕府の成立と対外政策①

📖 教科書の 要点 （　）にあてはまる語句を答えよう。

❶ 江戸幕府の成立と支配の仕組み 📘 p.114〜115

● 江戸幕府の成立

◆**徳川家康**▶豊臣秀吉の死後，関東で勢力をのばす。

- ①（　　　　　　　）**の戦い** 1600年 ▶石田三成を破る。
- 征夷大将軍に任じられ**江戸幕府**を開く 1603年 →**江戸時代**。
- ②（　　　　　　　）**の陣**▶豊臣氏をほろぼす。

● 幕藩体制の確立 ▶幕府と藩で全国を支配。

◆**幕府**▶約400万石の③（　　　　　　　　）を治める。

- 重要な都市や鉱山を直接支配→貨幣の発行を独占。
- **老中**を中心に，若年寄や奉行が政治を行う。

◆④（　　　　　　）▶大名が治める。

- ⑤（　　　　　　）▶将軍家の親戚。
- **譜代大名**▶古くからの徳川氏の家臣。
- **外様大名**▶関ヶ原の戦い前後に徳川氏に従った大名。

● 大名・朝廷の統制

◆**大名の統制**▶⑥（　　　　　　）を制定。

- 第3代将軍徳川家光が⑦（　　　　　　　）を制度化。

◆**朝廷の統制**▶京都所司代が監視。**禁中並公家中諸法度**制定。

❷ さまざまな身分と暮らし 📘 p.116〜117

● 武士と町人／村と百姓

◆⑧（　　　　　　）▶支配身分。

- 主君から領地や俸禄（米）をあたえられ，軍役を果たす。
- **名字・帯刀**の特権を持つ。

◆⑨（　　　　　　）▶商工業を営み，営業税を納める。

- 名主などの町役人が自治を行う。

◆**百姓**▶村で自給自足の生活。主に米で年貢を納める。

- ⑩（　　　　　　）▶土地を持つ百姓。
- ⑪（　　　　　　）▶土地を持たず小作を行う百姓。

◆**百姓の統制**▶安定して年貢を取るため，土地の売買を禁止。

- 村役人による自治▶**庄屋**（名主）・組頭・百姓代。
- **五人組**▶年貢の納入や犯罪の防止に連帯責任。

● 差別された人々 ▶**えた身分・ひにん身分**は，ほかの身分から厳しく差別される。

1600	関ヶ原の戦い
1603	徳川家康が征夷大将軍になる
1615	豊臣氏がほろびる
	武家諸法度
	禁中並公家中諸法度
1635	参勤交代の制度化

↓江戸幕府の仕組み

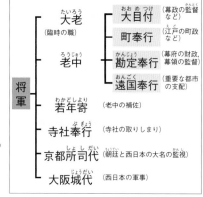

↓身分別の人口の割合

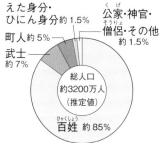

えた身分・ひにん身分約1.5%
公家・神官・僧侶・その他 約1.5%
町人約5%
武士約7%
総人口約3200万人（推定値）
百姓 約85%

江戸時代後期（『近世日本の人口構造』より）

収穫した米のうち，40％（四公六民）や50％（五公五民）も，年貢として取られたんだよ。

教科書の 資料　次の問いに答えよう。

(1) この資料は1615年に出されたものです。この法律を何といいますか。（　　　　　　　　）

(2) この法律は、どの身分の人に向けて出されたものですか。次から選びなさい。（　　）

　　ア　百姓　　イ　大名
　　ウ　町人　　エ　公家

> ― 学問と武芸にひたすら精を出すようにしなさい。
> ― 諸国の城は、修理する場合であっても、必ず幕府に申し出ること。新しい城を造ることは厳しく禁止する。
> ― 幕府の許可なく、結婚をしてはならない。
>
> （部分要約）

(3) この法律には、後に参勤交代（さんきんこうたい）の制度が付け加えられました。このときの第3代将軍はだれですか。（　　　　　　　　）

(4) この法律が初めて出されたのと同じ年に出された、朝廷を統制するための法律を何といいますか。（　　　　　　　　）

第4章

教科書 一問一答 チェック　次の問いに答えよう。

/10問中

★は教科書の太字の語句

1 江戸幕府の成立と支配の仕組み

①豊臣秀吉の死後、関東で勢力をのばしていた大名はだれですか。

☐★① _____

②関ヶ原の戦いで、豊臣氏の政権を守ろうとして敗れた武将はだれですか。

☐② _____

③①が征夷大将軍に任じられて開いた幕府を何といいますか。

☐★③ _____

④幕府と大名が治める藩で、全国を支配する仕組みを何といいますか。

☐★④ _____

⑤③の幕府で将軍から任命され、政治を行う役職は何ですか。

☐⑤ _____

⑥古くから徳川氏に従っていた大名を何といいますか。

☐⑥ _____

⑦関ヶ原の戦い前後に徳川氏に従った大名を何といいますか。

☐⑦ _____

⑧江戸時代、朝廷を監視するために置かれた役所を何といいますか。

☐⑧ _____

2 さまざまな身分と暮らし

⑨村に住み、主に農業を営んで年貢を納めた身分を何といいますか。

☐★⑨ _____

⑩⑨の統制のために作られた、犯罪の防止や年貢の納入に共同責任を負わせる制度を何といいますか。

☐★⑩ _____

知識の泉　家康は征夷大将軍の地位をわずか2年で息子の秀忠にゆずりました。これは、大阪の豊臣氏に対して、将軍職は代々徳川家が引き継ぐことを示したかったのだといわれています。

予習・復習　こつこつ　解答▶p.14

確認のワーク　ステージ1

2節　江戸幕府の成立と対外政策②

教科書の要点　（　）にあてはまる語句を答えよう。

① 貿易の振興から鎖国へ　教 p.118〜119

●**積極的な貿易政策**

◆**朱印船貿易**▶徳川家康が発行した（①　　　　　　　　　）を持
　つ大名や豪商の船が，東南アジアで行った貿易。　　渡航許可状

　■輸入品▶中国産の生糸や絹織物　　■輸出品▶主に銀

◆（②　　　　　　　　　）▶東南アジアに移住した日本人の町。

●**禁教と貿易統制の強化**

◆**徳川家康**▶貿易の利益のためキリスト教を黙認→**禁教令**。

◆**徳川秀忠**▶（③　　　　　　　　　）を強化。

◆**徳川家光**▶日本人の出国・帰国を禁止。朱印船貿易を停止。
　　　　　　　長崎に出島を築き，ポルトガル人を移す。

●**島原・天草一揆と鎖国**

◆（④　　　　　　　　　）**一揆 1637年**▶九州地方で起こる。

　■原因▶キリシタンへの迫害と重税。　■大将▶**天草四郎**。　　益田時貞

◆**鎖国**▶幕府による禁教・貿易統制・外交独占の体制。

　■（⑤　　　　　　　　　）船の来航を禁止 **1639年**。

　■**平戸のオランダ商館を長崎の出島に移す 1641年**。

　■禁教の徹底▶（⑥　　　　　　　　　）や**宗門改**。
　　　　　　　　　キリストやマリアの像を踏ませる

② 鎖国下の対外関係　教 p.120〜121

●**四つの窓口／オランダ・中国との貿易**

◆**オランダ**▶**長崎**で貿易。オランダ**風説書**の提出。海外の情報を
　　　　　　　　　　　　　　　　　　　　　　　　　　まとめた報告書

◆**中国**▶明がほろび，女真族が（⑦　　　　　　　　　）を建国。

　■（⑧　　　　　　　　　）で貿易。唐人屋敷に住まわせる。

◆輸入品▶生糸や絹織物　　◆輸出品▶銀・銅・俵物　　海産物

●**朝鮮との交際**▶対馬藩を通じて国交を結ぶ。

　■（⑨　　　　　　　　　）▶将軍の代がわりなどに送られる。

③ 琉球王国やアイヌ民族との関係　教 p.122〜123

●**琉球の支配**

◆**薩摩藩**が**琉球王国**を征服。江戸に**琉球使節**を連れていく。

◆国際的には独立国で，中継貿易・中国との朝貢貿易を行う。

●**アイヌ民族との交易**

◆**松前藩**が交易を独占。米と海産物を交換。

◆不利な取り引きに（⑩　　　　　　　　　）が反乱を起こす。
　　　　　　　　　　　アイヌの首長

↓朱印船の航路と日本町

・ 日本人在住地
◦ 日本町所在地
— 朱印船の主な航路

日本

0　1000km

明

ツーラン
アユタヤ
フェフォ
ピニャルー
プノンペン
サンミゲル
ディラオ

↓長崎の出島

日本人と交流できないようにしたんだね！

1609	薩摩藩が琉球を征服
1612	幕領に禁教令
1613	全国に禁教令
1624	スペイン船来航禁止
1635	日本人の出国・帰国禁止
1637	島原・天草一揆
1639	ポルトガル船来航禁止
1641	オランダ商館を出島に移す
1669	シャクシャインの戦い

😊まるごと暗記 ☺️**日本町** 朱印船貿易で東南アジアにできた町 ☺️**出島** 長崎に造られた人工島でオランダと貿易

📖教科書の 資料 次の問いに答えよう。

(1) 右の地図は，鎖国下の窓口を示したもので
す。A〜Cの地域との交際の窓口となった藩
を，地図中からそれぞれ選びなさい。

A （　　　　　　　）
B （　　　　　　　）
C （　　　　　　　）

(2) Cに住んでいた先住民を何といいますか。
（　　　　　　　）

(3) 長崎で貿易を行った国を，2つ書きなさい。
（　　　　　　）（　　　　　　）

(4) 長崎に造られた人工の島を何といいますか。
（　　　　　　　　　　）

第4章

📖教科書 チェック 一問一答 次の問いに答えよう。

/10問中

★は教科書の太字の語句

① 貿易の振興から鎖国へ

①徳川家康が発行した渡航許可状を持った船が東南アジアにおもむいて行った貿易を何といいますか。

★☐① _____

②日本人の出国・帰国を禁止し，貿易統制を強化した江戸幕府第3代将軍はだれですか。

☐② _____

③島原・天草一揆で，神の使いとされ大将になった少年はだれですか。

☐③ _____

④幕府による，禁教・貿易統制・外交独占の体制を何といいますか。

★☐④ _____

⑤出島に移されたオランダ商館は，もとは何という町にありましたか。

☐⑤ _____

⑥キリシタンを取りしまるため，幕府が寺に仏教徒であることを証明させたことを何といいますか。

☐⑥ _____

② 鎖国下の対外関係

⑦幕府が，オランダ商館長に提出させた世界の情勢を記した報告書を何といいますか。

☐⑦ _____

⑧幕府が，対馬藩を通じて，正式の国交を結んだ国はどこですか。

☐⑧ _____

③ 琉球王国やアイヌ民族との関係

⑨薩摩藩に征服された，現在の沖縄県にあった独立国を何といいますか。

☐⑨ _____

⑩⑨から将軍や国王の代がわりごとに，江戸に送られた使節を何といいますか。

★☐⑩ _____

知識の泉 キリシタンの中には幕府に弾圧されながら，幕末までひそかに信仰を守り続けた潜伏キリシタンの人々もいました。観音像をマリア像に見立て，自分たちで洗礼を授けたそうです。

 **2節　江戸幕府の成立と対外政策**

こつこつ　テスト直前　解答 p.15

1 **江戸幕府の成立と支配の仕組み**　右の資料を見て，次の問いに答えなさい。

(1)　次の文にあてはまる役職を，**資料Ⅰ**中からそれぞれ選びなさい。

① 将軍に任命され政治を行う。（　　　　　　）

② 幕府の財政に当たる。（　　　　　　）

③ 朝廷を監視する。（　　　　　　）

資料Ⅰ　江戸幕府の仕組み

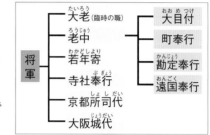

(2)　**資料Ⅱ**のように，全国の土地と人民を，幕府と藩で治める政治の仕組みを何といいますか。

（　　　　　　　　　）

(3)　親藩のうち，・の紀伊・尾張・水戸藩を，とくに何といいますか。

（　　　　　　　　　）

資料Ⅱ　主な大名の配置

(4)　外様大名はどのようなところに多く配置されましたか。次から選びなさい。（　　　　　）

ア　江戸の近く

イ　江戸から遠い地域

ウ　江戸と京都の間

(5)　大名が1年おきに江戸と領地を往復する制度を何といいますか。

（　　　　　　　　　）

(6)　(5)を定めた第3代将軍はだれですか。　（　　　　　　　　　）

ヒントの森

(1)①常時，多くの役職を指揮する立場。

2 **さまざまな身分**　次の文を読んで，あとの問いに答えなさい。

　江戸時代の人々の（　A　）は，大きく a武士，（　B　），b百姓に分かれていた。また，厳しく差別されていた人々もいた。

（　A　）別の人口の割合

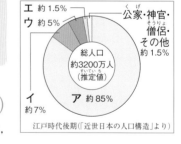

エ 約1.5%
ウ 約5%
公家・神官・僧侶・その他 約1.5%
総人口 約3200万人（推定値）
イ 約7%
ア 約85%

江戸時代後期（「近世日本の人口構造」より）

(1)　A・Bにあてはまる語句をそれぞれ書きなさい。

A（　　　　　　　）　B（　　　　　　　）

(2)　下線部aについて，次の文中の□□にあてはまる語句を，それぞれ漢字2字で書きなさい。

①（　　　　　　　）　②（　　　　　　　）

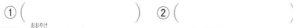武士は，①を公に名乗ることや日常的に②できるなどの特権を持っていた。

(3)　下線部bにあてはまるものを，右上のグラフ中のア〜エから選びなさい。（　　　　　）

ヒントの森

(2)②刀を差すこと。

(3)割合が最も多いものです。

3 幕府による統制　右の資料を読んで，次の問いに答えなさい。

(1) Aは第2代将軍のときの1615年に出されました。第2代将軍とはだれですか。（　　　　　　）

(2) Bはどのような人々に対して出された決まりですか。
（　　　　　　）

(3) Bが定められた目的を，次から選びなさい。（　　）
　ア　キリスト教徒を取りしまるため。
　イ　商工業を発展させるため。
　ウ　ききんに対応するため。

(4) a・bにあてはまる語句を，次からそれぞれ選びなさい。
　　　　　　　　　a（　　　）　b（　　　）
　ア　城　　イ　道　　ウ　米　　エ　麦

A

> ― 諸国の（　a　）は，修理する場合であっても，必ず幕府に申し出ること。まして新しい（　a　）を造ることは厳しく禁止する。

B

> ― 衣類は，模様のないものを着ること。
> ― 雑穀を食べ，（　b　）はむやみに食べないようにせよ。
> ― 田畑をよく手入れし，草も念を入れて取るようにせよ。

ヒントの森
(3)生活を厳しく統制しています。

4 貿易の振興から鎖国へ　右の年表を見て，次の問いに答えなさい。

(1) A～Cにあてはまる国名を，░░░からそれぞれ選びなさい。
　　　　　A（　　　　　　）
　　　　　B（　　　　　　）
　　　　　C（　　　　　　）

> オランダ　　スペイン
> イギリス　　ポルトガル

年	できごと
1612	幕領に禁教令 …………………… a
1613	全国に禁教令
1624	（　A　）船来航禁止
1635	日本人の出国・帰国禁止 ………… b
1637	九州地方で大規模な一揆 ………… c
1639	（　B　）船来航禁止
1641	（　C　）商館を出島に移す ………… d

(2) aによって禁止されたのは，何という宗教ですか。（　　　　　　）

(3) b以前，東南アジアにおもむいて貿易を行った，渡航の許可状を持った船を何といいますか。（　　　　　　）

(4) bによって消滅していった，東南アジア各地に日本人が移り住んでできた町を何といいますか。（　　　　　　）

(5) cの一揆を何といいますか。（　　　　　　）

(6) dによって固まった，幕府による，禁教や貿易統制，外交独占の体制を何といいますか。（　　　　　　）

(7) dの出島が海上に造られた都市はどこですか。
（　　　　　　）

(8) dの後も，いくつかの藩が窓口となって貿易が行われていました。次の藩の貿易相手を，あとからそれぞれ選びなさい。
　① 対馬藩（　　　）　② 薩摩藩（　　　）
　ア　琉球王国　　イ　清　　ウ　朝鮮　　エ　アイヌ民族

ヒントの森
(1)Aはコロンブスを支援した国。Bは日本に鉄砲を伝えた国。Cはプロテスタントの国。
(8)①は長崎県，②は鹿児島県。

予習・復習　こつこつ　解答 p.16

確認のワーク ステージ1　3節　産業の発達と幕府政治の動き①

教科書の 要点 （　　　）にあてはまる語句を答えよう。

1 農業や諸産業の発展　教 p.124〜125

↓備中ぐわと千歯こき

備中ぐわ

千歯こき

●**農業の発展/諸産業の発展**

◆（①　　　　　　　）開発▶用水路の整備や干拓→耕地が増加。

◆新しい農具▶**備中ぐわ**や（②　　　　　　　　）。脱穀

◆商品作物の栽培▶木綿や菜種。現金収入を得るため。

◆水産業▶九十九里浜でいわし漁→干鰯という肥料に加工。

◆鉱山開発▶金・銀・銅。幕府が寛永通宝などの貨幣を発行。

2 都市の繁栄と交通路の整備　教 p.126〜127

●**三都の繁栄**

◆**江戸**▶将軍の城下町＝「**将軍の**（③　　　　　　　）」。

◆**大阪**▶諸藩の蔵屋敷が置かれ，商業の中心地。

　　＝「（④　　　　　　　）」と呼ばれる。

↓主な鉱山

足尾銅山
佐渡金山
石見銀山
生野銀山
別子銅山
0　200km

◆（⑤　　　　　　　）▶古都。学問や文化の中心。

■**株仲間**▶商人の同業者組合。税を納め，営業を独占。

■**両替商**▶金銀の交換や金貸し。

●**街道の整備/海運の発達**

◆**五街道**▶関所や宿場を置く。**飛脚**が往来。手紙や荷物を運ぶ

◆**南海路**▶菱垣廻船・樽廻船が大阪と江戸を往復。

◆**東廻り航路・西廻り航路**▶東北と江戸・大阪を結ぶ。

3 幕府政治の安定と元禄文化　教 p.128〜129

幕府が金貨（小判）や銀貨，銅銭を発行したよ。

●**綱吉の政治と正徳の治**

◆**徳川綱吉**▶第5代将軍。（⑥　　　　　　　）を奨励。儒学の一派。上下関係を重視

■生類憐みの政策。　■質の悪い貨幣の発行。

◆**新井白石**（⑦　　　　　　　）という政治を行った。儒学者

■貨幣の質を元にもどす。　■長崎貿易の制限。金銀の海外流出を防ぐため

●**元禄文化**▶上方を中心に栄えた町人を担い手とする文化。

↓菱川師宣「見返り美人図」

房陽菱川友竹筆

文学	（⑧　　　　）▶浮世草子（小説）
	（⑨　　　　）▶人形浄瑠璃の脚本
	松尾芭蕉▶（⑩　　　　）（俳句）。「奥の細道」
演劇	（⑪　　　　）▶男性役者のみで演じる
絵画	**俵屋宗達・尾形光琳**▶装飾画
	菱川師宣▶（⑫　　　　）。「見返り美人図」

当時の風俗をえがいた絵

📖 教科書の 資料 **次の問いに答えよう。**

(1) 右の地図は江戸時代の交通路を示していま
　　す。A～Cの航路の名前を，それぞれ書きな
　　さい。　　　　　　A（　　　　　　　　）

　　　　　　　　　　　B（　　　　　　　　）

　　　　　　　　　　　C（　　　　　　　　）

(2) 　　の街道を合わせて何といいますか。

　　　　　　　　　　（　　　　　　　　　　）

(3) 街道沿いに設けられ，運送用の人や馬，宿
　　泊施設がある場所を何といいますか。

　　　　　　　　　　（　　　　　　　　　　）

(4) 街道を利用して，手紙や荷物を運んだ人を何といいますか。（　　　　　　　　　　　　）

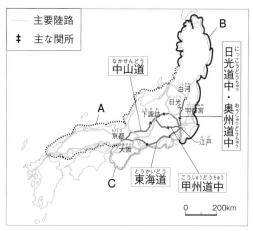

地図内：
— 主要陸路
‡ 主な関所
B
日光道中・奥州道中
中山道 なかせんどう
白河 しらかわ
日光 にっこう
宇都宮 うつのみや
下諏訪 しもすわ
A
京都
大阪
江戸
C
東海道 とうかいどう
甲州道中 こうしゅうどうちゅう
0　　　200km

第4章

✏️ チェック

教科書 一 問 一 答 **次の問いに答えよう。**　　　　　/10問中

★は教科書の太字の語句

1 農業や諸産業の発展

①木綿や菜種など，売るために栽培する作物を何といい
　ますか。

□★① ＿＿＿＿＿＿＿＿＿＿

②幕府が大量に造って，全国に流通させた銅銭を何とい
　いますか。

□★② ＿＿＿＿＿＿＿＿＿＿

2 都市の繁栄と交通路の整備

③江戸・大阪・京都を合わせて何と呼びますか。

□★③ ＿＿＿＿＿＿＿＿＿＿

④大阪に諸藩が置いて，年貢米や特産物を保管・販売し
　た，倉庫を備えた邸宅を何といいますか。

□★④ ＿＿＿＿＿＿＿＿＿＿

⑤商人が結成し，幕府の許可を得て営業を独占した同業
　者組合を何といいますか。

□★⑤ ＿＿＿＿＿＿＿＿＿＿

3 幕府政治の安定と元禄文化

⑥儒学を奨励した江戸幕府の第5代将軍はだれですか。

□★⑥ ＿＿＿＿＿＿＿＿＿＿

⑦第6代，7代将軍に仕え，正徳の治と呼ばれる政治を
　行った儒学者はだれですか。

□★⑦ ＿＿＿＿＿＿＿＿＿＿

⑧17世紀後半から，京都や大阪を中心とした上方で栄え
　た，町人を担い手とする文化を何といいますか。

□★⑧ ＿＿＿＿＿＿＿＿＿＿

⑨三味線の弾き語りに合わせて行われる人形劇を何とい
　いますか。

□★⑨ ＿＿＿＿＿＿＿＿＿＿

⑩俳諧の芸術性を高め，東北地方を旅して「奥の細道」
　を著したのはだれですか。

□★⑩ ＿＿＿＿＿＿＿＿＿＿

 知識の泉　水戸黄門こと徳川光圀は，第5代将軍綱吉の父家光のいとこに当たります。光圀は生類憐みの
政策に反対して，犬の毛皮を綱吉に送り，その行き過ぎを皮肉ったといわれています。

3節　産業の発達と幕府政治の動き②

予習・復習　こつこつ　解答 ▶ p.16

教科書の 要点　（　）にあてはまる語句を答えよう。

1 享保の改革と社会の変化　　教 p.130〜131

●**享保の改革** 1716年 ▶ 第8代将軍（① 　　　　）が行う。

◆**倹約令** ▶ 質素・倹約。　◆**新田開発** ▶ 年貢を増やす。

◆**上げ米の制** ▶ 大名の参勤交代をゆるめ，米を納めさせる。

◆（② 　　　　）の設置 ▶ 民衆の意見を聞く。

◆（③ 　　　　）の制定 ▶ 裁判の基準とする。

↓公事方御定書

一　人を殺しぬすんだ者
　　　　　　　引き回しの上獄門

一　追いはぎをした者　　獄門

一　ぬすみをはたらいた者
　　金十両以上か十両以上の
　　もの　　　　　　　死罪
　　金十両以下か十両以下の
　　もの　　　　　　　入墨たたき

●**産業の変化と工業の発達**

◆**織物の国産化** ▶ 綿の栽培→綿織物，養蚕→絹織物。

◆**工業の発達**

■（④ 　　　　）**工業** ▶ 問屋が農民に織機やお金を前貸しし，製品を買い取る。

■（⑤ 　　　　）（マニュファクチュア）
▶ 工場に人を集め，分業で生産。

↓工場制手工業

●**農村の変化と百姓一揆**

◆**農村の変化** ▶ 貨幣経済が広まり，自給自足の生活がくずれる。

■**小作人**と（⑥ 　　　　）の間で貧富の差が拡大。

◆**百姓一揆** ▶ 村が団結し，年貢の軽減を求める。

◆**打ちこわし** ▶ 都市で商人がおそわれる。

2 田沼意次の政治と寛政の改革　　教 p.132〜133

●**田沼意次の時代/寛政の改革**

◆**老中**（⑦ 　　　　）**の政治**

■**株仲間**の奨励→営業税を取る。　■印旛沼の干拓。

■長崎貿易の拡大 ▶ 銅の専売制，俵物の輸出を拡大。

■**わいろ**が横行。（⑧ 　　　　）のききんで失脚。

◆（⑨ 　　　　）**の改革** 1787年 ▶ 老中**松平定信**が行う。

■農村の立て直し ▶ 江戸の農民を故郷に帰す。商品作物の栽培を制限。ききんに備え，米をたくわえさせる。

■政治の引きしめ ▶ **昌平坂学問所**で（⑩ 　　　　）を学ばせ，人材を登用。倹約令。旗本・御家人の借金帳消し。

徳川吉宗は年貢を増やすことで，田沼意次は商工業を発展させることで，財政を立て直そうとしたよ。

1716	享保の改革（徳川吉宗）
1720	禁書をゆるめる
1721	目安箱を設ける
1722	上げ米の制
1732	享保のききん
1742	公事方御定書完成
1772	田沼意次が老中になる
1782	天明のききん
1783	浅間山大噴火
1787	寛政の改革（松平定信）
1792	ラクスマン来航
1804	レザノフ来航
1808	間宮林蔵の樺太探検

●**ロシアの接近**

◆ロシアの**ラクスマン**が根室，**レザノフ**が長崎に来航。

◆幕府の命令で**間宮林蔵**が（⑪ 　　　　）を探検。

◆（⑫ 　　　　）を幕府の直轄地とする。

享保の改革 第8代将軍徳川吉宗の改革　　**寛政の改革** 老中松平定信の改革

教科書の 資料 次の問いに答えよう。

(1) 右の資料は，江戸時代の農民が署名したからかさ連判状です。円形に署名された理由を，次から選びなさい。

ア 高価な紙を大切に使うため。　　　（　　　）

イ 中心人物の名を中央に記すため。

ウ 中心人物が分からないようにするため。

(2) 次の文中の□にあてはまる語句を，それぞれ書きなさい。

①（　　　　　）
②（　　　　　）③（　　　　　）

団結した農民は，①の軽減や不正を働く役人の交代を要求して②を起こした。火山の噴火などが原因で③が起こると，その回数は増えた。

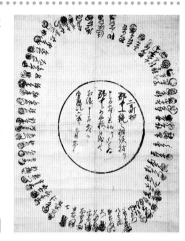

第4章

教科書 一問一答 次の問いに答えよう。 /10問中

★は教科書の太字の語句

1 享保の改革と社会の変化

①第8代将軍徳川吉宗が行った改革を何といいますか。　★①＿＿＿＿

②徳川吉宗が出した，ぜいたくをつつしむ命令を何といいますか。　②＿＿＿＿

③参勤交代で江戸に滞在する期間を1年から半年に短縮するかわりに，大名に米を納めさせた制度は何ですか。　③＿＿＿＿

④土地を手放し，地主から土地を借りて耕す農民を何といいますか。　★④＿＿＿＿

⑤都市の人々が，米を買いしめた商人をおそって米をうばう行動を何といいますか。　★⑤＿＿＿＿

2 田沼意次の政治と寛政の改革

⑥田沼意次は，幕府の何という役職に就いて，政治を行いましたか。　⑥＿＿＿＿

⑦田沼意次が営業税を取るために奨励した，大商人の同業者組合を何といいますか。　⑦＿＿＿＿

⑧寛政の改革を行ったのはだれですか。　★⑧＿＿＿＿

⑨1792年に日本人の漂流民を送り届けて根室に来航し，幕府に通商を求めたロシアの使節はだれですか。　⑨＿＿＿＿

⑩幕府の命令で樺太を探検し，島であることを確認したのはだれですか。　⑩＿＿＿＿

 徳川吉宗に取りたてられた大岡越前こと大岡忠相は，時代劇の名奉行ぶりで知られていますが，それのほとんどが創作。彼の功績は，公事方御定書の制定や町火消制度の設置です。

予習・復習 こつこつ 解答 ▶ p.16

3節 産業の発達と幕府政治の動き③

📖 教科書の 要点 （ ）にあてはまる語句を答えよう。

① 新しい学問と化政文化　教 p.134〜135

↓「解体新書」

●国学と蘭学

◆**国学**▶仏教・儒教が伝わる前の日本人の考え方を研究。
  ■（① 　　　　　　　）▶「**古事記伝**」。

◆**蘭学**▶オランダ語でヨーロッパの学問や文化を学ぶ。
  ■前野良沢・杉田玄白ら▶「（② 　　　　　　　　）」。
  　　　　　　　　　　　　　　　　　　　　オランダ語の解剖書を翻訳
  ■（③ 　　　　　　　）▶正確な日本地図の作成。

●化政文化▶19世紀前半の江戸を中心とした庶民の文化。

文学	川柳・狂歌 十返舎一九▶「**東海道中膝栗毛**」（小説） 曲亭（滝沢）馬琴▶「**南総里見八犬伝**」（小説） 与謝蕪村・小林一茶▶俳諧（俳句）
絵画	**錦絵**▶多色刷りの版画。 東洲斎写楽▶役者絵　喜多川歌麿▶美人画 葛飾北斎・歌川広重▶風景画

↓寺子屋

●教育の広がり

◆（④ 　　　　　　　）▶諸藩が人材を育成。

◆（⑤ 　　　　　　　）▶庶民が読み・書き・そろばんを習う。

② 外国船の出現と天保の改革　教 p.136〜137

ロシアのあと，イギリスやアメリカの船も日本へ来るようになったよ。

●異国船打払令と大塩の乱

◆（⑥ 　　　　　　　）1825年▶外国船を撃退する命令。

◆（⑦ 　　　　　　　）▶アメリカ商船への砲撃を批判した，
　　　　　　　　　　　　　　　　　　　モリソン号
　蘭学者の渡辺崋山と高野長英が処罰される。

◆（⑧ 　　　　　　　）の乱 1837年▶天保のききんのとき，大
　　　　　　　　　　　　　　　　　　　おおしおへいはちろう
　阪で，幕府の元役人大塩平八郎が乱を起こす。

●天保の改革／雄藩の成長

◆（⑨ 　　　　　　　）の改革 1841年▶老中水野忠邦が行う。
　■**倹約令**　■（⑩ 　　　　　　　）の解散▶物価上昇の抑制。

　■江戸に出稼ぎに来た農民を故郷に帰す。

　■**アヘン戦争**の結果を知り，異国船打払令をやめる。
　　清がイギリスに敗北　　　　　　　　うちはらいれい

　■江戸・大阪周辺の農村を幕領にしようとし，2年で失脚。

◆**雄藩の成長**▶薩摩・長州・佐賀（肥前）藩が財政再建→軍備。
　　　　　　　鹿児島県　山口県　佐賀・長崎県

1808	フェートン号事件
1825	異国船打払令
1833	天保のききん
1837	大塩の乱
	モリソン号事件
1839	蛮社の獄
1841	天保の改革（水野忠邦）

📖 **教科書の 資料** 次の問いに答えよう。

(1) 右の**A・B**をえがいた人物を
　　 [　　　]からそれぞれ選びなさい。

A 　　B

　　　A (　　　　　　　　　)

　　　B (　　　　　　　　　)

> 東洲斎写楽　　葛飾北斎
>
> 喜多川歌麿　　歌川広重

(2) **A・B**の絵は，多色刷りの版画として売り出されました。これを何といいますか。

(　　　　　　　　　)

(3) **A・B**に代表される，19世紀前半の文化を何といいますか。　(　　　　　　　　　)

(4) (3)の文化の中心となった都市はどこですか。　(　　　　　　　　　)

第4章

📖 **教科書** チェック **一問一答** 次の問いに答えよう。

[　/10問中]

★は教科書の太字の語句

① 新しい学問と化政文化

①日本の古典を研究し，日本古来の伝統を評価する学問を何といいますか。

☐ ★① ＿＿＿＿＿＿＿

②本居宣長(もとおりのりなが)が，日本の古い歴史書を研究して著(あらわ)した書物を何といいますか。

☐ ② ＿＿＿＿＿＿＿

③オランダ語でヨーロッパの学問や文化を学ぶ学問を何といいますか。

☐ ★③ ＿＿＿＿＿＿＿

④ヨーロッパの解剖書(かいぼうしょ)を翻訳(ほんやく)して，「解体新書」として出版したのは，前野良沢とだれですか。

☐ ★④ ＿＿＿＿＿＿＿

⑤五・七・五の形式で世相を皮肉る文学を何といいますか。

☐ ⑤ ＿＿＿＿＿＿＿

⑥五・七・五・七・七の形式で世相を皮肉る文学を何といいますか。

☐ ⑥ ＿＿＿＿＿＿＿

⑦与謝蕪村や小林一茶は，何という文学の分野の作品で有名ですか。

☐ ⑦ ＿＿＿＿＿＿＿

② 外国船の出現と天保の改革

⑧1837年に，天保のききんで苦しむ人を助けようと，大阪で乱を起こした幕府の元役人はだれですか。

☐ ★⑧ ＿＿＿＿＿＿＿

⑨天保の改革を行った老中はだれですか。

☐ ★⑨ ＿＿＿＿＿＿＿

⑩財政を立て直し，軍備を強化して，政治的発言力を持った薩摩藩・肥前藩・長州藩は何と呼ばれましたか。

☐ ⑩ ＿＿＿＿＿＿＿

📖 **知識の泉** 錦絵は，原画をえがく人，版木を彫る人，刷る人の分業で大量に作られ，安く販売されました。ヨーロッパにも輸出され，印象派の画家やゴッホにも大きな影響をあたえました。

こつこつ　テスト直前　解答 ▶ p.17

3節　産業の発達と幕府政治の動き

1 江戸幕府の政治　右の年表を見て，次の問いに答えなさい。

よく出る

(1) A～Cにあてはまる元号を， ___ からそれぞれ選びなさい。

A（　　　　　）

B（　　　　　）

C（　　　　　）

年	できごと
1685	生類憐みの政策
1709	新井白石の政治……………………………a
1716	徳川吉宗が（ A ）の改革を始める
1722	上げ米の制を定める
1742	公事方御定書が完成する
1772	田沼意次が老中になる………………b
1787	松平定信が（ B ）の改革を始める
1792	ラクスマンが根室に来航する…………c
1825	異国船打払令が出される
1841	水野忠邦が（ C ）の改革を始める

｜ 享保（きょうほう）　天保（てんぽう）　天明（てんめい）　寛政（かんせい） ｜

レベルUP

(2) aの新井白石，bの田沼意次が行ったことを，次からそれぞれ選びなさい。

a（　　　）　b（　　　）

ア　長崎貿易を制限する。　　イ　目安箱（めやすばこ）を設置する。

ウ　質の悪い貨幣（かへい）を発行する。　　エ　株仲間を解散する。

オ　株仲間を奨励（しょうれい）する。

(3) cのラクスマンはどこの国の人ですか。（　　　　　　　　　）

(4) 次の文にあてはまる決まりを，年表中からそれぞれ選びなさい。

① 裁判の基準を示す。　　　　　　　　（　　　　　　　　　）

② 日本沿岸に現れた外国船は攻撃（こうげき）して追いはらう。

（　　　　　　　　　）

> **ヒントの森**
> (1)残りの1つは田沼意次が老中をつとめたころのものです。
> (3)根室に近い国です。
> (4)②外国船が来航した頃を探しましょう。

2 産業と交通・都市の発達　右の地図を見て，次の問いに答えなさい。

(1) A～Cの交通路の名前を， ___ からそれぞれ選びなさい。

A（　　　　　）

B（　　　　　）

C（　　　　　）

近世の交通

｜ 西廻り航路（にしまわ こうろ）　中山道（なかせんどう）　日光道中（にっこうどうちゅう）
東廻り航路（ひがしまわ）　東海道（とうかいどう）　甲州道中（こうしゅう） ｜

(2) aで盛んに捕られた魚は何ですか。また，その魚を加工した肥料を何といいますか。

魚（　　　　　）

肥料（　　　　　）

(3) 次の文にあてはまる都市を，地図中からそれぞれ選びなさい。

① 「将軍のおひざもと」と呼ばれた。　　（　　　　　　　　　）

よく出る

② 「天下の台所」と呼ばれた。　　　　（　　　　　　　　　）

> **ヒントの森**
> (1)Aは海沿い，Bは山の中を通ります。

全部できたら，➡に✔をかいて😊にしよう！ ⌣⌣ ⌣⌣ ⌣⌣

❸ 江戸時代の学問と教育 次の文を読んで，あとの問いに答えなさい。

　　武士の社会では，学問の中心は儒学（じゅがく）でしたが，とくに（　A　）が幕府の公認の学問となり，ₐ幕府の教育機関でも学ばれました。一方，庶民（しょみん）にも教育への関心が高まり，♭町や村の教育機関では，「読み・書き・（　B　）」などが学ばれました。

　　江戸時代の中ごろになると，新しい学問の꜀国学（こくがく）や d蘭学などがおこりました。

(1)　A・Bにあてはまる語句を，それぞれ書きなさい。

　　　　　　　　　　　　　　　A（　　　　　　　　　　）　B（　　　　　　　　　　）

(2)　下線部a・bの教育機関を，それぞれ何といいますか。

　　　　　　　　　　　　　　　a（　　　　　　　　　　）　b（　　　　　　　　　　）

(3)　下線部c・dに関係の深い書物を，　　　からそれぞれ選びなさい。

　　　　　　　　c（　　　　　　　　　）　d（　　　　　　　　　）

　┈┈┈┈┈┈┈┈┈┈┈┈┈┈┈┈┈┈┈┈┈┈┈┈┈┈┈┈┈┈┈┈┈┈
　「解体新書」　　「奥の細道」　　「古事記伝（こじきでん）」　　「大日本史」
　┈┈┈┈┈┈┈┈┈┈┈┈┈┈┈┈┈┈┈┈┈┈┈┈┈┈┈┈┈┈┈┈┈┈

(4)　下線部dに関連して，蛮社の獄（ばんしゃのごく）で処罰（しょばつ）された蘭学者を次から2人選びなさい。　　　　　　（　　　　　　）（　　　　　　）

　　ア　伊能忠敬（いのうただたか）　　イ　渡辺崋山（わたなべかざん）　　ウ　前野良沢（まえのりょうたく）　　エ　高野長英（たかのちょうえい）

ヒントの森
(1)B計算をする道具。
(2)a松平定信が創（つく）りました。b寺などで僧や武士が教えました。
(3)残り1つは歴史書，1つは紀行文。

第4章

❹ 江戸時代の文化 右の絵を見て，次の問いに答えなさい。

よく出る (1)　A・Bのような絵を何といいますか。
　　　　　　　　（　　　　　　　　　　）

よく出る (2)　A・Bに代表される文化を，それぞれ何といいますか。

　　　　　　　　A（　　　　　　　　　　）
　　　　　　　　B（　　　　　　　　　　）

(3)　(2)の文化の主な担（にな）い手はだれですか。次から選びなさい。　（　　　　　　）

　　ア　武士　　イ　貴族　　ウ　町人　　エ　南蛮人（なんばんじん）

(4)　次の文にあてはまる人物や作品を，あとからそれぞれ選びなさい。

　①（　　　　）　②（　　　　）　③（　　　　）　④（　　　　）　⑤（　　　　）　⑥（　　　　）

　　①　Aの絵をえがいた。
　　②　Aと同じころ装飾画（そうしょくが）をえがいた。
　　③　Bと同じころ，優れた風景画をえがいた。
　　④　Bと同じころ，優れた俳句（はいく）を作った。
　　⑤　十返舎一九（じっぺんしゃいっく）が伊勢（いせ）参りの道中をこっけいにえがいた小説。
　　⑥　曲亭（滝沢）馬琴（きょくてい（たきざわ）ばきん）が書いた長編の読み物。

　　ア　喜多川歌麿（きたがわうたまろ）　　イ　菱川師宣（ひしかわもろのぶ）　　ウ　「南総里見八犬伝（なんそうさとみはっけんでん）」
　　エ　与謝蕪村（よさぶそん）　　オ　歌川広重（うたがわひろしげ）　　カ　「東海道中膝栗毛（とうかいどうちゅうひざくりげ）」
　　キ　尾形光琳（おがたこうりん）　　ク　松尾芭蕉（まつおばしょう）　　ケ　「曽根崎心中（そねざきしんじゅう）」

ヒントの森
(2)Bは19世紀初めの文化・文政という元号に由来。
(3)経済力を高め，芝居を見たり，版画を買ったりした人々。

実力判定テスト　ステージ3　総合問題編　**第4章　近世の日本**

こつこつ　テスト直前　解答 p.18

30分　　／100

1 次の年表を見て，あとの問いに答えなさい。

4点×11（44点）

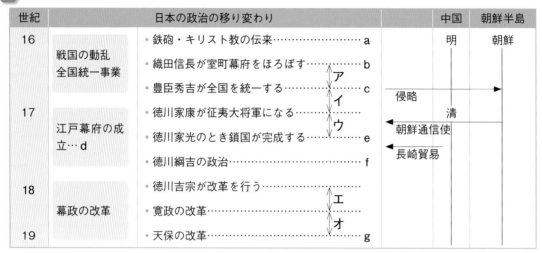

世紀		日本の政治の移り変わり	中国	朝鮮半島
16	戦国の動乱 全国統一事業	・鉄砲・キリスト教の伝来‥‥‥‥‥‥‥ a	明	朝鮮
		・織田信長が室町幕府をほろぼす‥‥‥ b		
		・豊臣秀吉が全国を統一する‥‥‥‥‥ c ｱ	侵略	
17	江戸幕府の成立…d	・徳川家康が征夷大将軍になる‥‥‥‥ ｲ	清	
		・徳川家光のとき鎖国が完成する‥‥‥ e ｳ	朝鮮通信使	
		・徳川綱吉の政治‥‥‥‥‥‥‥‥‥‥ f	長崎貿易	
18	幕政の改革	・徳川吉宗が改革を行う‥‥‥‥‥‥‥ ｴ		
		・寛政の改革‥‥‥‥‥‥‥‥‥‥‥‥ ｵ		
19		・天保の改革‥‥‥‥‥‥‥‥‥‥‥‥ g		

(1) aの出来事と最も近い時期の世界の出来事を，次から選びなさい。

ア　第1回十字軍　　イ　イスラム教の成立　　ウ　ローマ帝国の分裂　　エ　宗教改革

記述 (2) bの織田信長が，安土城下で楽市・楽座の政策を行った理由を簡単に書きなさい。

(3) cの豊臣秀吉が出した法令を，次から選びなさい。

ア　刀狩令　　イ　徳政令
ウ　倹約令　　エ　異国船打払令

(4) dのころの村の支配の仕組みについて，**資料Ⅰ**中のXにあてはまるものを，次から選びなさい。

ア　地頭　　イ　庄屋（名主）　　ウ　里長　　エ　奉行

よく出る (5) eの徳川家光が行ったことを，次から選びなさい。

ア　生類憐みの政策を採る。　　イ　南北朝を統一する。
ウ　参勤交代を制度化する。　　エ　上げ米の制を定める。

(6) fのころ使われるようになった**資料Ⅱ**の農具を何といいますか。

(7) fのころから金銀の交換や金貸しを行った商人を何といいますか。

記述 (8) gで株仲間が解散させられた理由を簡単に書きなさい。

(9) 次の出来事が起こった時期を，年表中のア〜オから選びなさい。

① 大塩の乱　　② 島原・天草一揆　　③ 関ヶ原の戦い

資料Ⅰ

領主 ── 郡代・代官 ── 村役人〔X／組頭／百姓代〕── 本百姓 ── 水のみ百姓
（村の自治・年貢の納入）

資料Ⅱ

(1)		(2)				
(3)		(4)		(5)	(6)	(7)
(8)				(9)①	②	③

□ヨーロッパ人の来航の背景をおさえる
□信長・秀吉，江戸幕府の政策をおさえる
□安土桃山時代と江戸時代の文化をおさえる

目標

自分の得点まで色をぬろう！

| 0 | | 60 | 80 | 100点 |

② 次の資料を見て，あとの問いに答えなさい。　　　　4点×7（28点）

A　― ぬすみをはたらいた者
　　金十両以上か十両以上のもの　死罪
　　金十両以下か十両以下のもの
　　　　　　　　　　　　　　入墨たたき

B　a白河の清きに魚の
　　すみかねて，
　　元のにごりの
　　b田沼こひしき

C　― 幕府の許可なく，
　　結婚をしてはならな
　　い。

(1) 18世紀前半に定められた，裁判の基準となる**A**の法律を何といいますか。

(2) **A**の法律が出されたときの改革を何といいますか。

(3) **B**のように，和歌の形式で幕府を批判したり皮肉ったりする文芸を何といいますか。

(4) **B**中の下線部**a**・**b**にあてはまる，2人の老中（ろうじゅう）の名前を，それぞれ書きなさい。

(5) **C**は，ある法律の一部です。この法律の名前を書きなさい。

(6) 次のうち，**C**の法律にあてはまらない条文を選びなさい。

　ア　学問と武芸にひたすら精を出すようにしなさい。

　イ　雑穀（ざっこく）を食べ，米はむやみに食べないようにせよ。

　ウ　諸国（しょこく）の城を修理する場合には，必ず幕府に申し出ること。

(1)		(2)		(3)	
(4) a		b	(5)		(6)

③ 次の資料を見て，あとの問いに答えなさい。　　　　4点×7（28点）

C
五月雨を　集めて早し　最上川

荒海や　佐渡に横たふ　天の川

(1) **A**〜**C**の作者を，次からそれぞれ選びなさい。

　ア　狩野永徳（かのうえいとく）　イ　小林一茶（こばやしいっさ）　ウ　菱川師宣（ひしかわもろのぶ）　エ　松尾芭蕉（まつおばしょう）　オ　葛飾北斎（かつしかほくさい）

(2) **A**のような多色刷りの版画を何といいますか。

(3) **B**がえがかれたころ，出雲（いずも）の阿国（おくに）が始めた芸能を何といいますか。

(4) **C**の俳句（はいく）が収められた紀行文を何といいますか。

(5) **A**〜**C**を，作られた年代の古い順に並べなさい。

(1) A	B	C	(2)	
(3)		(4)	(5)	→　　→

実力判定テスト **ステージ3**

資料活用・思考力問題編

第4章　近世の日本

30分　　/100

1 次の資料を見て，あとの問いに答えなさい。

10点×3（30点）

資料Ⅰ　楽市令

― この安土の町は楽市としたので，いろいろな座は廃止し，さまざまな税は免除する。

― 街道を行き来する商人は，中山道を素通りせず，この町に宿を取るようにせよ。

資料Ⅱ　バテレン追放令

― 日本は神国であるから，キリスト教国が邪教を伝え広めるのは，けしからぬことである。

― バテレンを日本に置いておくことはできない。今日から20日以内に準備して帰国するように。

― ポルトガル船は，商売のために来ているので，バテレン追放とは別である。今後も商売をしに来るように。

資料Ⅲ　キリシタンの推移

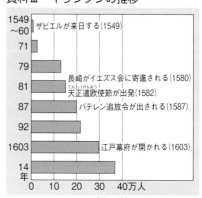

（五野井隆史「日本キリスト教史」）

(1)　**資料Ⅰ**で座が廃止されたのはなぜですか。この法令が出された目的から考えて書きなさい。

レベルUP

(2)　**資料Ⅲ**を見ると，**資料Ⅱ**が出された後もキリシタンの数は増えています。その理由を，「貿易船」という言葉を使って簡単に書きなさい。

(3)　江戸幕府は，後にキリスト教徒を厳しく取りしまりました。そのとき，右の写真の道具はどのように使われましたか。簡単に書きなさい。

(1)	
(2)	
(3)	

2 右の資料を見て，次の問いに答えなさい。

(1)(2)5点×2，(3)10点（20点）

(1)　資料は長崎に造られた出島とその周辺をえがいたものです。**A**はどの国の船ですか。

(2)　鎖国下でも**A**の国が長崎での貿易を許された理由を，宗教に着目して簡単に書きなさい。

(3)　出島への出入りを厳しく制限するための工夫を，資料中から探して1つ書きなさい。

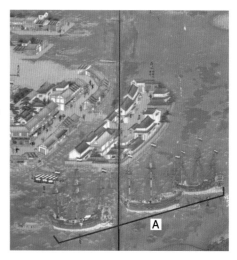

(1)	
(2)	
(3)	

命令や決まりは，だれが何のために定めたのか，背景に注目しよう。グラフを見るときは，変化が大きい項目に注目しよう。

自分の得点まで色をぬろう！

😣がんばろう	😊もう一歩	😄合格！

0　　　　　　　　　60　　80　　100点

3 次の資料を見て，あとの問いに答えなさい。

(1)5点×2，(2)10点(20点)

資料Ⅰ　全国の耕地面積・石高の移り変わり

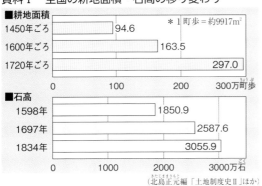

■耕地面積　　　　　　　　　　＊1町歩＝約9917m²
1450年ごろ　94.6
1600年ごろ　163.5
1720年ごろ　297.0
　0　　　100　　　200　　　300万町歩

■石高
1598年　1850.9
1697年　2587.6
1834年　3055.9
　0　　1000　　2000　　3000万石

（北島正元編「土地制度史Ⅱ」ほか）

資料Ⅱ　新しい農具

(1)　**資料Ⅰを見て，次の文中の①にあてはまる言葉，②にあてはまる整数を書きなさい。**

　　幕府や藩が　①　ため，1720年ごろには，耕地面積は1600年ごろの約　②　倍になった。

レベルUP (2)　**資料Ⅱは何をしているところですか。「稲」「もみ」の語句を使って書きなさい。**

(1)①		②
(2)		

4 次の資料を見て，あとの問いに答えなさい。

10点×3(30点)

近世の江戸

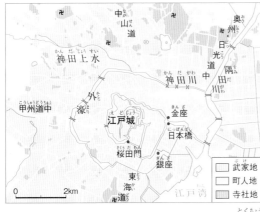

近世の大阪

(1)　江戸と大阪を比べると，どのような特徴がありますか。次の点に着目して書きなさい。
　　①　交通の面から見た共通の点　　②　居住地の面から見た異なる点

(2)　大阪が「天下の台所」と呼ばれた理由を，資料中の語句を1つ使って書きなさい。

(1)①		②
(2)		

第4章

ステージ1　**1節　欧米における近代化の進展①**

予習・復習 こつこつ 解答 p.19

教科書の 要点 （　　）にあてはまる語句を答えよう。

❶ イギリスとアメリカの革命
教 p.150〜151

啓蒙思想は革命に大きな影響をあたえたよ！

●近世ヨーロッパの動向
◆18世紀▶君主国のイギリス・フランスが強国になる。
◆**啓蒙思想**（けいもう）▶国王の権力の制限と人民の政治参加を説く。

①	②	③
社会契約説と抵抗権を唱えた。	法の精神と三権分立を説いた。	社会契約説と人民主権を主張した。

●イギリス革命
◆（④　　　　　）**革命** 1640年
　清教徒（プロテスタントの一派）
　■専制を行う国王と議会の間で内戦となる。
　■クロムウェルの指導で議会派が勝利する。
　■国王を処刑し共和政→クロムウェルの死後，王政が復活。
◆（⑤　　　　　）**革命** 1688年
　　　　　　　　　　無血の革命
　■専制を行う国王を廃し，議会を尊重する新しい王を選ぶ。
　■「権利章典」→立憲君主制と（⑥　　　　　）政治。
　　　　　　　　　　　　　　国民から選ばれた
　　　　　　　　　　　　　　代表者の集まり

●アメリカの独立革命
　北アメリカ東部のイギリス植民地
◆イギリスの新たな課税に，「**代表なくして課税なし**」と主張。
◆独立戦争の開始→独立宣言を発表 1776年。
◆（⑦　　　　　）**憲法**の制定▶ワシントンが初代大統領。

1640	ピューリタン革命 英
1661	ルイ14世の絶対王政 仏
1688	名誉革命 英
1689	権利章典 英
1775	アメリカ独立戦争
1776	アメリカ独立宣言
1787	アメリカ合衆国憲法
1789	フランス革命 仏
	人権宣言 仏
1804	ナポレオンが皇帝に 仏
1814	ウィーン会議

英 はイギリス，仏 はフランス

❷ フランス革命
教 p.152〜153

↓バスチーユ牢獄の襲撃

●フランス革命の始まり／ナポレオンの時代
◆**絶対王政**▶国王が権力の全てをにぎる。
　　　　　　　　ルイ14世など
　■第一身分（聖職者）・第二身分（貴族）▶**免税**の特権。
　■（⑧　　　　　）（平民）▶税を負担。
◆（⑨　　　　　）**革命** 1789年
　■パリの民衆が（⑩　　　　　）牢獄を襲撃。
　■国民議会が自由・平等をかかげた人権宣言を発表。
　■国王を処刑→共和政。徴兵制で軍事力を強化。
◆ナポレオンが皇帝となり，ヨーロッパの大部分を征服。
　■民法（ナポレオン法典）の制定。　■ロシア遠征で失脚。
◆**ウィーン会議**▶ヨーロッパ各国が，君主政の復活を決定。

75

😊まるごと暗記　😊名誉革命 イギリスで立憲君主制が確立　😊人権宣言 フランス革命のとき自由・平等を宣言

📖教科書の 資料 次の問いに答えよう。

(1) A〜Cの資料は何ですか。□□□□からそれぞれ選び
なさい。

A（　　　　　　　）
B（　　　　　　　）
C（　　　　　　　）

人権宣言
独立宣言
権利章典

(2) A〜Cが出された国名をそれぞれ書きなさい。

A（　　　　　　　）　B（　　　　　　　）
C（　　　　　　　）

(3) B・C中の（　　）にあてはまる語句を，それぞれ
書きなさい。　　　　a（　　　　　　　）
b（　　　　　　　）

A　議会の同意なしに，国王の権限
によって，法律とその効力を停止
することは違法である。

B　…人間はみな（ a ）に創られ，
ゆずりわたすことのできない権利
を神によってあたえられているこ
と，その中には，生命・（ b ）・幸
福の追求がふくまれていること…

C　人は生まれながらに，（ b ）で
（ a ）な権利を持つ…

📖教科書 一 問 一 答 チェック 次の問いに答えよう。　　　/10問中

第5章

★は教科書の太字の語句

① イギリスとアメリカの革命

①18世紀のヨーロッパで起こった，王政を批判し，国民
の政治参加を主張する新しい考え方を何といいますか。
□①＿＿＿＿＿＿＿＿

②イギリスで起きたピューリタン革命で，議会側を指導
して勝利したのはだれですか。
□②＿＿＿＿＿＿＿＿

③ピューリタン革命で議会側が勝利し，国王を処刑して
始めた政治を何といいますか。
□③＿＿＿＿＿＿＿＿

④君主が憲法に基づいて政治を行う仕組みを何といいま
すか。
□★④＿＿＿＿＿＿＿＿

⑤独立戦争の最高司令官を務め，初代アメリカ合衆国大
統領になったのはだれですか。
□⑤＿＿＿＿＿＿＿＿

② フランス革命

⑥フランスのルイ14世などが行った，国王が政治権力の
全てをにぎって行う政治の仕組みを何といいますか。
□★⑥＿＿＿＿＿＿＿＿

⑦フランス革命政府が行った，国民に兵役の義務を課す
仕組みを何といいますか。
□★⑦＿＿＿＿＿＿＿＿

⑧フランスで，諸外国の干渉戦争や革命後の不安定な政治
の中で権力をにぎり，皇帝の位に就いたのはだれですか。
□★⑧＿＿＿＿＿＿＿＿

⑨⑧が人権宣言をふまえて制定した，私有財産制などを
細かく定めた法律を何といいますか。
□★⑨＿＿＿＿＿＿＿＿

⑩⑧が退位した後，ヨーロッパ各国の代表が集まって，
今後の対応を話し合った会議を何といいますか。
□⑩＿＿＿＿＿＿＿＿

 知識の泉 1789年7月14日，王政に反対した政治犯が収容されていたバスチーユ牢獄の襲撃からフランス
革命は始まりました。7月14日はパリ祭の日になっています。

予習・復習　こつこつ　解答　p.19

確認のワーク　ステージ1　1節　欧米における近代化の進展②

教科書の要点　（　）にあてはまる語句を答えよう。

1 ヨーロッパにおける国民意識の高まり 教 p.154〜155

● 「国民」の登場▶徴兵制や義務教育で一体感が生まれる。

● ヨーロッパと中南米諸国の動向

　◆（① 　　　　　　　　　　）▶ナポレオン退位後，王政にもどる。

　　再び革命が起き，世界初の男子普通選挙が実現。

　◆イギリス▶19世紀に通商で大繁栄。首都（② 　　　　　　　）

　　で万国博覧会。政党政治が発達。男性労働者にも選挙権。

　◆ドイツ・イタリア▶中世から小国分立状態が続く。

　　■（③ 　　　　　）帝国▶プロイセンがビスマルク首相

　　　の指導で，ドイツを統一。オーストリア帝国も強国に。

　　■（④ 　　　　　　　）王国▶小国がまとまる。

　◆中南米▶（⑤ 　　　　　　　　）・ポルトガルの植民地から，

　　メキシコ・ブラジル・アルゼンチンなどが独立。

2 ロシアの拡大とアメリカの発展 教 p.156〜157

● ロシアの拡大▶皇帝の専制政治。

　◆17世紀▶領土を東西に拡大。

　◆19世紀▶不凍港を求め，南下政策

　　→（⑥ 　　　　　　　）戦争。フランス・イギリスと

● アメリカ合衆国の発展／南北戦争

　◆移民を受け入れ，領土を西に拡大。

　◆（⑦ 　　　　　　）戦争 1861年

　　▶奴隷制をめぐる内戦。リンカン

　　大統領の率いる北部が勝利。

3 産業革命と資本主義 教 p.158〜159

● 産業革命／資本主義の発展と社会問題

　◆（⑧ 　　　　　　　）▶機械生産による経済の仕組みの変化。

　　■イギリス▶蒸気機関で動く機械を発明。綿織物を大量生産。

　　　石炭を動力。工場や炭鉱・鉄道で利用

　　「世界の工場」と呼ばれる。

　◆資本主義▶資本家が労働者を雇って生産する仕組み。

　　■（⑨ 　　　　　）▶生産の元手を持ち，工場を経営。

　　■（⑩ 　　　　　）▶労働組合を結成し，生活を守る。

● 社会主義の広がり▶（⑪ 　　　　　　）による貧富の拡大

　を批判し，平等な社会を目指す社会主義が広まる。

　マルクスの著書で広まる

1830	フランス七月革命
1832	イギリスで選挙法改正
1853	クリミア戦争
1861	イタリア王国成立
	アメリカ南北戦争
1871	ドイツ統一

↓ドイツの統一

↓ロシアとアメリカの拡大

ロシアが獲得した領土と年代
- ①1596〜1689年
- ②1689〜1725年
- ③1725〜1796年
- ④1796〜19世紀半ば

アメリカが獲得した領土と年代
- ①1783年
- ②1803年
- ③1818年
- ④1819年
- ⑤1842年
- ⑥1845年
- ⑦1846年
- ⑧1848年
- ⑨1853年

0　　4000km

リンカン大統領の「人民の，人民による，人民のための政治」という演説は有名だね。

↓南北戦争での対立

	北部	南部
経済	工業が発達	大農場
中心勢力	資本家	大農業主
貿易	保護貿易	自由貿易
奴隷制	反対	賛成

📖 教科書の 資 料　次の問いに答えよう。

(1) 右の図は，機械を使う紡績工場の様子を示しています。
この機械は何で動いていますか。

（　　　　　　　　　）

(2) この工場で生産されている工業製品を，次から選びな
さい。

（　　　　　）

ア　綿織物　　イ　鉄鋼　　ウ　生糸　　エ　武器

(3) 機械を使った大量生産で，経済の仕組みが大きく変わ
ることを何といいますか。

（　　　　　　　　　）

(4) (3)をいち早く達成したイギリスは，製鉄・機械などの工業も発達したことから，何と呼
ばれましたか。

（　　　　　　　　　）

📖 教科書 チェック 一 問 一 答　次の問いに答えよう。

/10問中

★は教科書の太字の語句

ヨーロッパにおける国民意識の高まり

①19世紀には，各国で，子どもは教育を受けなければな
らないとされました。この教育を何といいますか。

★① _____

②年齢以外に，収入などで制限されない選挙を何といい
ますか。

★② _____

③政党が中心となった政治を何といいますか。

★③ _____

④「鉄血宰相」と呼ばれたプロイセンの首相はだれですか。

★④ _____

⑤ドイツでプロイセンとならぶ強国となった国はどこで
すか。

⑤ _____

2 ロシアの拡大とアメリカの発展

⑥ロシアが，冬でも凍らない港を求めて，黒海などに領
土を広げようとした政策を何といいますか。

★⑥ _____

⑦アメリカ合衆国には，ヨーロッパから多くの人が移り
住みました。このような人々を何といいますか。

⑦ _____

⑧南北戦争で北部を率い，奴隷解放を宣言した大統領は
だれですか。

★⑧ _____

3 産業革命と資本主義

⑨労働者が雇用や生活を守るために結成した団体を何と
いいますか。

★⑨ _____

⑩生産手段を共有して，平等な社会を目指す考えを何と
いいますか。

★⑩ _____

第5章

 知識の泉　フランスでは，1830年に七月革命，1848年に二月革命が起こりました。七月革命は，ユゴーの
小説「レ・ミゼラブル」やドラクロワの絵画「民衆を導く自由の女神」の題材になりました。

こつこつ　テスト直前　解答 p.20

1節　欧米における近代化の進展

1 **近代革命の時代**　右の年表を見て，次の問いに答えなさい。

(1) A・B・Fに関係の深い人物を，□□□からそれぞれ選びなさい。

A（　　　　　　　　　）
B（　　　　　　　　　）
F（　　　　　　　　　）

年代	できごと
1640	A ピューリタン革命が始まる
1661	B フランスで絶対王政が行われる
1688	名誉革命が起こる
1775	C アメリカ独立戦争が始まる
1787	D アメリカ合衆国憲法が制定される
1789	E フランス革命が始まる
1804	F フランスが帝政になる

> ビスマルク　　ワシントン　　ルイ14世
> ナポレオン　　クロムウェル

(2) 次の①〜③に関係の深い出来事の名前を，年表中からそれぞれ選びなさい。

① 人権宣言（　　　　　　　　　）　② 独立宣言（　　　　　　　　　）
③ 権利章典（　　　　　　　　　）

(3) Cについて，次の文中の□□にあてはまる語句を，それぞれ漢字2字で書きなさい。

①（　　　　　　　　　）②（　　　　　　　　　）

イギリスの植民地の人々は本国イギリスからの新たな税が課せられることに対し，「①
なくして②なし」と唱えて反対した。

(4) Dについて，次の文中の下線部a・bを唱えた啓蒙思想家を，□□□からそれぞれ選びなさい。

> ルター　　ロック
> ルソー　　モンテスキュー

a（　　　　　　　　）b（　　　　　　　　）

アメリカ合衆国憲法は，a人民主権やb三権分立を柱としている。

(5) Eについて，右の絵は，フランス革命前の社会を風刺した版画です。これを見て，次の文中の□□にあてはまる語句を，あとからそれぞれ選びなさい。

①（　　　　）②（　　　　）③（　　　　）

Xの①（第一身分）やYの②（第二身分）は免税の特権を持ち，人口の90%をこえるZの③（第三身分）は重い税に苦しんでいた。

ア 聖職者　　イ 平民　　ウ 奴隷　　エ 貴族

(6) Eと最も近い時期に起こった日本の出来事を，次から選びなさい。

（　　　　　）

ア 鎖国体制が固まる。　　イ 享保の改革が行われる。
ウ 寛政の改革が行われる。　エ 天保の改革が行われる。

(7) Fで皇帝になった人物が行ったことを，次から選びなさい。

（　　　　　）

ア ベルサイユ宮殿を建てた。　　イ 民法を制定した。
ウ 労働者に選挙権を認めた。　　エ 三部会を開いた。

ヒントの森

(2)①はフランス，②はアメリカ，③はイギリスで出されました。
(6)18世紀後半です。

2 産業革命と19世紀のヨーロッパ　右の地図を見て，次の問いに答えなさい。

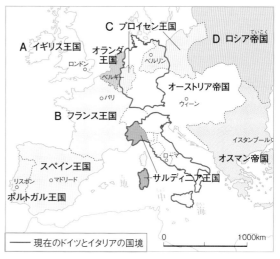

(1) 右の地図は，1815年のヨーロッパです。この前年，ナポレオン退位後のヨーロッパをどうするかを話し合う会議が開かれた都市を，地図中から選びなさい。

（　　　　　　　　）

(2) 地図中のA〜Dの国にあてはまるものを，次からそれぞれ選びなさい。

A（　　　　　） B（　　　　　）
C（　　　　　） D（　　　　　）

ア 世界初の男子普通選挙を実現した。
イ 皇帝の下，南下政策を採った。
ウ 「世界の工場」と呼ばれた。
エ ドイツ帝国の中心となった。

(3) 次の文中の□□にあてはまる語句を，漢字2字で書きなさい。

（　　　　　　　　）

現在のイタリアに当たる地域では，身分や地域のちがいをこえて「□□」としてまとまろうとする動きが高まった。

(4) 1851年に世界初の万国博覧会が開かれた都市を，地図中から選びなさい。　　　　　　　（　　　　　　　　）

第5章

3 アメリカの発展　右の資料を見て，次の問いに答えなさい。

北部と南部の対立

(1) アメリカの北部の州と南部の州との間で起こった内戦を何といいますか。（　　　　　　　　）

(2) 次の文中の｜　｜から正しい語句を選びなさい。

①（　　　　　　　） ②（　　　　　　　）

大農場が多い南部の州の大農場主たちは，綿花栽培のため奴隷制に①｜賛成　反対｜し，海外製品を安く買うために②｜保護貿易　自由貿易｜を望んだ。

(3) (1)において，ゲティスバーグの戦いを前に，「人民の，人民による，人民のための政治」を訴えた北部の大統領はだれですか。（　　　　　　　　）

(4) 次の文中の□□にあてはまる語句を，　　からそれぞれ選びなさい。　　a（　　　　　　　） b（　　　　　　　）

内戦終結後のアメリカは，□a□を成しとげて工業が発展し，世界最大の□b□国となった。

宗教改革　　産業革命　　社会主義　　資本主義

予習・復習 こつこつ 解答 p.21

2節　欧米の進出と日本の開国①

教科書の 要点 （　　）にあてはまる語句を答えよう。

1840	アヘン戦争
1842	南京条約
1851	太平天国の乱
1853	ペリーが浦賀に来る
1854	日米和親条約
1857	インド大反乱
1858	日米修好通商条約
	イギリスがインドを直接支配

① 欧米のアジア侵略　　教 p.160〜161

●欧米とアジアの力関係

◆（①　　　　　　　　　）を達成した欧米が，軍事力を背景にア
ジアに進出。工業製品の輸出先にするため。
　　　　機械による大量生産

●アヘン戦争と中国の半植民地化

◆三角貿易 ▶ **イギリスはインド産のアヘンを清に密輸。**
　　　　　　　　　　　　　清から茶を大量に輸入し代金の銀が不足

◆（②　　　　　）**戦争**1840年 ▶ イギリスが清に勝つ。

　■（③　　　　　）**条約**1842年 ▶ 清に5港を開かせ，イ
ギリスは香港や賠償金を得る。

◆中国の半植民地化 ▶ 清に関税自主権がなく，イギリス
の領事裁判権を認める不平等条約を結ばせる。

◆（④　　　　　　　）の乱 ▶ 重税に対し，清で起こる。

●インドと東南アジアの植民地

◆**インド（ムガル帝国）** ▶ イギリス産の安い綿織物の流
入で，伝統的な綿織物業が衰退。
　　　　　　　　　　　　　　　　　　すいたい

　■**インド**（⑤　　　　　　　）が起こる 1857年。

　■イギリスが鎮圧 → **インド帝国**を造って植民地とする。
　　　　ちんあつ
　　　　　　　　　　　イギリス国王が皇帝

◆**東南アジア** ▶ 19世紀には大部分が欧米の植民地になる。

② 開国と不平等条約　　教 p.162〜163

●ペリーの来航

◆**アメリカの動き** ▶ 貿易船や捕鯨船の寄港地を求める。
　　　　　　　　　　　　　　　ほげい

◆**ペリーの来航**1853年 ▶ **浦賀**に来て，幕府に開国を要求。
　　　　　　　　　　　　うらが

◆（⑥　　　　　　　）**条約**1854年 ▶ 日本の開国。

　■（⑦　　　　　　）・**函館**の2港を開港。
　　　　　　　　　　　　はこだて

　■**下田**にアメリカ領事を置く。
　　しもだ

　■アメリカ船に食料・水・石炭を供給。

●不平等な通商条約

◆（⑧　　　　　　　）**条約**1858年 ▶ 貿易の開始。

　■アメリカ総領事ハリスと江戸幕府大老井伊直弼が結ぶ。
　　　　　　　　　　　　え ど ばく ふ たいろう い い なおすけ

　■**5港を開港。**

　■日本に不利な不平等条約

　　▶ アメリカの（⑨　　　　　　　）**権**を認める。

　　　日本には（⑩　　　　　　）**権**がない。

↓19世紀中ごろのアジア

ロシア帝国　ロシア
清　朝鮮　日本　沿海州
インド　ビルマ　シャム　インドシナ半島　香港　アメリカ　スペイン
イギリス　フランス　マレー半島　オランダ

■イギリスと植民地
▨インド兵が蜂起した中心地域
▨太平天国の乱がおよんだ地域
→各国が進出した方向

↓開港地

●日米和親条約で開港
　にちべい わ しんじょうやく
■日米修好通商条約で開港
　にちべいしゅうこうつうしょうじょうやく

函館　はこだて
新潟　にいがた
兵庫（神戸）　ひょうご こうべ
神奈川（横浜）　かながわ よこはま
浦賀（ペリー来航）　うらが
長崎　ながさき
下田　しもだ

オランダ・ロシア・イギリス・フランスとも同じような通商条約を結んだよ！

📖教科書の 資 料 次の問いに答えよう。

(1) 右の図は，19世紀にイギリスが行った貿易の様子を示しています。このような貿易を何といいますか。
（　　　　　　　　　）

(2) ①インド，②中国はこのとき何という国でしたか。
① （　　　　　　　　　）　② （　　　　　　　　　）

(3) 図中のA～Dにあてはまるものを，⋯⋯からそれぞれ選びなさい。
A （　　　　　　　　　）　B （　　　　　　　　　）
C （　　　　　　　　　）　D （　　　　　　　　　）

> 茶　アヘン　銀　綿織物

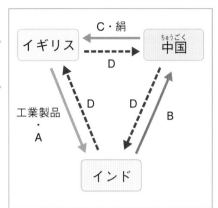

チェック
📖教科書 一 問 一 答 次の問いに答えよう。 ／10問中

★は教科書の太字の語句

1 欧米のアジア侵略

①イギリスがアヘン戦争に勝って清から手に入れた領土はどこですか。
□①＿＿＿＿＿＿＿＿＿

②輸入品にかける関税を決められる権利を何といいますか。
□★②＿＿＿＿＿＿＿＿＿

③外国人が罪を犯したとき，自国の法律ではなく，その外国の領事が裁く権利を何といいますか。
□★③＿＿＿＿＿＿＿＿＿

④インドを植民地にした国はどこですか。
□④＿＿＿＿＿＿＿＿＿

⑤インドシナ半島（現在のベトナム・ラオス・カンボジア）に進出した国はどこですか。
□⑤＿＿＿＿＿＿＿＿＿

2 開国と不平等条約

⑥1853年に，4隻の軍艦を率いて日本に来航したアメリカの使節はだれですか。
□★⑥＿＿＿＿＿＿＿＿＿

⑦⑥が来航した場所はどこですか。
□⑦＿＿＿＿＿＿＿＿＿

⑧1854年に，日本が2港を開いて，鎖国をやめたことを何といいますか。
□★⑧＿＿＿＿＿＿＿＿＿

⑨日米和親条約の取り決めにより，アメリカ総領事として下田に来たのはだれですか。
□⑨＿＿＿＿＿＿＿＿＿

⑩⑨と日米修好通商条約を結んだ江戸幕府の大老はだれですか。
□★⑩＿＿＿＿＿＿＿＿＿

 知識の泉　インドはヒンドゥー教徒が多いですが，ムガル帝国はイスラム教の国です。ムガル帝国の第5代皇帝が，亡くなったきさきのために建てたタージ・マハルは，イスラム建築の傑作です。

予習・復習 こつこつ 解答 p.21

2節　欧米の進出と日本の開国②

教科書の 要点 （　）にあてはまる語句を答えよう。

1 開国後の政治と経済　教 p.164〜165

1858	安政の大獄
1860	桜田門外の変
1863	薩英戦争
1864	下関戦争
	幕府が長州藩を攻める
	（第一次）
1866	薩長同盟
	幕府が長州藩を攻める
	（第二次）
1867	大政奉還
	王政復古の大号令
1868	戊辰戦争

●幕府への批判の高まり

◆**尊王攘夷運動**▶幕府が朝廷の許可なしで通商条約を結んだため，**尊王論**と**攘夷論**が結び付いて幕府を批判。

- ■（①　　　　　）▶天皇を尊ぶ考え。
- ■（②　　　　　）▶外国勢力を排除しようとする考え。

◆（③　　　　　）▶井伊直弼が，幕府を批判した雄藩の大名や公家，家臣を処罰。長州藩の吉田松陰を処刑。

◆**桜田門外の変**▶元水戸藩士が（④　　　　　）を暗殺。

◆**公武合体策**▶幕府は朝廷と結び付きを強め，権威を取りもどそうとする。天皇の妹を将軍の妻に迎える。

●開国の経済的影響

◆**貿易の開始**▶毛織物・綿織物を輸入。**生糸**を輸出。

- ■最大の貿易港▶**横浜**　■最大の貿易相手▶**イギリス**

◆**産業・生活への影響**

- ■輸出品の（⑤　　　　　）の生産が盛んになる。
- ■輸入品の安い綿織物・綿糸が国内の産地を圧迫する。
- ■物価の上昇。　■国内での品不足や買いしめ。

輸出の自由化による

金流出→小判の質を落とす

↓幕末の貿易

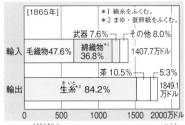

[1865年]
＊1 綿糸をふくむ。
＊2 まゆ・蚕卵紙をふくむ。

輸入	毛織物47.6%	綿織物*1 36.8% 武器 7.6% その他 8.0%	1407.7万ドル
輸出	生糸*2 84.2%	茶 10.5% 5.3%	1849.1万ドル

0　500　1000　1500　2000万ドル

（梅村又次ほか編「日本経済史3　開港と維新」）

2 江戸幕府の滅亡　教 p.166〜167

●薩摩藩と長州藩の動き

◆**長州藩**▶外国船を砲撃→4か国の艦隊に下関砲台を占領される＝（⑥　　　　　）戦争。

◆**薩摩藩**▶イギリス商人を殺害（**生麦事件**）→イギリス軍艦に鹿児島を砲撃される＝（⑦　　　　　）戦争。

◆**薩長同盟** 1866年 ▶土佐藩の**坂本龍馬**などの仲立ち。

- ■**長州藩**▶（⑧　　　　　）・高杉晋作
- ■**薩摩藩**▶（⑨　　　　　）・大久保利通

↓貿易相手国の変化

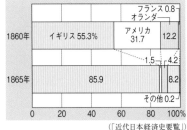

| 1860年 | イギリス 55.3% | アメリカ 31.7 | 12.2 | フランス 0.8 オランダ |
| 1865年 | 85.9 | 8.2 | 1.5 4.2 その他 0.2 |

0　20　40　60　80　100%

（「近代日本経済史要覧」）

●世直しへの期待

◆「**世直し**」一揆　◆「**ええじゃないか**」のさわぎ

●大政奉還と王政復古

◆**大政奉還** 1867年 ▶徳川慶喜が政権を朝廷に返す。

◆（⑩　　　　　）の大号令▶公家の岩倉具視らが出す。

◆（⑪　　　　　）戦争▶旧幕府軍と新政府軍の戦い。

鳥羽・伏見の戦い→江戸城明けわたし（勝海舟）→函館の戦い

↓下関戦争

📖教科書の 資料　次の問いに答えよう。

(1) 右の絵は，江戸幕府第15代将軍が，京都の二条城
で，家臣に政権返上の決意を伝えている場面をえが
いたものです。この将軍はだれですか。

（　　　　　　　　　）

(2) 政権を朝廷に返すことを何といいますか。

（　　　　　　　　　）

(3) このころの民衆の動きについて，次の文中の□□
にあてはまる語句をそれぞれ書きなさい。

① （　　　　　　　）　② （　　　　　　　）

　物価の値上がりで生活が苦しくなった人々は「 ① 」を期待して一揆や打ちこわしを起
こしたり，伊勢神宮の札が降ってきたといって「 ② 」と唱え，おどりさわいだりした。

📖教科書 一問一答　次の問いに答えよう。　／10問中

★は教科書の太字の語句

① 開国後の政治と経済

①天皇を尊び，外国勢力を排除して鎖国を守ろうとする
運動を何といいますか。
★①＿＿＿＿＿＿

②井伊直弼が，元水戸藩士らに暗殺された事件を何とい
いますか。
★②＿＿＿＿＿＿

③幕府が権威を取りもどすために，朝廷との結び付きを
強めようとした政策を何といいますか。
③＿＿＿＿＿＿

④開港後，最も貿易額が多かった港はどこですか。
④＿＿＿＿＿＿

⑤開港後，最大の貿易相手となった国はどこですか。
⑤＿＿＿＿＿＿

② 江戸幕府の滅亡

⑥現在の神奈川県で，薩摩藩士が，藩主の行列を横切っ
たイギリス商人を殺害した事件を何といいますか。
⑥＿＿＿＿＿＿

⑦攘夷に失敗し，攘夷が不可能であることをさとった2
つの雄藩が結んだ同盟を何といいますか。
★⑦＿＿＿＿＿＿

⑧⑦の仲立ちをした，土佐藩出身の人物はだれですか。
⑧＿＿＿＿＿＿

⑨西郷隆盛とともに薩摩藩の実権をにぎった人物はだれ
ですか。
★⑨＿＿＿＿＿＿

⑩現在の京都市で旧幕府軍と新政府軍がぶつかった，戊
辰戦争の始まりとなった戦いを何といいますか。
⑩＿＿＿＿＿＿

 知識の泉　長州藩の高杉晋作は，1867年に病死。土佐藩の坂本龍馬も同じ年の大政奉還後に暗殺されまし
た。高杉晋作29歳，坂本龍馬33歳の早すぎる死でした。

第5章

こつこつ　テスト直前　解答 p.21

2節　欧米の進出と日本の開国

1　欧米のアジア侵略　右の地図を見て，次の問いに答えなさい。

(1)　次の①～③にあてはまる理由を，あとからそれぞ
れ選びなさい。

① イギリスがインドや中国に進出した。（　　）

② ロシアが南下政策を採った。（　　）

③ アメリカが日本に開国を求めた。（　　）

19世紀ごろのアジア

　ア　貿易船や捕鯨船の寄港地にするため。

　イ　香辛料を直接手に入れるため。

　ウ　工業製品の輸出先にするため。

　エ　不凍港を獲得するため。

 (2)　イギリスについて，次の文中の□□にあてはまる語句を書きな
さい。　　　　　　　　　　　（　　　　　　　　）

　強力な海軍を背景に通商し，繁栄の時代を迎えたイギリスでは，
　首都ロンドンで世界初の□□が開かれた。

(3)　▨で広まった，重税を課した清への反乱を何といいますか。
　　　　　　　　　　　　　　　　　（　　　　　　　　）

ヒントの森

(1)一つは大航海時代の
新航路開拓の理由。

(2)日本でも大阪や愛知
などで開かれました。

2　開国と不平等条約　次の資料を見て，あとの問いに答えなさい。

A

　第2条　（　　）の両
　港は，アメリカ船
　のまきと水，食料，
　石炭，欠乏の品を
　日本で調達するこ
　とに限って，入港
　を許可する。

B

　第4条　日本に対して輸出入する商品
　は別に定めるとおり，日本政府へ関
　税を納めること。…
　第6条　日本人に対して法を犯したア
　メリカ人は，アメリカ領事裁判所に
　おいて取り調べのうえ，アメリカの
　法律によって，ばっすること。

(1)　A・Bは，日米和親条約，日米修好通商条約のどちらで
すか。A（　　　　　　　）　B（　　　　　　　）

(2)　Aの（　　）にあてはまる港を，右上の地図から2つ選びなさい。
　　　　　　　　　　　（　　　　　　）（　　　　　　）

(3)　Bではいくつの港が開かれましたか。　　　（　　　）港

 (4)　Bについて述べた次の文中の□□にあてはまる語句を，Bの文
中からそれぞれ選びなさい。

　　　　①（　　　　　　　）　②（　　　　　　　）

　日本には①を自由に決める権利がなく，アメリカの②権を
　認めていた。

ヒントの森

(1)Aでは貿易は認めて
いません。

(2)一つは静岡県，もう
一つは北海道。

(4)①は第4条，②は第
6条にあります。

③ **開国後の政治と経済**　次の資料を見て，あとの問いに答えなさい。

A　幕末の貿易品

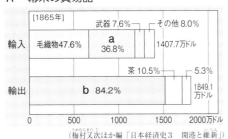

B　貿易の相手国

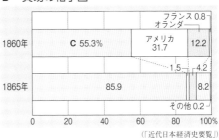

（梅村又次ほか編「日本経済史3　開港と維新」）　　（「近代日本経済史要覧」）

(1)　Aの中のa・bにあてはまる品物を，　　　からそれぞれ選びな
さい。　　a（　　　　　　　　）　b（　　　　　　　　）

アヘン	生糸
綿織物	銀

(2)　Bについて，次の文中の□□にあてはまる語句を，それぞれ書
きなさい。　①（　　　　　　　　）　②（　　　　　　　　）

　最大の貿易相手国cは①である。日本を開国させたアメリカ
は国内で②が起きたため，貿易額が減った。

(3)　次の文中の　　　から正しい語句をそれぞれ選びなさい。

　　　　　①（　　　　　　　　）　②（　　　　　　　　）

　大量の金が①｜流入　流出｜するのを防ごうと，幕府が金貨の
質を下げたため，物価が急に②｜上がった　下がった｜。

ヒントの森
(2)①最初に産業革命を
達成した国。②1861
年に始まったこと。
(3)日本では少ない銀で
金と交換できました。

第5章

④ **江戸幕府の滅亡**　右の年表を見て，次の問いに答えなさい。

(1)　次の文にあてはまる人物を，　　　からそれぞれ選び
なさい。

①aで処刑された武士。　　（　　　　　　）
②eの仲立ちをした武士。　（　　　　　　）
③fを行った将軍。　　　　（　　　　　　）
④gを出す中心となった公家。（　　　　　　）

徳川慶喜	吉田松陰	岩倉具視	坂本龍馬

年	できごと
1858	安政の大獄が始まる……a
1860	桜田門外の変が起こる…b
1863	薩英戦争………………c
1864	下関戦争………………d
1866	薩長同盟が結ばれる……e
1867	大政奉還が行われる……f
	王政復古の大号令………g
1868	鳥羽・伏見の戦い………h

(2)　bで暗殺された井伊直弼が就いていた，幕府の臨時の最高職を何といいますか。

（　　　　　　　　　　）

(3)　c・dに関係の深い藩を，次からそれぞれ選びなさい。　c（　　　）d（　　　）

ア　水戸藩　　イ　薩摩藩　　ウ　土佐藩　　エ　長州藩

(4)　fによって江戸幕府は滅亡しました。江戸幕府は約何年間続き
ましたか。次から選びなさい。　　　　　　　（　　　）

ア　約60年間　　イ　約160年間
ウ　約260年間　　エ　約360年間

(5)　hの鳥羽・伏見の戦いから始まった旧幕府軍と新政府軍の一連
の戦いを何といいますか。　　　（　　　　　　　）

ヒントの森
(3)d下関は山口県。
(4)江戸幕府は1603年
に開かれました。
(5)1868年の干支。

予習・復習　こつこつ　解答 ▶ p.22

確認のワーク ステージ**1**　**3節　明治維新①**

教科書の 要点（　　　）にあてはまる語句を答えよう。

① 新政府の成立　　教 ▶ p.168〜169

●**明治維新**▶近代国家を造るための政治・経済・社会の変革。

◆（①　　　　　　　　）**1868年**▶新しい政治の方針を示す。

◆江戸を**東京**と改称。　◆元号を明治とする。

●**藩から県へ**▶**中央集権国家**の体制を造る。

◆（②　　　　　　　　）▶大名の土地と人民を天皇に返す。

◆（③　　　　　　　　）▶藩を廃し，府県を置く。

　■府には（④　　　　　　），県には**県令**を中央から派遣。

◆中央政府▶薩摩・長州・土佐・肥前藩出身者による**藩閥政府**。

●**身分制度の廃止**▶皇族以外は全て平等とし，居住・職業は自由。

◆公家・大名→**華族**，武士→**士族**，百姓・町人→**平民**
　　　　　　　　　　　　帯刀の禁止・米の支給廃止　　　名字を名のる

◆**解放令**（賤称廃止令）▶えた身分，ひにん身分も平民となる。

② 明治維新の三大改革　　教 ▶ p.170〜171

●**三大改革**▶近代国家を造るための学制・兵制・税制の改革。

◆**学制の公布 1872年**▶満6歳以上の男女は小学校に通う。

◆**徴兵令 1873年**▶満20歳以上の男子に兵役を課す。

◆（⑤　　　　　　　　）**1873年**▶財政を安定させる税制改革。

　■土地の所有者と価格（地価）を決め，**地券**を発行する。

　■地価の**3％**を所有者が（⑥　　　　　　　）で納める。

　■反対一揆の結果，税率が2.5％に下げられる **1877年**。

③ 富国強兵と文明開化　　教 ▶ p.172〜173

●**富国強兵**▶欧米諸国に対抗するため，経済力をつけ，軍隊を強くする政策。徴兵制で（⑦　　　　　　　　）を創り，産業を発展させるために（⑧　　　　　　　　）政策を進める。

●**殖産興業政策**

◆**交通**▶新橋・横浜間に（⑨　　　　　　　　）が開通する。

◆**通信**▶（⑩　　　　　　　）制度，**電信網**を整える。

◆**官営模範工場**▶群馬県の（⑪　　　　　　　）では，輸出向けの生糸を機械で生産。各地に技術を広める。

●**文明開化**▶欧米の文化が取り入れられ，生活が変化する。

●**新しい思想**▶欧米の自由・平等の思想が，**新聞・雑誌**で広まる。

◆（⑫　　　　　　　）▶「学問のすゝめ」を著す。

◆（⑬　　　　　　　）▶**ルソー**の思想を紹介する。

1868	五箇条の御誓文
1869	版籍奉還
1871	廃藩置県
1872	学制の公布
1873	徴兵令
	地租改正
1877	地租の引き下げ

↓五箇条の御誓文

一　広ク会議ヲ興シ万機公論ニ決スベシ
一　上下心ヲ一ニシテ盛ニ経綸ヲ行ウベシ
一　官武一途庶民ニ至ル迄，各其志ヲ遂ゲ，人心ヲシテ倦マザラシメンコトヲ要ス
一　旧来ノ陋習ヲ破リ，天地ノ公道ニ基クベシ
一　智識ヲ世界ニ求メ，大ニ皇基ヲ振起スベシ

↓文明開化

衣	洋服・帽子・コート
食	牛肉を食べる
住	れんが造りの建物
暦	太陽暦

都市ではランプやガス灯が付き，馬車や人力車が走ったよ！

↓福沢諭吉

教科書の 資 料　次の問いに答えよう。

(1) 右の資料は，政府が発行したものです。これを何といいますか。

（　　　　　　　　　　）

(2) 資料中のA〜Dには何が書かれていますか。次からそれぞれ選びなさい。

A（　　　　）　　B（　　　　）
C（　　　　）　　D（　　　　）

ア　土地の値段　　イ　土地の所有者
ウ　土地の広さ　　エ　地租の金額

(3) 地租の税率は，各地で起こった反対一揆などを受けて下げられました。最初何％で後に何％に下げられましたか。　（　　　　）％から（　　　　）％に下げられた。

教科書 一 問 一 答（チェック）　次の問いに答えよう。

/10問中

★は教科書の太字の語句

1 新政府の成立

①江戸時代の幕藩体制から近代国家へと移る際の，政治，経済，社会の変革を何といいますか。

★① _____

②中央政府が地方を直接治める政治の仕組みを採る国家を何といいますか。

② _____

③新政府の実権は，倒幕運動に功績のあった藩の出身者ににぎられていました。この政府は何と呼ばれましたか。

★③ _____

④えた身分・ひにん身分の呼び名を廃止し，身分も職業も平民と同じにするという布告を何といいますか。

★④ _____

2 明治維新の三大改革

⑤満6歳以上の男女は全て小学校に通うこととした決まりを何といいますか。

★⑤ _____

⑥満20歳以上の男子は兵役の義務を負うことを定めた決まりを何といいますか。

★⑥ _____

3 富国強兵と文明開化

⑦経済を発展させて国力をつけ，軍隊を強くする政策を何といいますか。

★⑦ _____

⑧政府が外国の優れた技術を広めるために各地に造った工場を何といいますか。

★⑧ _____

⑨欧米の文化が盛んに取り入れられ，伝統的な生活が変化したことを何といいますか。

★⑨ _____

⑩福沢諭吉が著した，「天は人の上に人をつくらず，人の下に人をつくらず」で始まる書物を何といいますか。

⑩ _____

知識の泉　1871年の廃藩置県のときは，3府302県が置かれました。大阪府・京都府のほか，東京も府でした。その後，統廃合が行われ，1888年には1道3府43県になりました。

第5章

こつこつ　テスト直前　解答 ▶p.22

定着のワーク ステージ2　3節　明治維新①

1 明治維新　右の年表を見て，次の問いに答えなさい。

レベルUP

(1)　aにあてはまる内容を次から選びなさい。　（　　　　）

ア　天皇の命令には必ず従いなさい。

イ　キリスト教を信仰することは禁止する。

ウ　人は生まれながらに，自由で平等な権利を持つ。

エ　全ての政治は人々の話し合いで決めよう。

年	できごと
1868	五箇条の御誓文…………a
1869	版籍奉還が行われる……b
1871	廃藩置県が行われる……c
1872	学制が公布される………d
1873	徴兵令が出される………e
	地租改正が行われる……f

(2)　aと同じ年の出来事について述べた次の文中の□にあてはまる語句を，それぞれ書きなさい。　①（　　　　　　　　）②（　　　　　　　　）

江戸を ① と改称し，元号を慶応から ② に改めた。

(3)　b・cは，中央政府が直接地方を治める国家を造るために行われました。このような国家を何といいますか。　（　　　　　　　　）

(4)　cで中央から県に派遣された役人を何といいますか。　（　　　　　　　　）

(5)　右の図は，cのころの新政府の仕組みと政治家をまとめたものです。図中のW～Zにあてはまる藩名を，　　からそれぞれ選びなさい。

W（　　　　　　　）藩
X（　　　　　　　）藩
Y（　　　　　　　）藩
Z（　　　　　　　）藩

土佐　長州　肥前　薩摩

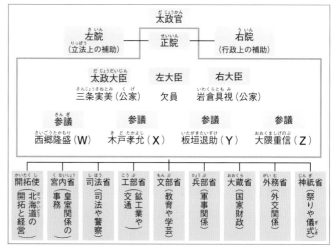

(6)　dでは，満6歳以上の全ての男女は，どこで教育を受けることになりましたか。　（　　　　　　　　）

(7)　eで兵役の義務を負ったのは，満何歳以上の男子ですか。

満（　　　　　）歳以上

(8)　fが行われた目的を，次から選びなさい。　（　　　　）

ア　農民に一揆を起こさせないため。

イ　農民の負担を軽くするため。

ウ　政府の収入を安定させるため。

(9)　a～fのような近代国家を造るための一連の改革を何といいますか。　（　　　　　　　　）

よく出る

ヒントの森

(5)Wは鹿児島県，Xは山口県，Yは高知県，Zは佐賀県・長崎県です。

(6)今も6歳になるとここに通います。

(8)地租は年貢とちがい，年によって増減しません。

2 **身分制度の廃止**　右のグラフを見て，次の問いに答えなさい。

(1) 江戸時代の次の①〜③の身分は，明治時代の新しい身分制度では，何と呼ばれるようになりましたか。右のグラフ中からそれぞれ選びなさい。

① 百姓　　（　　　　　　　　）

② 大名　　（　　　　　　　　）

③ 武士　　（　　　　　　　　）

(2) 次の文中の□□にあてはまる語句を，それぞれ書きなさい。

A（　　　　　　　　）　B（　　　　　　　　）

平民も　A　を名乗り，華族や士族と結婚できるようになった。

士族は　B　の特権をうばわれ，米の支給も廃止された。

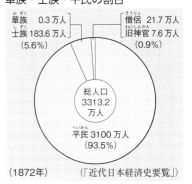

華族・士族・平民の割合

華族 0.3万人
士族183.6万人
（5.6%）

僧侶 21.7万人
旧神官 7.6万人
（0.9%）

総人口
3313.2
万人

平民 3100万人
（93.5%）

（1872年）　（「近代日本経済史要覧」）

ヒントの森
(1)①町人と同じ。②公家と同じ。

3 **富国強兵と文明開化**　右の資料を見て，次の問いに答えなさい。

(1) Aの工場は何県にありますか。

（　　　　　　　　）

(2) Aの工場で生産されていたものは何ですか。

（　　　　　　　　）

よく出る (3) Aのように，外国の優れた技術を広めるために，政府が造った工場を何といいますか。

（　　　　　　　　）

よく出る (4) (3)のような工場を造り，産業を育てる政府の政策を何といいますか。

（　　　　　　　　）政策

(5) 経済の発展のために政府が整備したものを，次から2つ選びなさい。

（　　　　　）（　　　　　）

ア 通信　　イ 新聞

ウ 用水　　エ 交通

レベルUP (6) Bに見られる次の説明にあてはまる語句を，それぞれ書きなさい。

①aの明かり　（　　　　　　　　）

②bの乗り物　（　　　　　　　　）

③cの建物　（　　　　　　　　）造り

(7) Bのように欧米の文化を取り入れた生活が広まったことを何といいますか。

（　　　　　　　　）

(8) Bのころ，中江兆民が伝えたのは，何という啓蒙思想家の思想ですか。

（　　　　　　　　）

A　富岡製糸場

B　明治時代の銀座通り

ヒントの森
(1)関東地方の県。
(8)社会契約説と人民主権を説いた人物。

第5章

予習・復習　こつこつ　解答 p.23

3節　明治維新②

教科書の 要点 （　　）にあてはまる語句を答えよう。

1 近代的な国際関係

教 p.176～177

左から，木戸孝允，山口尚芳，岩倉具視，伊藤博文，大久保利通だよ！

●ぶつかる二つの国際関係

◆アジア▶周辺国が中国の皇帝に（① 　　　　　　　　　　　）する形。

◆欧米諸国▶国家間で（② 　　　　　　　　　）を結ぶ。

●岩倉使節団

◆岩倉使節団▶（③ 　　　　　　　　）を全権大使とする。

■目的▶不平等条約の改正。

■参加者▶木戸孝允・大久保利通など政府の有力者と，

（④ 　　　　　　　　）ら女子留学生。
└── 帰国後女子教育につくす

■結果▶不平等条約の改正交渉は失敗→欧米を視察。

↓岩倉使節団

●清や朝鮮との関係

◆清▶対等な日清修好条規を結ぶ 1871年 。

◆朝鮮▶新政府との新たな国交を拒否。

■征韓論▶武力で朝鮮を開国させようという主張。

・帰国した大久保利通らに退けられる。

・敗れた（⑤ 　　　　　　　　）や板垣退助が政府を去る。
国力の充実が優先と主張 └── 薩摩藩出身の参議

■（⑥ 　　　　　　　）**事件**▶朝鮮近海で日本の軍艦が砲撃

される→力で朝鮮を開国。

■日朝修好条規 1876年 ▶朝鮮に不利な不平等条約。

↓女子留学生

└── 津田梅子

2 国境と領土の確定

教 p.178～179

●南北の国境の確定

◆北の国境▶江戸時代末，択捉島まで（北方領土）日本領。

■樺太・千島交換条約 1875年

・（⑦ 　　　　　　　）▶ロシア領。

・（⑧ 　　　　　　　）列島▶日本領。
ウルップ島以北

◆南の国境▶小笠原諸島を領有。尖閣諸島・竹島を日本に編入。

●北海道の開拓とアイヌの人々／沖縄県の設置と琉球の人々

◆北海道▶蝦夷地を（⑨ 　　　　　　　　）と改称。

■**開拓使**▶北海道の統治と開拓事業を行う役所。

■（⑩ 　　　　　　　）▶開拓にあたった農業兼業の兵士。

■**北海道旧土人保護法**▶アイヌ民族の保護を目的。

◆琉球処分 1872～1879年 ▶琉球王国を**琉球藩**とし，さらに琉球藩

を廃止して（⑪ 　　　　　　　）県を設置。

1871	日清修好条規
	岩倉使節団出発
1872	琉球藩設置
1875	樺太・千島交換条約
	江華島事件
1876	日朝修好条規
	小笠原諸島の領有を
	各国に通告
1879	沖縄県設置
1895	尖閣諸島編入を
	内閣で決定
1905	竹島編入を内閣で決定

📖 教科書の 資料 次の問いに答えよう。

(1) 右の地図は，明治時代初期の東アジアを示して
います。Aをロシア領，Bを日本領とした条約を
何といいますか。 （ 　　　　　　　 ）

(2) 明治政府が領有を各国に通達したり，日本領へ
の編入を決定したりしたC～Eの島を， ▭ から
それぞれ選びなさい。

> 竹島　対馬（つしま）
> 尖閣諸島
> 小笠原諸島

C（ 　　　　　　 ）
D（ 　　　　　　 ）
E（ 　　　　　　 ）

(3) Fの琉球王国に琉球藩を置き，さらに沖縄（おきなわ）県を
置いた一連のできごとを何といいますか。
（ 　　　　　　　　　　 ）

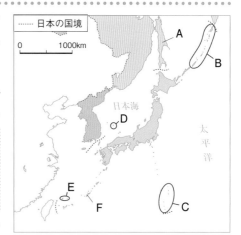

📖 教科書 一問一答 ⟨チェック⟩ 次の問いに答えよう。　　　　　　/10問中

★は教科書の太字の語句

1 近代的な国際関係

①1871年から欧米に派遣された政府の大規模な使節団を
何といいますか。
▢★① _____

②1871年に，清と日本が対等な立場で結んだ条約を何と
いいますか。
▢★② _____

③新政府との新たな国交に応じない朝鮮を，武力で開国
させようという主張を何といいますか。
▢★③ _____

④①に参加して欧米から帰国し，③に反対した薩摩（さつま）藩（はん）出
身の人物はだれですか。
▢④ _____

⑤③を唱え，意見が退けられると政府を辞めた，土佐（とさ）藩
出身の人物はだれですか。
▢★⑤ _____

⑥1876年に結ばれた，日本の領事裁判権を認めるなど，
朝鮮に不利な条約を何といいますか。
▢★⑥ _____

2 国境と領土の確定

⑦江戸時代から日本領だった，歯舞（はぼまい）群島，国後（くなしり）島，色丹（しこたん）
島，択捉島は，現在何と呼ばれていますか。
▢★⑦ _____

⑧北海道の統治のために置かれ，開拓事業に当たった役
所を何といいますか。
▢⑧ _____

⑨北海道の開拓が進むにつれ，生活が圧迫され，伝統や
文化を否定された民族を何といいますか。
▢⑨ _____

⑩沖縄県が設置される前，その地にあった王国を何とい
いますか。
▢⑩ _____

 知識の泉 　岩倉使節団の5人の女子留学生のうち最年少の津田梅子はなんと7歳！ 留学から帰国し，後
に女子英学塾（現在の津田塾大学）を設立したことでも有名です。

予習・復習　こつこつ　解答 ▶ p.23

3節　明治維新③

📖 教科書の 要点 （　）にあてはまる語句を答えよう。

① 自由民権運動の高まり　　　教 p.182〜183

●**自由民権運動と士族の反乱／高まる自由民権運動**

◆（①　　　　　　　　）の建白書▶**板垣退助**らが提出 1874年。

■大久保利通の政治を専制的と非難し，議会の開設を要求。

■**自由民権運動の出発点**▶国民の政治参加を目指す。

◆**士族の反乱**▶特権をうばわれた士族が政府に不満を持つ。

■（②　　　　　　　）1877年▶**西郷隆盛**らが鹿児島で起こ
す→鎮圧後，藩閥政府への批判は**言論**中心に。

◆（③　　　　　　　）1880年▶全国の代表者が大阪で結成。

●**国会の開設をめぐる対立**

◆**政府内の対立**

■**大隈重信**▶国会の早期開設を唱え，政府を辞めさせられる。

■**伊藤博文**ら▶（④　　　　　　　）の勅諭を出す 1881年。
10年後に国会を開くことを約束

◆**政党の結成**

■（⑤　　　　　　　）▶板垣退助が党首。

■（⑥　　　　　　　）▶大隈重信が党首。

◆**運動の停滞**▶政府の弾圧や民権派による**激化事件**のため。
秩父事件など

② 立憲制国家の成立　　　教 p.184〜185

●**憲法の準備**

◆**伊藤博文**▶**君主権**の強いドイツやオーストリアの憲法を調査。

■**内閣制度**の創設 1885年→初代**内閣総理大臣**(首相)になる。

■憲法草案の作成→枢密院で審議。

●**憲法の発布／帝国議会の開設**

◆大日本帝国憲法の発布 1889年＝アジア初の**立憲制国家**。

■国の元首▶**天皇**。

■**帝国議会**▶衆議院と（⑦　　　　　　　）。

■国民の権利▶法律の範囲内で自由権を認められる。
天皇の「臣民」

◆**法制度の整備**

■民法▶戸主の権利が強い。「家」を重視。

■（⑧　　　　　　　）▶忠君愛国の道徳を教育の柱。

◆第1回（⑨　　　　　　　）議員選挙 1890年

■**選挙権**▶直接国税を15円以上納める
満（⑩　　　　）歳以上の男子。
有権者は総人口の1.1％

↓自由民権運動の演説会

政府は集会や新聞を取りしまって，運動を弾圧したよ。

1874	民撰議院設立の建白書提出
1877	西南戦争
1880	国会期成同盟の結成
1881	国会開設の勅諭 自由党結成
1882	立憲改進党結成
1885	内閣制度の創設
1889	大日本帝国憲法発布
1890	第1回帝国議会 教育勅語

↓大日本帝国憲法による国の仕組み

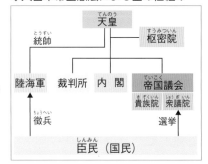

まるごと暗記　自由民権運動　板垣退助が始めた　　大日本帝国憲法　伊藤博文が草案作成・天皇主権

教科書の 資料　次の問いに答えよう。

(1) 右の資料は，1889年に発布された憲法です。この憲法を何といいますか。

（　　　　　　　）

(2) この憲法の草案を中心となって作成した人物はだれですか。　（　　　　　　　）

(3) 条文中の（　　）にあてはまる語句を，それぞれ書きなさい。　　A（　　　　　　　）

B（　　　　　　　）

(4) この憲法の制定で，日本は憲法に基づいて政治を行う国家になりました。このような国家を何といいますか。　（　　　　　　　）

第1条　大日本帝国ハ万世一系ノ（ A ）之ヲ統治ス

第3条　（ A ）ハ神聖ニシテ侵スベカラズ

第4条　（ A ）ハ国ノ元首ニシテ統治権ヲ総攬シ此ノ憲法ノ条規ニ依リ之ヲ行ウ

第20条　日本臣民ハ（ B ）ノ定ムル所ニ従イ兵役ノ義務ヲ有ス

第29条　日本臣民ハ（ B ）ノ範囲内ニ於テ言論著作印行集会及結社ノ自由ヲ有ス　　（一部）

教科書 チェック 一問一答　次の問いに答えよう。

/10問中

★は教科書の太字の語句

自由民権運動の高まり

1

①征韓論に敗れて政府を辞めた後，民撰議院設立の建白書を政府に提出した中心人物はだれですか。

□①＿＿＿＿＿＿

②国民が政治に参加する権利を求める運動を何といいますか。

★□②＿＿＿＿＿＿

③帯刀や米の支給などの特権をうばわれ，政府に不満を持っていたのは，何という身分の人々ですか。

□③＿＿＿＿＿＿

④征韓論に敗れて政府を去り，鹿児島で起こった西南戦争の中心となった人物はだれですか。

□④＿＿＿＿＿＿

⑤国会の早期開設を唱えて政府を辞めさせられ，後に立憲改進党を結成した人物はだれですか。

★□⑤＿＿＿＿＿＿

⑥民権派の関係する激化事件のうち，埼玉県で起こったものを何といいますか。

□⑥＿＿＿＿＿＿

立憲制国家の成立

2

⑦憲法制定の準備のために，ヨーロッパにわたった伊藤博文が学んだのは，何が強い国の憲法ですか。

□⑦＿＿＿＿＿＿

⑧1885年に造られた，国の政治を行う仕組みを何といいますか。

★□⑧＿＿＿＿＿＿

⑨大日本帝国憲法の下での議会を何といいますか。

★□⑨＿＿＿＿＿＿

⑩家族関係について定めた法を何といいますか。

□⑩＿＿＿＿＿＿

知識の泉　岐阜県で遊説中に暴漢におそわれたとき板垣退助は本当に「板垣死すとも自由は死せず」と叫んだかどうかは不明。「痛いから早く医者を呼んでくれ！」と言ったという説もあります。

第5章

こつこつ　テスト直前　解答 p.24

定着のワーク　ステージ2　3節　明治維新②③

1 近代的な国際関係・国境と領土の確定　右の年表を見て，次の問いに答えなさい。

(1)（　）にあてはまる語句を，それぞれ書きなさい。

A（　　　　　　　）

B（　　　　　　　）

C（　　　　　　　）

年	できごと
1869	蝦夷地を北海道に改称する………… a
1871	日清修好条規が結ばれる…………… b
	（ A ）使節団が出発する…………… c
1875	樺太・千島交換条約が結ばれる…… d
1876	日朝修好条規が結ばれる…………… e
1879	（ B ）藩を廃し沖縄県を設置
1880	国会期成同盟が結成される………… f
1881	国会開設の（ C ）が出される
1889	大日本帝国憲法発布……………… g

(2) a について述べた次の文中の□□にあてはまる語句を，それぞれ書きなさい。

X（　　　　　　　）

Y（　　　　　　　）

北海道には，日本各地から X が送りこまれて警備と開拓に当たる一方，先住民のアイヌの人々の生活は圧迫された。政府は北海道 Y 保護法を制定してアイヌの人々の生活を保護しようとしたが，あまり効果はなかった。

(3) b の日清修好条規について述べた文として正しいものを，次から選びなさい。　　　　　　　（　　）

ア　対等な立場で結ばれた。

イ　清に不利な内容がふくまれていた。

ウ　日本に不利な内容がふくまれていた。

(4) c の使節団が欧米に派遣された目的を，次から選びなさい。

（　　）

ア　小笠原諸島の領有　　イ　新航路の開拓

ウ　不平等条約の改正　　エ　キリスト教の布教

(5) d の樺太・千島交換条約について，次の問いに答えなさい。

①　この条約は日本とどこの国との間で結ばれましたか。

（　　　　　　　）

②　このときに初めて日本領となった地域を，右上の地図中のア〜エから選びなさい。　　　　（　　）

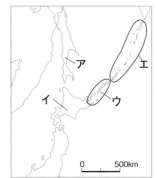

(6) e の前年に，日本が軍艦を朝鮮に派遣し，沿岸で無断で測量を行ったことから起きた武力衝突を何といいますか。

（　　　　　　　）

(7) f の国会期成同盟が結成された都市はどこですか。

（　　　　　　　）

(8) g について述べた次の文中の□□にあてはまる語句を書きなさい。　　　　　　　（　　　　　　　）

大日本帝国憲法は□□権の強いドイツの憲法を参考にした。

ヒントの森

(1)A公家出身の政治家が全権大使。Bかつて沖縄県にあった王国の名前。C天皇の公約。

(5)②カムチャツカ半島と占守島の間を国境とした。

(6)朝鮮の島の名前がついた事件。

(8)国王や皇帝のこと。

全部できたら，➡に✔をかいて😊にしよう！ 😊😊😊

2 **自由民権運動の高まり** 次の資料を見て，あとの問いに答えなさい。

A	B	C	D	E

欧米から帰国し，殖産興業政策を推し進めた。	政府に**a**民撰議院設立の建白書を提出した。	鹿児島で起こった**b**西南戦争の中心となった。	国会の早期開設を主張し，政府を追放された。	ヨーロッパで憲法を学び，憲法の草案を作成した。

(1) A〜Eにあてはまる人物を からそれぞれ選びなさい。

A（　　　　　）　B（　　　　　）

C（　　　　　）　D（　　　　　）

E（　　　　　）

> 西郷隆盛（さいごうたかもり）　大隈重信（おおくましげのぶ）
> 板垣退助（いたがきたいすけ）　大久保利通（おおくぼとしみち）
> 伊藤博文（いとうひろぶみ）

(2) B・Cの人物は，新しい国交に応じない朝鮮を武力で開国させようと主張しました。この主張を何といいますか。　（　　　　　）

(3) 下線部**a**の提出をきっかけに高まった，国民が政治に参加する権利を求める運動を何といいますか。　（　　　　　）

(4) 下線部**b**について述べた次の文中の□□にあてはまる語句を漢字2字で書きなさい。　（　　　　　）

西南戦争が政府軍に鎮圧（ちんあつ）された後，政府への批判は，武力ではなく□□が中心になった。

> ヒントの森
> (1)A・Cは薩摩藩出身です。
> (2)○○論といいます。

3 **立憲制国家の成立** 右の資料を見て，次の問いに答えなさい。

(1) 大日本帝国憲法（ていこく）の下（もと）で，帝国議会の召集（しょうしゅう）や陸海軍を指揮する権限を持っていたのはだれですか。資料中から選びなさい。

（　　　　　）

(2) Aの内閣（ないかく）の最高責任者を何といいますか。

（　　　　　）

(3) Bの帝国議会の二院のうち，国民に選挙権があった議院はどちらですか。

（　　　　　）

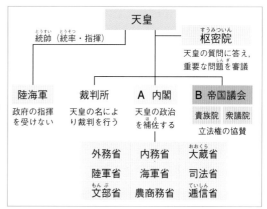

(4) 次の文中の にあてはまる語句を，それぞれ選びなさい。

①（　　　　　）　②（　　　　　）

1890年に行われた選挙で選挙権をあたえられたのは，直接国税を①｜ ア 5円　イ 15円 ｜以上納める満25歳以上の②｜ ウ 男子　エ 男女 ｜だった。

> ヒントの森
> (1)国の元首です。
> (2)○○○○大臣。
> (3)現在もある議院。

予習・復習　こつこつ　解答 p.24

4節　日清・日露戦争と近代産業①

教科書の 要点 （　）にあてはまる語句を答えよう。

1 欧米列強の侵略と条約改正　教 p.186〜187　↓ノルマントン号事件

●列強と帝国主義

◆**列強**▶（①　　　　　　　　　）主義が発達した強国。
産業革命を達成
イギリス・フランス・ドイツ・アメリカ・ロシア。

◆**帝国主義**▶列強が軍事力で（②　　　　　　　　）やア

フリカに進出し，（③　　　　　　　　　）とする。

■資源を獲得し，製品を売る市場にするため。

日本人を水死させたイギリス人船長は，領事裁判で軽いばつですんだよ！

●条約改正の実現

◆**不平等条約**改正の取り組み

■欧化政策▶井上馨が（④　　　　　　　）で舞踏会。

■（⑤　　　　　　　）事件▶条約改正を求める声が高まる。

◆条約改正の実現

■（⑥　　　　　　　）の撤廃 1894年▶外務大臣陸奥宗光。

■（⑦　　　　　　　）の回復 1911年▶外務大臣小村寿太郎。

●東アジアの情勢▶朝鮮で日本と清が勢力争い。

◆**ロシア**▶**シベリア鉄道**を建設し，東アジアに進出。

2 日清戦争　教 p.188〜189

●日清戦争 1894年

◆**原因**▶朝鮮で（⑧　　　　　　　　）戦争が起こる。

■清が朝鮮の求めに応じ出兵，日本も出兵して衝突する。

◆**結果**▶日本が勝ち，**下関条約**が結ばれる 1895年。

■清は（⑨　　　　　　　）の独立を認める。

■**遼東半島，台湾，**澎湖諸島を日本にゆずる。

■賠償金2億両を日本に支払う。

●三国干渉と加速する中国侵略/日清戦争後の日本

◆**三国干渉**▶（⑩　　　　　　　）・ドイツ・フランスが，遼

東半島を清に返すよう要求→日本はこれを受け入れる。

◆**列強の中国分割**▶清の弱体化を見た列強が清から利権を獲得

→港湾の租借，鉄道の敷設，鉱山の開発を進める。

■朝鮮▶清からの独立を宣言。国名を**大韓帝国**に改称。

■ロシア▶遼東半島の旅順と大連を租借。

◆**日本**▶**国民意識**が定着。ロシアへの対抗心が高まる→軍備拡

張。伊藤博文が（⑪　　　　　　）を結成→政党の中心に。

1883	鹿鳴館完成
1886	ノルマントン号事件
1894	甲午農民戦争
	日英通商航海条約
	…領事裁判権の撤廃
	日清戦争
1895	下関条約
	三国干渉
1900	立憲政友会の結成
1911	関税自主権の回復

↓賠償金の使い道

災害準備基金 2.8
教育基金 2.8
その他 4.4
皇室財産 5.5
臨時軍事費 21.9
総額約3億6000万円
軍備拡張費 62.6%

「近代日本経済史要覧」

😊まるごと暗記　☺帝国主義 欧米列強が世界分割を進める動き　☺下関条約 日清戦争の講和条約

📖 教科書の 資 料 次の問いに答えよう。

(1) 右の資料は，19世紀末のアジアの様子をえ
　がいた風刺画（ふうし が）です。A～Dにあてはまる国を，
　次からそれぞれ選びなさい。

　　　　　A （　　　　　　　）
　　　　　B （　　　　　　　）
　　　　　C （　　　　　　　）
　　　　　D （　　　　　　　）

　　　　日本　　清　　朝鮮　　ロシア

(2) この絵がえがかれた後，1894年に起こった戦争を何といいますか。（　　　　　　　）

(3) (2)の戦争の講和条約を何といいますか。　　　　　（　　　　　　　）

📖 教科書 チェック 一 問 一 答 次の問いに答えよう。　　　　　/10問中

★は教科書の太字の語句

1 欧米列強の侵略と条約改正

①資本主義が発達して強国となった欧米（おうべい）の国々を何といいますか。

□① ＿＿＿＿＿＿＿＿＿

②①が軍事力を背景に，アジアやアフリカに植民地を広げていく動きを何といいますか。

□②★ ＿＿＿＿＿＿＿＿＿

③日本が欧米と対等な地位を得るために達成しなければならなかった外交上の課題は何ですか。

□③★ ＿＿＿＿＿＿＿＿＿

④鹿鳴館（ろくめいかん）で舞踏会を開くなど，日本が近代化したすがたを欧米に見せる政策を何といいますか。

□④★ ＿＿＿＿＿＿＿＿＿

⑤日英通商航海条約を結んで，領事裁判権の撤廃に成功した外務大臣はだれですか。

□⑤★ ＿＿＿＿＿＿＿＿＿

⑥1911年に関税自主権の完全な回復に成功した外務大臣はだれですか。

□⑥ ＿＿＿＿＿＿＿＿＿

2 日清戦争

⑦日本が日清戦争での勝利によって清から獲得し，総督（そうとく）府を置いて植民地支配を進めた地域はどこですか。

□⑦ ＿＿＿＿＿＿＿＿＿

⑧日本が得た遼東半島を清に返還（へんかん）するよう，ロシア・フランス・ドイツが求めてきた出来事を何といいますか。

□⑧★ ＿＿＿＿＿＿＿＿＿

⑨朝鮮は，1897年に国名を何と改めましたか。

□⑨ ＿＿＿＿＿＿＿＿＿

⑩1900年に立憲政友会（りっけんせいゆうかい）を結成した人物はだれですか。

□⑩ ＿＿＿＿＿＿＿＿＿

 知識の泉　鹿鳴館は1883年，お雇い外国人のジョサイア・コンドルの設計で建てられた，れんが造りの2階建ての建物です。舞踏場のほか，大食堂やビリヤード，バーもあったそうです。

確認のワーク　ステージ1　4節　日清・日露戦争と近代産業②

教科書の 要点 （　）にあてはまる語句を答えよう。

1 日露戦争
教 p.190〜191

1900	義和団事件
1902	日英同盟
1904	日露戦争
1905	ポーツマス条約
1910	韓国併合
1911	辛亥革命
1912	中華民国成立

●義和団事件
◆義和団事件▶清で（①　　　　　　　　）が蜂起 1899年 →北京
外国勢力の排除をかかげる団体　1900年
の外国公使館を包囲 1900年。列強や日本の連合軍が鎮圧。
　■事件後もロシアが大軍を満州にとどめる。
◆（②　　　　　　　）同盟 1902年 ▶共同でロシアに対抗。
◆国民の意見▶開戦反対…幸徳秋水や内村鑑三。開戦論…新聞。
　　　　　　　　社会主義者　　キリスト教徒

●日露戦争 1904年
◆経過▶日本は戦力の限界。ロシアでは革命運動が起こる。
　■（③　　　　　　　）▶「君死にたまふことなかれ」発表。
　■日本海海戦▶日本海軍がロシア艦隊に圧勝する。
◆結果▶アメリカの仲介でポーツマス条約が結ばれる 1905年。
　■ロシアは韓国における日本の優越権を認める。
　■旅順・大連の租借権，長春以南の鉄道利権を日本にゆずる。
　　リュイシュン ターリエン　　　チャンチュン
　■北緯50度以南の（④　　　　　　　）を日本にゆずる。
　　　　　　　　　　　　　　　　サハリン
　■賠償金なし→（⑤　　　　　　　）事件。
　　　　　　　　　　　　日本国民の不満が爆発

●日露戦争後の日本と国際社会▶日本の国際的地位が高まり，帝
国主義国の一員に。アジアでは民族運動が活発化。

↓君死にたまふことなかれ

あゝをとうとよ君を泣く
君死にたまふことなかれ
末に生まれし君なれば
親のなさけはまさりしも
親は刃をにぎらせて
人を殺せとをしへしや
人を殺して死ねよとて
二十四までをそだてしや

2 韓国と中国
教 p.192〜193

●韓国の植民地化／満鉄の設立
◆韓国▶（⑥　　　　　　　　）による植民地化。
　■外交権をうばい保護国とする→韓国統監府を置く。
　　　こうてい
　■皇帝を退位させ，軍隊を解散させる。
　■韓国併合 1910年 ▶朝鮮（⑦　　　　　　　）設置。
　　かんこくへいごう　　ちょうせん
　　・国名を朝鮮，首都を京城に改称。
　　　　　　　　　けいじょう かいしょう
　　・同化政策▶学校で日本史・日本語の教育。
◆満州▶（⑧　　　　　　　）株式会社（満鉄）の設立。
　　　　　　　　　　　　　　　　鉄道・鉱山開発・
　　　　　　　　　　　　　　　　製鉄所建設を行う

●中華民国の成立
◆孫文▶三民主義を唱え，革命運動を指導。
　そんぶん
　スンウェン
◆辛亥革命 1911年 ▶（⑨　　　　　　　）の建国 1912年。
　しんがい
　■臨時大総統▶（⑩　　　　　　　）
　　　えんせいがい
◆袁世凱▶清をほろぼし，首都を北京に移して独裁を行う。
　臨時大総統の地位をゆずられる
　■袁世凱の死後，（⑪　　　　　　　）が各地を支配。
　　　　　　　　　　　　　　私兵の集団

↓明治時代終わりごろの東アジア

中華民国はアジア初の共和国だよ！

教科書の 資料　次の問いに答えよう。

(1) 右の図は，20世紀初めの国際関係を示しています。日本と同盟を結んでいたAの国はどこですか。（　　　　　）

(2) 1904年に日本とロシアとの間で起こった戦争を何といいますか。（　　　　　）

(3) (2)の戦争中，東郷平八郎を司令長官とする日本海軍が，ロシア艦隊に圧勝した戦いを何といいますか。（　　　　　）

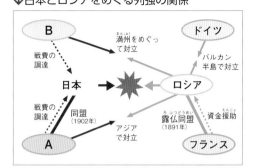

↓日本とロシアをめぐる列強の関係

(4) Bの国は日本の戦費調達を支援し，戦争の続行が困難になると，講和条約の仲介をしました。この国はどこですか。（　　　　　）

(5) 日本とロシアが結んだ講和条約を何といいますか。（　　　　　）

教科書 一問一答　次の問いに答えよう。　/10問中

★は教科書の太字の語句

第5章

1 日露戦争

①清で，「扶清滅洋」（清を扶けて外国勢力を排除する）をかかげた団体が蜂起したできごとを何といいますか。　★□①＿＿＿＿＿

②①を鎮圧した後も，満州に大軍をとどめ，日本やイギリスと対立した国はどこですか。　□②＿＿＿＿＿

③社会主義者の立場から，ロシアとの開戦に反対したのはだれですか。　□③＿＿＿＿＿

④キリスト教徒の立場から，ロシアとの開戦に反対したのはだれですか。　□④＿＿＿＿＿

⑤日本がロシアから租借権をゆずられた，遼東半島にある2つの都市はどこですか。　□⑤＿＿＿＿＿

2 韓国と中国

⑥韓国を保護国化した日本が設置し，伊藤博文を初代長官とした役所を何といいますか。　□⑥＿＿＿＿＿

⑦1910年，日本が韓国を植民地とした出来事を何といいますか。　★□⑦＿＿＿＿＿

⑧孫文が唱えた，民族の独立，政治的な民主化，民衆の生活の安定からなる革命理念を何といいますか。　★□⑧＿＿＿＿＿

⑨1911年，清で多くの省が独立を宣言し，翌年各省の代表者が中華民国を建国した出来事を何といいますか。　★□⑨＿＿＿＿＿

⑩清をほろぼし，孫文から中華民国臨時大総統の地位をゆずられたのはだれですか。　□⑩＿＿＿＿＿

知識の泉　日露戦争のとき，ロシア艦隊はヨーロッパ側から出港し，喜望峰経由とスエズ運河通過の二手に分かれて日本海に向かいました。宮古島で艦隊を発見した知らせは電信で東京に送られました。

予習・復習　こつこつ　解答 p.25

確認のワーク ステージ1　4節　日清・日露戦争と近代産業③

教科書の要点（　）にあてはまる語句を答えよう。

❶ 産業革命の進展
教 p.194〜195

●産業と資本主義の発展／社会問題の発生

◆**軽工業**▶1880年代後半に産業革命の時代。
- ■**紡績業**▶（①　　　　　）を生産。朝鮮・中国に輸出。
- ■**製糸業**▶（②　　　　　）を生産。アメリカに輸出。

◆**重化学工業**▶日露戦争のころから発達。
- ■動力源▶（③　　　　　）を筑豊地域や北海道で採掘。
- ■（④　　　　　）の建設 1901年 ▶鉄鋼を生産。 福岡県

◆**交通の発達**▶官営の東海道線全通。民営鉄道・海運も発展。
◆**財閥の成長**▶三井・三菱・住友などの資本家が経済を支配。
◆**劣悪な労働**▶紡績業や製糸業の**工女**は低賃金・長時間労働。
- ■労働組合を結成し，労働争議で労働条件の改善を求める。
- ■社会主義の成長▶幸徳秋水らが大逆事件で処刑される。

◆**公害の発生**▶（⑤　　　　　）鉱毒事件（栃木県）。
- ■衆議院議員の**田中正造**が解決に力をつくす。

●地主と小作人
- ◆（⑥　　　　　）▶生活苦から海外に移民する者もいた。
- ◆（⑦　　　　　）▶農地を買い集め，資本家に成長。

↓綿糸の生産と貿易の変化

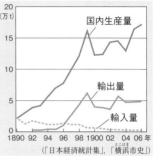

（『日本経済統計集』，『横浜市史』）

↓八幡製鉄所　日清戦争の賠償金で建設

❷ 近代文化の形成
教 p.196〜197

●日本の美と欧米の美

日本美術の復興		フェノロサ・岡倉天心
近代日本美術	日本画	横山大観「無我」
	彫刻	高村光雲「老猿」
西洋文化の導入	洋画	（⑧　　　）「読書」
	彫刻	荻原守衛
	洋楽	（⑨　　　）「荒城の月」

●新しい文章▶口語で文章を書く（⑩　　　）が普及。

二葉亭四迷「浮雲」	樋口一葉「たけくらべ」
正岡子規…俳句	夏目漱石「坊っちゃん」
与謝野晶子…短歌	（⑪　　　）「舞姫」

●学校教育の普及▶1910年ごろ，小学校の就学率は男女ほぼ100％。
- ◆（⑫　　　）教育▶3，4年→6年。

↓自然科学の発達

北里柴三郎	破傷風の血清療法
高峰譲吉	タカジアスターゼ創製
志賀潔	赤痢菌の発見
大森房吉	地震計の発明
木村栄	緯度の変化の研究
長岡半太郎	原子模型の研究
鈴木梅太郎	ビタミンB₁の創製
野口英世	黄熱病の研究

高等教育が拡充して，世界で活躍する学者が生まれたんだね！

📖教科書の 資料 次の問いに答えよう。

(1) 地図中の官営の工場や鉱山をはらい下げられて成長した大資本家を何といいますか。

（　　　　　　　）

(2) AやBで採掘された動力源を何といいますか。

（　　　　　　　）

(3) 1889年に新橋・神戸間が全通したXの官営の鉄道は何線ですか。

（　　　　　　　）線

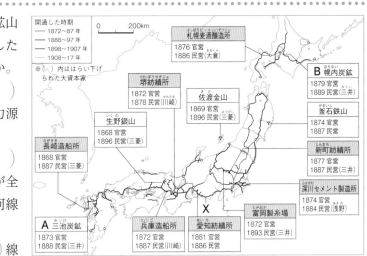

開通した時期
—— 1872～87年
—— 1888～97年
—— 1898～1907年
—— 1908～17年

0　　200km

※（　）内ははらい下げられた大資本家

札幌麦酒醸造所
1876 官営
1886 民営(大倉)

B 幌内炭鉱
1879 官営
1889 民営(三井)

堺紡績所
1872 官営
1878 民営(川崎)

佐渡金山
1869 官営
1896 民営(三菱)

釜石鉄山
1874 官営
1887 民営

生野銀山
1868 官営
1896 民営(三菱)

長崎造船所
1868 官営
1887 民営(三菱)

新町紡績所
1877 官営
1887 民営(三井)

深川セメント製造所
1874 官営
1884 民営(浅野)

A 三池炭鉱
1873 官営
1888 民営(三井)

兵庫造船所
1872 官営
1887 民営(川崎)

愛知紡績所
1881 官営
1886 民営

富岡製糸場
1872 官営
1893 民営(三井)

X

📖教科書 一 問 一 答 チェック 次の問いに答えよう。

/10問中

★は教科書の太字の語句

第5章

❶ 産業革命の進展

①生糸を生産する工業を何といいますか。

①＿＿＿＿＿＿＿

②労働者が，労働条件の改善を求めて起こした行動を何といいますか。

②＿＿＿＿＿＿＿

③幸徳秋水ら多数の社会主義者が無実の罪で逮捕され，多くが処刑された事件を何といいますか。

③＿＿＿＿＿＿＿

④足尾銅山鉱毒事件の解決に力を尽くした栃木県出身の衆議院議員はだれですか。

④＿＿＿＿＿＿＿

❷ 近代文化の形成

⑤岡倉天心とともに日本美術の復興に努めたアメリカ人はだれですか。

⑤＿＿＿＿＿＿＿

⑥「たけくらべ」などの作品を書いた，ロマン主義を代表する女流文学者はだれですか。

★⑥＿＿＿＿＿＿＿

⑦欧米の文化と向き合い，知識人の視点から「坊っちゃん」などを書いた小説家はだれですか。

★⑦＿＿＿＿＿＿＿

⑧破傷風の血清療法を発見した細菌学者はだれですか。

⑧＿＿＿＿＿＿＿

⑨原子模型の研究を行った物理学者はだれですか。

⑨＿＿＿＿＿＿＿

⑩アフリカなどで黄熱病を研究し，ガーナで自ら感染して亡くなった細菌学者はだれですか。

★⑩＿＿＿＿＿＿＿

 知識の泉 1889年に東海道線が全通したとき，新橋～神戸の所要時間はなんと20時間5分でした。現在，東京～新大阪は最新の新幹線のぞみ号で2時間30分。びっくりしますね。

こつこつ　テスト直前　解答 p.26

定着のワーク **ステージ2** **4節　日清・日露戦争と近代産業**

1 **日清・日露戦争と条約改正**　右の年表を見て，次の問いに答えなさい。

(1)　年表のころ，欧米の列強は，軍事力でアフリカやアジアに植民地を広げていました。この動きを何といいますか。（　　　　　　　　）

(2)　次の文にあてはまる出来事を，年表中からそれぞれ選びなさい。

① 多くの省が清からの独立を宣言し，翌年，中華民国が建国された。
（　　　　　　　　）

② 清で外国勢力の排除を求める団体が蜂起し，北京の各国公使館を包囲した。
（　　　　　　　　）

③ 共同でロシアに対抗するために結ばれた。
（　　　　　　　　）

年	できごと
1886	ノルマントン号事件が起こる
1894	甲午農民戦争が起こる
	不平等条約を一部改正する………a
	日清戦争が始まる……………………b
1895	下関条約が結ばれる………………c
	三国干渉……………………………d
1900	義和団事件が起こる
1902	日英同盟が結ばれる
1904	日露戦争が始まる……………………e
1905	ポーツマス条約が結ばれる………f
	日比谷焼き打ち事件が起こる
1911	辛亥革命が起こる

(3)　右の絵は何という出来事を風刺したものですか。年表中から選びなさい。（　　　　　　　　）

(4)　aについて，次の文中の◻にあてはまる語句をそれぞれ書きなさい。

①（　　　　　　　）　②（　　　　　　　）

外務大臣①が，②と交渉して，領事裁判権の撤廃に成功した。

(5)　bのときの様子について，次の文中の◻にあてはまる語句を書きなさい。（　　　　　　　　）

日本の勝利を新聞で見た人々は，「日本人」としての◻意識を高めた。

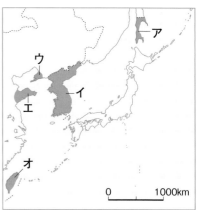

(6)　cの下関条約，fのポーツマス条約で日本がゆずられた領土を，右の地図中のア～オから，それぞれ全て選びなさい。

c（　　　　　　　）　　f（　　　　　　　）

(7)　dの三国干渉を行った国を◻から３つ選びなさい。

（　　　　　　　）
（　　　　　　　）
（　　　　　　　）

| アメリカ　　ロシア　　フランス |
| オランダ　　ドイツ |

(8)　eの年，ロシアの東西を結ぶ鉄道が完成しました。この鉄道を何といいますか。（　　　　　　　　）

ヒントの森

(2)①その年の干支から名付けられました。
(6)cは２つ，fは１つ。
(7)中国に権益を持っていた国。

2 **産業革命の進展**　右の資料を見て，次の問いに答えなさい。

(1) 綿糸を作る工業を何といいますか。

（　　　　　　　　　　　）

 (2) 次の時期を，あとからそれぞれ選びなさい。

①（　　　　　） ②（　　　　　）

① 綿糸の国内生産量が輸入量を上回った時期。

② 綿糸の輸出量が輸入量を上回った時期。

ア　日清戦争前　　イ　日清戦争後

ウ　日露戦争後

綿糸の生産と貿易の変化

（「日本経済統計集」，「横浜市史」）

(3) 綿糸生産量が増えたのは，大工場が次々建てられ，機械による大量生産が行われるようになったからです。この産業の変化を何といいますか。（　　　　　　　　）

(4) 綿糸の主な輸出先を，次から選びなさい。　（　　　　　）

ア　アメリカ　　イ　インド　　ウ　中国や朝鮮

(5) 機械の動力源となった石炭が採掘された北九州の地域はどこですか。（　　　　　　　　）地域

(6) 次の文中の　　にあてはまる語句を，それぞれ漢字1字で書きなさい。　①（　　　　　　　） ②（　　　　　　　）

工場で働く女子労働者（工女）は　①　賃金で，12時間から18時間という　②　時間働かされた。

ヒントの森

(1)製糸業とまちがえないように。

(2)グラフを読み取りましょう。

(3)18世紀後半のイギリスで最初に起きました。

(5)福岡県と大分県の昔の国名の最初の文字を組み合わせた名前です。

第5章

3 **近代文化の形成**　次の問いに答えなさい。

(1) A・Bのうち，欧米の美術の手法を取り入れた日本画はどちらですか。（　　　　）

(2) 次の文にあてはまる人物を　　から選びなさい。

① フェノロサとともに日本美術を復興した。

（　　　　　　　）

② Aの絵をえがいた。（　　　　　　　）

③ Bの絵をえがいた。（　　　　　　　）

④ 「老猿」を作った彫刻家。（　　　　　　　）

⑤ 言文一致を始め，「浮雲」という小説を書いた。

（　　　　　　　）

⑥ 現実を客観的に俳句によむ運動を始めた。

（　　　　　　　）

A　「無我」

B　「読書」

高村光雲　　二葉亭四迷
横山大観　　正岡子規
岡倉天心　　黒田清輝

(3) 歌人の与謝野晶子が「君死にたまふことなかれ」を発表したのは，何という戦争のときですか。（　　　　　　）

(4) 1907年には，義務教育は何年に延長されましたか。

（　　　　　　）年

ヒントの森

(3)1904年に発表。

(4)現在より短いです。

こつこつ　テスト直前　解答 ▶ p.26

実力判定テスト **ステージ3** 総合問題編 **第5章　開国と近代日本の歩み** 30分 /100

1 右の年表を見て，次の問いに答えなさい。

4点×10（40点）

(1) aについて，このとき諸外国と結んだ条約は，日本に不利なものでした。不平等条約改正までの次のできごとを，年代の古い順に並べなさい。
　ア　井上馨が欧化政策を採る。
　イ　小村寿太郎が関税自主権を回復する。
　ウ　岩倉使節団が欧米に派遣される。
　エ　陸奥宗光が領事裁判権を撤廃する。

世紀		日本の政治の移り変わり	
19	江戸幕府	・開国と貿易の開始	a
		・江戸幕府の滅亡	b
	明治維新	・中央集権国家体制	c
		・学制・兵制・税制の改革	d
		・自由民権運動	e
		・大日本帝国憲法発布	f
	立憲制国家	・第一回帝国議会	g
		・日清戦争	h
20		・日露戦争	i
		・韓国併合	

（アは a と b の間，イは g と h の間，ウは h と i の間，エは i と韓国併合の間）

(2) bのとき，徳川慶喜が政権を朝廷に返したことを何といいますか。

(3) cのために行われた改革を，次から選びなさい。
　ア　尊王攘夷　　イ　参勤交代
　ウ　四民平等　　エ　廃藩置県

(4) dで行われた地租改正で，税の基準を収穫高ではなく地価とした目的を，右の資料を見て簡単に書きなさい。

(5) eを始め，後に自由党を結成した人物はだれですか。

(6) fの大日本帝国憲法で，主権を持っていたのはだれですか。

(7) gのとき，衆議院議員の選挙権をあたえられたのはどのような人ですか。

(8) hの日清戦争のきっかけとなった，朝鮮で起こった農民の反乱を何といいますか。

(9) iの日露戦争の講和条約の内容にあてはまるものを，次から選びなさい。
　ア　多額の賠償金を日本に支払う。　　イ　樺太をロシア領，千島列島を日本領とする。
　ウ　遼東半島を清に返す。　　エ　韓国における日本の優越権を認める。

(10) 日英同盟が結ばれた時期を，年表中のア〜エから選びなさい。

政府の収入の移り変わり

（グラフ：1875〜1900年の地租・総額（億円）と総額にしめる地租の割合（%））
「明治以降　本邦主要経済統計」

(1)	→　→　→	(2)		(3)	
(4)				(5)	
(6)		(7)			
(8)		(9)		(10)	

目標 □欧米と日本の近代化の流れをおさえる □列強がアジアを植民地としていった様子をおさえる

自分の得点まで色をぬろう! ❷かんばろう! ❸もう一歩 ❹合格! 0 60 80 100点

2 20世紀初めの世界を示した右の地図を見て，次の問いに答えなさい。 4点×6（24点）

(1) A〜Cの国にあてはまるものを，次からそれぞれ選びなさい。
ア 革命に際し「人権宣言」を発表した。
イ 清とアヘン戦争を起こした。
ウ 奴隷制（どれい）などをめぐり南北戦争が起こった。
エ 伊藤博文（いとうひろぶみ）はこの国の憲法を学んだ。

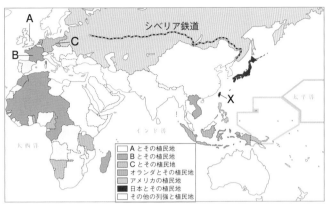

A　シベリア鉄道　C　B　X
太平洋　インド洋　大西洋
□Aとその植民地
□Bとその植民地
□Cとその植民地
□オランダとその植民地
□アメリカの植民地
■日本とその植民地
□その他の列強と植民地

(2) Aの国で始まった，機械を使った大量生産による経済の仕組みの変化を何といいますか。

記述 (3) AやBの国がアフリカやアジアに植民地を広げていった理由を，次の語句を用いて簡単に書きなさい。　[生産　製品]

(4) Xの台湾（たいわん）が日本にゆずられることになった条約名を書きなさい。

(1) A		B		C		(2)	
(3)						(4)	

第5章

3 次の文を読んで，あとの問いに答えなさい。 4点×9（36点）

　日本が a 開国し， b 外国との貿易が始まると，（ A ）が大量に輸出されて品不足となり，安い綿織物が輸入されて国内の産地に打撃（だげき）をあたえた。政府が c 欧米の技術を取り入れて産業を盛（さか）んにする政策を採ったため，群馬県の（ B ）製糸場では d 女性労働者により安くて品質のよい（ A ）が大量に作られるようになった。また，綿糸の生産も伸びて，日清戦争後は輸出が輸入を上回った。重化学工業では e 九州北部に（ C ）製鉄所が造られ，鉄鋼を国産した。一方で（ D ）銅山鉱毒事件などの公害問題も発生した。

(1) （ ）にあてはまる語句を，それぞれ書きなさい。
(2) 下線部 a について，日本を開国させた国はどこですか。
(3) 下線部 b で最大の貿易港となり，日本で初めて鉄道が開通したのはどこですか。
よく出る (4) 下線部 c を何といいますか。
(5) 下線部 d を漢字2字で何といいますか。
(6) 下線部 e で多く採掘（さいくつ）された動力源は何ですか。

(1) A		B		C		D		(2)	
(3)		(4)		(5)		(6)			

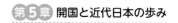

資料活用・思考力問題編

第5章　開国と近代日本の歩み

30分　/100

1 フランス革命について，次の資料を見て，あとの問いに答えなさい。　　10点×2（20点）

A　革命前のフランス

聖職者　貴族　石（税金）　平民

B　革命が始まったフランス

(1)　Aでえがかれているのは，フランスのどのような体制ですか。図中の語句を使って簡単に書きなさい。

(2)　Bで，左の二人の人物が驚いているのはなぜですか。簡単に書きなさい。

(1)	
(2)	

2 次の資料を見て，あとの問いに答えなさい。　　10点×3（30点）

A　イギリス・インド・清の貿易の変化

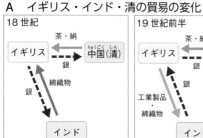

18世紀

茶・絹
イギリス　→　中国（清）
銀
銀　綿織物
インド

19世紀前半

茶・絹
イギリス　→　中国（清）
銀
銀　銀
工業製品・綿織物　アヘン
インド

B

ア　ウ　イ

(1)　イギリスから見たインドは，18世紀と19世紀前半ではどう変わりましたか。「輸入先」「輸出先」という語句を使って簡単に書きなさい。

(2)　Bはイギリスと清との間で起きたアヘン戦争の様子です。次の文を読んで，イギリス船にあてはまるものを，Bの**ア～ウ**から選び，選んだ理由も書きなさい。

　イギリスでは18世紀後半に石炭を燃料に蒸気機関で動く機械が使われ始め，綿織物や製鉄，鉄道，造船などの技術が発達した。

(1)	インドは，	
(2)	記号	理由

ここに注目！ 2つの資料を比べるときは，いつの，何を示した資料か確認し，ちがいを探そう。また，そのちがいを生んだ原因を考えよう。

自分の得点まで色をぬろう！

😣がんばろう！	😐もう一歩	😊合格！

0　　　　　　　　　60　　80　　100点

3 次の風刺画を見て，あとの問いに答えなさい。

(2)完答，10点×5（50点）

A　日清戦争前のアジア情勢

B　日露戦争をめぐるアジア情勢

(1)　Aでえがかれている国際情勢を，3人の人物と魚が示している国名をはっきりさせて，簡単に書きなさい。

(2)　Bのa〜dは，それぞれどこの国を示していますか。

(3)　AとBの間の出来事を，次から選びなさい。

　　ア　条約改正の達成　　イ　ノルマントン号事件　　ウ　韓国併合　　エ　三国干渉

(4)　次の表やグラフを見て，日露戦争の講和条約の内容に日本国民が不満を持った理由について述べた次の文中の　　にあてはまる言葉を，それぞれ簡単に書きなさい。

　　日露戦争では，日本国民は，日清戦争のときよりも　①　にもかかわらず，　②　から。

日清戦争の講和条約で日本が得たもの	日露戦争の講和条約で日本が得たもの
・遼東半島・台湾・澎湖諸島 ・賠償金2億両	・旅順・大連の租借権 ・長春以南の鉄道利権 ・北緯50度以南の樺太

▼日清・日露戦争の比較

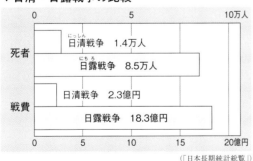

（「日本長期統計総覧」）

▼国民の負担の変化

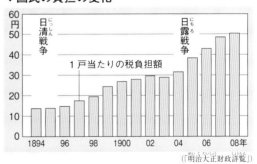

（「明治大正財政詳覧」）

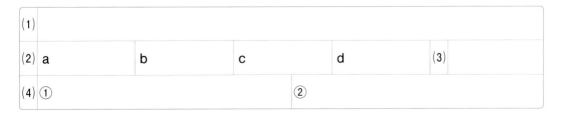

(1)					
(2) a	b	c	d	(3)	
(4) ①			②		

確認のワーク ステージ**1**　**1節　第一次世界大戦と日本①**

教科書の 要点 （　）にあてはまる語句を答えよう。

① 第一次世界大戦　　教 p.208〜209

●ヨーロッパ諸国の対立

1882	三国同盟
1907	三国協商
1914	第一次世界大戦開始
1917	ロシア革命
1918	シベリア出兵
	第一次世界大戦終結
1922	ソ連の成立
1928	「五か年計画」開始

◆列強の対立▶ドイツが強国になり，イギリスと対立する。

　■三国同盟▶（①　　　　　）・オーストリア・イタリア。

　■三国協商▶（②　　　　　）・フランス・ロシア。

◆民族の対立▶バルカン半島でスラブ民族がオスマン帝国からの独立運動＝「ヨーロッパの火薬庫」。

　■ロシア▶（③　　　　　　　）政策のために運動を支援。
　　　　　　不凍港の獲得が目的

　■オーストリア▶運動をおさえ，バルカン半島進出を図る。

●第一次世界大戦 1914年〜1918年

◆開戦▶サラエボでオーストリアの皇位継承者夫妻が
　　　　バルカン半島の都市
スラブ系セルビア人に暗殺される。

　■（④　　　　　　　）がセルビアに宣戦。

　■各国が参戦し，（⑤　　　　　　　）が始まる。

◆経過▶4年におよぶ総力戦になる。

　■ざんごう戦▶大砲や機関銃の使用。

　■新兵器の使用▶戦車・飛行機・毒ガス・潜水艦。

　■日本▶日英同盟に基づき，ドイツに宣戦布告。

　■アメリカ▶最初は不干渉，1917年に参戦。

◆終結▶（⑥　　　　　　）国側が降伏する。

↓第一次世界大戦中のヨーロッパ戦線

□連合国側　□中立国
□同盟国側　——1917年の同盟国軍の前線

② ロシア革命　　教 p.210〜211

●ロシア革命

◆大戦中のロシア▶戦争や皇帝の専制に不満が高まる。

　■ソビエト▶労働者と兵士の代表会議。「パンと平和」を求め，
（⑦　　　　　　　　）はストライキ，兵士は反乱を起こす。

　■皇帝が退位して，臨時政府ができる。

◆ロシア革命 1917年 ▶レーニンの指導で（⑧　　　　　　　）
に権力基盤を置く社会主義の新政府が作られる。
　　　　　　　　　　　ドイツと単独講和・大戦から離脱

●シベリア出兵とソ連の成立／独裁と計画経済

◆（⑨　　　　　　）出兵▶各国が革命に干渉。

◆ソビエト（⑩　　　　　　）共和国連邦（ソ連）の成立。

　■共産党▶共産主義の実現をかかげた政党。

　■スターリン▶「五か年計画」を進める。独裁体制を強化。
　　　　　　　　計画経済

連合国と同盟国に分かれたんだね。イタリアは連合国側で参戦したよ！

↓レーニン

📖教科書の 資料 次の問いに答えよう。

(1) 右の資料は、第一次世界大戦前の国際関係を示したものです。A・Bの協力関係をそれぞれ何といいますか。　A（　　　　　）　B（　　　　　）

(2) 下線部の半島は、列強の対立と民族の対立で国際紛争の火種となり、「ヨーロッパの（　　）」と呼ばれました。（　　）にあてはまる語句を書きなさい。　（　　　　　）

(3) オーストリア皇位継承者夫妻が、スラブ系のセルビア人に暗殺された、下線部の半島にある都市はどこですか。　（　　　　　）

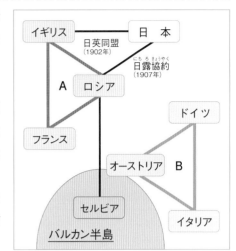

📖教科書 一問一答 次の問いに答えよう。 /10問中

★は教科書の太字の語句

1 第一次世界大戦

①オスマン帝国の支配下にあり、スラブ民族が多く住んでいた半島はどこですか。　①＿＿＿＿

②第一次世界大戦は、オーストリアがどこに宣戦を布告したことから始まりましたか。　②＿＿＿＿

③国民や産業、資源を総動員して行われる戦いを何といいますか。　★③＿＿＿＿

④第一次世界大戦が始まると、日本は何を口実に連合国側に立って参戦しましたか。　④＿＿＿＿

⑤1917年に連合国側に加わった大国はどこですか。　⑤＿＿＿＿

2 ロシア革命

⑥1917年にロシアで、社会主義の政府が作られた出来事を何といいますか。　★⑥＿＿＿＿

⑦⑥の中心となった人物はだれですか。　★⑦＿＿＿＿

⑧社会主義のうち、私有財産を制限し、国が生産を管理して分配する社会を造ろうとする考えを何といいますか。　★⑧＿＿＿＿

⑨⑦の後に共産党の指導者となり、独裁を強化したのはだれですか。　⑨＿＿＿＿

⑩ソ連で1928年から進められた、重工業の増強と農業の集団化を強行する計画経済を何といいますか。　★⑩＿＿＿＿

知識の泉　第一次世界大戦では、科学技術が兵器に利用されました。毒ガスを発明したのは、化学肥料を発明して食料の大幅な増産に貢献した科学者でした。

予習・復習 こつこつ 解答 ▶ p.28

確認のワーク ステージ1　1節　第一次世界大戦と日本②

教科書の 要点 （　　）にあてはまる語句を答えよう。

1 国際協調の高まり
教 ▶ p.212~213

●ベルサイユ条約と国際連盟

◆パリ講和会議 1919年 ▶（①　　　　　　　　　　）条約を結ぶ。

■敗戦国（②　　　　　　　　　　）に多額の賠償金，領土の縮小，

軍備縮小を課す。

■民族自決の原則 ▶ 東ヨーロッパで多くの国が独立。

◆国際連盟 ▶ アメリカの**ウィルソン大統領**の提案で発足。

■本部 ▶ ジュネーブ。新渡戸稲造が事務次長になる。

■常任理事国 ▶ イギリス・フランス・イタリア・日本。

■課題 ▶ アメリカが不参加。制裁手段は限定的。

●国際協調の時代／民主主義の拡大

◆（③　　　　　　　　　）会議 1921年 ▶ アメリカで開催。

■**ワシントン海軍軍縮条約**　■日英同盟の解消

■太平洋地域の現状維持・中国の独立と領土保全を確認。

◆戦争に協力した女性は参政権を獲得，労働者は権利の拡大。

◆（④　　　　　　　　）憲法 1919年 ▶ ドイツで制定。

2 アジアの民族運動
教 ▶ p.214~215

●第一次世界大戦と日本

◆ドイツ領の占領 ▶ **山東省**の租借地や南洋諸島。

◆中国での権益拡大 ▶ 二十一か条の要求を示す 1915年。

袁世凱大総統

（⑤　　　　　　　　）省のドイツ権益を日本にゆずる。

■**旅順・大連**の租借，南満州鉄道の期限の延長。

●中国の反帝国主義運動

◆（⑥　　　　　　　　）運動 1919年 ▶ 反日・反帝国主義運動。

■パリ講和会議で山東省の権益返還が認められなかったため。

◆中国国民党 ▶（⑦　　　　　　　　）が結成 ⎫協力して国内
辛亥革命の指導者　　　　　　　　　　　　 ⎬
◆中国共産党 ▶ 1921年結成　　　　　　　 ⎭統一を目指す。

●朝鮮の独立運動／インドの民族運動

◆朝鮮 ▶（⑧　　　　　　　　）の植民地。

■（⑨　　　　　　　　）運動 1919年 ▶ 京城（ソウル）で人々

が「**独立万歳**」と叫んでデモ行進。日本は**同化政策**を進める。
マンセ

◆インド ▶（⑩　　　　　　　　）の植民地。

■**非暴力・不服従の抵抗運動** ▶（⑪　　　　　　　）が指導。

1919	三・一独立運動
	五・四運動
	ベルサイユ条約
	ワイマール憲法
1920	国際連盟発足
1921	ワシントン会議

↓ワイマール憲法

第151条　経済生活の秩序は，全ての人に人間に値する生存を保障することを目指す，正義の諸原則にかなうものでなければならない。

男女普通選挙，労働者の権利，社会福祉についても定めたよ！

↓二十一か条の要求に関する権益

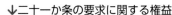

南満州鉄道　主な鉱山
奉天（瀋陽）シェンヤン　石炭
石炭　鉄　安東（丹東）アントン
北京　天津 ティエンチン　大連 ターリエン　遼東半島 リアオトン
旅順 リュイシュン　済南　山東半島 シャントン　チンタオ 青島

↓ガンディー（現在のインド紙幣）

📖 教科書の 資料 次の問いに答えよう。

(1) 右の資料は，第一次世界大戦中，日本が中国に示した
要求です。これを何といいますか。（　　　　　　　　）

(2) （　　）にあてはまる語句を，それぞれ書きなさい。
A （　　　　　　　）　　B （　　　　　　　）

(3) 下線部 a について，次の文中の □ にあてはまる語句
をそれぞれ書きなさい。
X （　　　　　　　）　　Y （　　　　　　　）

> 中国は山東省の権益の返還（へんかん）を求めたが，1919年の □X□
> 講和会議では認められなかった。1921年から開かれた
> □Y□ 会議の結果，日本から返還された。

(4) 下線部 b の権益を日本が獲得（かくとく）した戦争を何といいますか。
（　　　　　　　　　　　）

― 中国政府は，a（ **A** ）が
山東省に持っている一切の
権益の処分について，日本
と（ **A** ）との協定に任せる。

― 日本の b 旅順・（ **B** ）の
租借の期限，南満州鉄道の
期限を99か年延長する。

― 中国政府は，南満州・東
部内蒙古における鉱山の採
掘権を日本国民にあたえる。
（一部要約）

📖 教科書 チェック 一 問 一 答 次の問いに答えよう。

/10問中

★は教科書の太字の語句

① 国際協調の高まり

①それぞれの民族のことは自分たちで決めるという原則
を何といいますか。
□ ★① ＿＿＿＿＿＿＿＿

②1920年に発足した，世界平和と国際協調を目的とする
国際機関を何といいますか。
□ ★② ＿＿＿＿＿＿＿＿

③①の考えや②の設立を提唱したアメリカの大統領はだ
れですか。
□ ③ ＿＿＿＿＿＿＿＿

④②の本部が置かれたスイスの都市はどこですか。
□ ④ ＿＿＿＿＿＿＿＿

⑤アメリカ・イギリス・日本など5か国が，海軍の主力
艦の保有数の上限などを決めた条約を何といいますか。
□ ⑤ ＿＿＿＿＿＿＿＿

⑥世界で初めて人間らしく生きる権利（社会権）を保障
したワイマール憲法は，どこの国の憲法ですか。
□ ⑥ ＿＿＿＿＿＿＿＿

② アジアの民族運動

⑦1919年に，孫文（そんぶん／スンウェン）が結成した政党を何といいますか。
□ ⑦ ＿＿＿＿＿＿＿＿

⑧1921年に，ロシア革命の影響（えいきょう）で，中国で結成された政
党を何といいますか。
□ ⑧ ＿＿＿＿＿＿＿＿

⑨日本が朝鮮などで進めた，日本の歴史や日本語を教え
て，「日本国民」にする政策を何といいますか。
□ ⑨ ＿＿＿＿＿＿＿＿

⑩ガンディーの指導の下（もと），イギリスに対して非暴力・不
服従の抵抗運動が起こったのはどこですか。
□ ⑩ ＿＿＿＿＿＿＿＿

第6章

 知識の泉　列強の世界分割が進む中，太平洋の島々も植民地となりました。イギリス植民地の中には，オー
ストラリアやニュージーランド，カナダなど，自治権をあたえられる国もありました。

こつこつ　テスト直前　解答 p.28

1節　第一次世界大戦と日本

1 第一次世界大戦　右の年表を見て，次の問いに答えなさい。

(1)　a・bについて，次の図のA〜Dにあてはまる
国名を，それぞれ書きなさい。

A（　　　　　）　B（　　　　　）
C（　　　　　）　D（　　　　　）

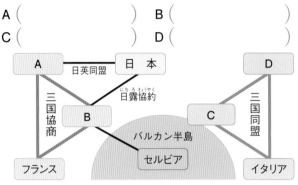

年	できごと
1882	三国同盟………………………… a
1907	三国協商………………………… b
1914	第一次世界大戦が始まる…… c
1917	ロシア革命が起こる………… d
1918	第一次世界大戦が終わる…… e
1919	ベルサイユ条約が結ばれる
1920	国際連盟が発足する………… f
1921	ワシントン会議が開かれる… g
1922	ソ連が成立する……………… h

(2)　セルビアとロシアは同じ民族です。何という民
族ですか。次から選びなさい。　（　　　　）
　ア　ラテン民族　　イ　ゲルマン民族
　ウ　スラブ民族

第一次世界大戦中のヨーロッパ

(3)　cのとき，日本は同盟国，連合国のどちらの側
につきましたか。　（　　　　　）

(4)　次の文にあてはまる都市名を，地図中からそれ
ぞれ選びなさい。

①　cの第一次世界大戦開戦のきっかけとなった
オーストリア皇位継承者夫妻が殺害される事件
が起こった。　（　　　　）

②　eの戦争の講和会議が開かれた。
　　　　　　　　　（　　　　）

③　fの国際連盟の本部が置かれた。　（　　　　）

(5)　dのロシア革命の背景について，次の文中の□□にあてはまる語句を，それぞれ書きな
さい。　　　　　①（　　　　）　②（　　　　）

> 第一次世界大戦が長引き，食料不足に苦しんだロシアの労働者
> や兵士が「 ① と平和」を求めて，各地に ② という代表会議
> を作った。

(6)　gの会議で決められたことを，次から選びなさい。（　　　　）
　ア　日英同盟の継続　　イ　遼東半島の中国への返還
　ウ　シベリア出兵　　　エ　海軍の軍縮

(7)　hのソ連で，共産主義実現をかかげ，労働者の運動を指導した
政党を何といいますか。　（　　　　　）

(3)イギリス側です。
(5)①食料のこと。
(6)ワシントン○○○○
　条約が結ばれました。
(7)中国や現在の日本に
　も同じ名前の政党が
　あります。

2 **第一次世界大戦と日本**　右の地図を見て，次の問いに答えなさい。

(1)　Aで社会主義革命を指導した人物，Bで日本の二十一か条の要求を受け入れた大総統はだれですか。次からそれぞれ選びなさい。A（　　　）　B（　　　）

ア　孫文（そんぶん）　　イ　レーニン
ウ　袁世凱（ユアンシーカイ）（えんせいがい）　　エ　スターリン

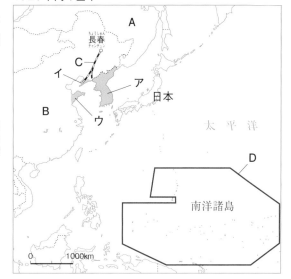

1920年代の日本

(2)　第一次世界大戦中に日本が占領した山東省（さんとうしょう）の位置を，地図中のア〜ウから選びなさい。　（　　　）

(3)　日本が利権を得ていたCの鉄道を何といいますか。　（　　　　　）

(4)　Dの島々は第一次世界大戦後どうなりましたか。次から選びなさい。（　　　）

ア　アメリカの植民地になった。　　イ　中国に返還された。
ウ　日本の委任統治領になった。　　エ　独立国になった。

(5)　次の文中の＿＿にあてはまる語句を，それぞれ書きなさい。

①（　　　　　）　②（　　　　　）

1920年に ① が発足すると，日本は常任理事国の１つとなり，② が事務次長として国際平和につくした。

(2)あと２つは遼東半島と朝鮮半島。
(4)大戦中の状態が維持されました。

第6章

3 **アジアの民族運動**　右の資料を見て，次の問いに答えなさい。

(1)　次の文の＿＿に共通してあてはまる語句を書きなさい。（　　　　　）

第一次世界大戦後，ヨーロッパでは＿＿が認められ，東ヨーロッパで多くの国が独立を果たしたが，アジアでは＿＿は認められなかった。

A　1919年５月４日，学生集会をきっかけに反帝国主義運動が全国に広がった。

B　1919年３月１日，知識人や学生が「（ a ）万歳」とさけんで，デモ行進を行った。

C　イギリスが，戦争に協力すれば自治をあたえるという約束を守らなかったため，ガンディーの指導で，非（ b ）不（ c ）の抵抗運動が盛り上がった。

(2)　A〜Cが起こった国・地域を，次からそれぞれ選びなさい。　A（　　　）
B（　　　）　C（　　　）

ア　中国　　イ　日本
ウ　朝鮮（ちょうせん）　　エ　インド

(3)　a〜cにあてはまる語句を，それぞれ漢字２字で書きなさい。

a（　　　　）　b（　　　　）　c（　　　　）

(4)　Cの下線部の国内では，戦争に協力した人々に初めて選挙権が認められました。それはどんな人ですか。次から選びなさい。

ア　労働者　　イ　女性　　ウ　奴隷（どれい）　　（　　　）

(1)ウィルソン大統領が唱えました。
(2)AとBは日付に着目。

予習・復習 こつこつ　解答 p.29

確認のワーク ステージ 1　2節　大正デモクラシーの時代

教科書の 要点 （　）にあてはまる語句を答えよう。

❶ 大正デモクラシーと政党内閣の成立　教 p.216〜217

● 第一次護憲運動／大戦景気と米騒動

◆第一次護憲運動 1912年 ▶ 藩閥の**桂太郎**内閣をたおす。

◆**大戦景気** ▶ 第一次世界大戦中の日本の好景気。工業が発達。

◆米騒動 1918年 ▶ 値段が急騰した米の安売りを求める運動。

　■原因 ▶ （①　　　　　　　　　）を見こした商人の買いしめ。
　ロシア革命に干渉

　■結果 ▶ 政府は軍隊を出して鎮圧。**寺内正毅**内閣が退陣。

● 本格的な政党内閣の成立／大正デモクラシーの思想

◆**原敬** ▶ 本格的な（②　　　　　　　　）内閣を組織。
　平民宰相と呼ばれる

　■大臣の大部分が（③　　　　　　　　）の党員。
　政党政治の中心

◆**大正デモクラシー** ▶ 大正時代，民主主義が強く唱えられる。

　■**吉野作造** ▶ （④　　　　　　　）主義を唱える。
　デモクラシーの独自訳

　■**美濃部達吉** ▶ （⑤　　　　　　　）機関説を唱える。
　天皇は国家の最高機関

❷ 広がる社会運動と男子普通選挙の実現　教 p.218〜219

● 社会運動の広がり／差別からの解放を求めて／女性による運動

◆労働運動 ▶ ストライキなどの（⑥　　　　　　　）が増加。

　■日本初のメーデー 1920年 。

◆農民運動 ▶ **小作争議**が増加。
　こさく

◆（⑦　　　　　　　）運動 ▶ ロシア革命の影響。

◆**部落解放運動** ▶ 全国（⑧　　　　　　　）の結成 1922年 。

◆**民族解放運動** ▶ 北海道（⑨　　　　　　　）協会の結成。

◆女性運動 ▶ **平塚らいてう**が**青鞜社**や新婦人協会を結成。
　「元始，女性は実に太陽であった。」　　　　　市川房枝も協力

● 男子普通選挙の実現

◆第二次護憲運動 1924年 ▶ **加藤高明**による連立内閣成立。

◆普通選挙法 1925年 ▶ 満25歳以上の男子に選挙権。
　ふつう

◆治安維持法 1925年 ▶ （⑩　　　　　　　）を取りしまるため。
　いじ　　　　　　　　私有財産を否定

❸ 新しい文化と生活　教 p.220〜221

● 教育の広がり ▶ 中等・高等教育が広がる。

● メディアの発達と文化の大衆化／新しい思想や文化

◆活字文化 ▶ 100万部をこえる新聞，週刊誌，総合雑誌の発行。

◆（⑪　　　　　　　）放送の開始 1925年 。

● 都市の生活 ▶ ガス・水道・電気が普及。働く女性が増加。
　　　　　　　　　　　　　　　　　ふきゅう

◆「文化住宅」の流行。　◆ライスカレーなどの洋食の普及。
　洋間がある家

大戦中，鉄鋼や造船で急に大金持ちになった人は，将棋の駒にたとえて成金と呼ばれたよ！

1912	第一次護憲運動
1918	米騒動
	シベリア出兵
	原敬の政党内閣
1920	新婦人協会設立
	第1回メーデー
1921	日本労働総同盟
1922	全国水平社結成
	日本農民組合結成
	日本共産党結成
1923	関東大震災
1924	第二次護憲運動
1925	ラジオ放送開始
	治安維持法
	普通選挙法

1922年，日本共産党が非合法に結成されたよ。

↓大正時代の思想・文化

学問	西田幾多郎（哲学） 柳宗悦（民芸運動）
文学	**志賀直哉**…白樺派 谷崎潤一郎「細雪」 芥川龍之介「羅生門」 小林多喜二「蟹工船」 …プロレタリア文学
美術	岸田劉生（洋画） 竹久夢二（洋画）
音楽	野口雨情（童謡） 山田耕筰（洋楽） 宮城道雄（邦楽）

教科書の 資料 次の問いに答えよう。

(1) 右の資料は，有権者数の増加を示した
ものです。□にあてはまる数字をそれ
ぞれ書きなさい。

A（　　　　） B（　　　　）

(2) Xの前年，日本で初めての本格的な政
党内閣を組織し，納税額の制限を引き下
げた内閣総理大臣はだれですか。

（　　　　　　　　　　）

(3) Yの年，普通選挙法が成立しました。
このときの内閣総理大臣はだれですか。

（　　　　　　　　　　）

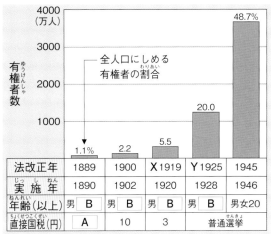

法改正年	1889	1900	X 1919	Y 1925	1945
実施年	1890	1902	1920	1928	1946
年齢(以上)	男 B	男 B	男 B	男 B	男女20
直接国税(円)	A	10	3	普通選挙	

（総務省資料ほか）

チェック
教科書 一問一答 次の問いに答えよう。　　/10問中

★は教科書の太字の語句

1 大正デモクラシーと政党内閣の成立

①藩閥の桂太郎内閣に対し，憲法に基づく政治を守ろう
と新聞や知識人が起こした運動を何といいますか。
★①＿＿＿

②第一次世界大戦中の日本の好景気を何といいますか。
★②＿＿＿

③1918年，富山県から全国に広がった米の安売りを求め
る運動を何といいますか。
★③＿＿＿

④大正時代，とくに第一次世界大戦後の，民主主義が強
く唱えられた風潮を何といいますか。
★④＿＿＿

⑤政治は一般民衆の意向に沿って行われるべきだという
民本主義を唱えた政治学者はだれですか。
★⑤＿＿＿

2 広がる社会運動と男子普通選挙の実現

⑥農村で起きた，小作料の減額を求める運動を何といい
ますか。
★⑥＿＿＿

⑦青鞜社を結成したり，市川房枝らと新婦人協会を結成
したりして，女性の解放を訴えたのはだれですか。
★⑦＿＿＿

⑧満25歳以上の男子全てに選挙権をあたえることとした
法律を何といいますか。
★⑧＿＿＿

⑨⑧と同時に制定された，共産主義を取りしまる法律を
何といいますか。
★⑨＿＿＿

3 ⑩古典を題材にした「羅生門」や，子ども向けの「蜘蛛
の糸」などの短編小説を書いたのはだれですか。
★⑩＿＿＿

知識の泉 平民宰相の名で親しまれた原敬は，華族の爵位を持たない初めての首相でした。暗殺され，死
後伯爵の位を贈るという話を原の妻は辞退し，「平民」の名を貫き通したそうです。

第6章

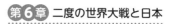

こつこつ テスト直前 解答 p.29

2節　大正デモクラシーの時代

1 大正デモクラシー　右の年表を見て，次の問いに答えなさい。

(1) 次の文にあてはまる人物を，　　　からそれぞれ選びなさい。

① aの第一次護憲運動で退陣させられた藩閥の首相。（　　　　　　）

② bの米騒動の責任を取って辞めた首相。（　　　　　　）

③ 天皇機関説を唱えて，cの政党内閣制を理論的に支えた憲法学者。（　　　　　　）

④ dの第二次護憲運動の結果，連立内閣を組んだ憲政会の党首。（　　　　　　）

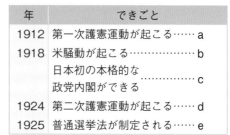

年	できごと
1912	第一次護憲運動が起こる……a
1918	米騒動が起こる………………b
	日本初の本格的な 政党内閣ができる………………c
1924	第二次護憲運動が起こる……d
1925	普通選挙法が制定される……e

吉野作造　　原敬　　美濃部達吉
寺内正毅　　桂太郎　　加藤高明

(2) 右のグラフを見て，次の文中の　　　にあてはまる語句を，それぞれ書きなさい。

①（　　　　　　）
②（　　　　　　）

1914年に始まった ① の影響で，欧米からの輸入が減ったため，日本では ② が盛んになって，1919年には生産総額の半分以上をしめるようになった。

諸産業の生産額の変化

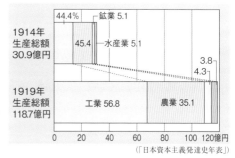

（「日本資本主義発達史年表」）

(3) bの米騒動に関係の深い世界の出来事を，次から選びなさい。（　　　　　　）

ア　アメリカ南北戦争　　イ　ロシア革命
ウ　甲午農民戦争　　エ　義和団事件

(4) cの内閣について，次の文中の　　　にあてはまる語句を，それぞれ書きなさい。

①（　　　　　　）②（　　　　　　）

この内閣は，海軍・陸軍・外務大臣以外は，全て，国民が選挙で選んだ代表から成る ① 院で最も多くの議席を占める政党の党員だった。また，首相を務めた人物は「 ② 宰相」と呼ばれ，親しまれていた。

(5) eの普通選挙法で選挙権をあたえられたのはどのような人々ですか。次から選びなさい。（　　　　　　）

ア　満20歳以上の男子。　　イ　満20歳以上の男女。
ウ　満25歳以上の男子。　　エ　満25歳以上の男女。

(6) 治安維持法の制定と同じ年の出来事を，a・c・d・eから選びなさい。（　　　　　　）

ヒントの森
(1)残る1人は民本主義を唱えた政治学者，もう1人はcの内閣の首相。
(2)②グラフの中の語句。
(3)第一次世界大戦中に起きた出来事です。
(4)②華族ではありません。

全部できたら，➡に✔をかいて😊にしよう！ 😐 😐 😐

2 広がる社会運動　右の資料を見て，次の問いに答えなさい。

(1) A・Bの宣言に関係の深い団体を，次からそれぞれ選びなさい。

A（　　　　　　　　）

B（　　　　　　　　）

| 全国水平社　　　北海道アイヌ協会 |
| 日本共産党　　　青鞜社 |

(2) Bの文は，雑誌の創刊号に載せられました。この文を書いたのはだれですか。　（　　　　　　　　）

A 全国に散在する部落の人々よ，団結せよ。ここに我々が人間を尊敬することによって，自らを解放しようとする運動を起こしたのは当然である。……
　　　人の世に熱あれ，人間に光あれ。

B 元始，女性は実に太陽であった。真正の人であった。今，女性は月である。他によって生き，他の光によってかがやく，病人のように青白い顔の月である。私たちはかくされてしまった我が太陽を今や取りもどさなくてはならない。

(3) Bが出されたころの社会運動について述べた次の文中の◻︎にあてはまる語句を，それぞれ書きなさい。

①（　　　　　　　　）　②（　　　　　　　　）

都市では労働者が権利を主張して，1920年5月2日に日本で初めての ① が開催された。農村では， ② 料の減額を求めて ② 争議がたびたび起きた。

> **ヒントの森**
> (1)Aは「解放」，Bは「女性」に着目します。
> (3)①カタカナ4字。②地主から土地を借りて耕作すること。

3 新しい文化と生活　次の問いに答えなさい。

(1) 右の写真は1925年の部屋の様子です。ここに見られる新しいメディアは何ですか。　（　　　　　　　　）

(2) 次の文にあてはまる人物を，あとからそれぞれ選びなさい。　①（　　　　）　②（　　　　）
　③（　　　　）　④（　　　　）　⑤（　　　　）

① 東洋と西洋の哲学を統一しようとした哲学者。

② 「白樺派」の小説家。

③ 「細雪」を書いた小説家。

④ 労働者の生活をえがくプロレタリア文学の小説家。

⑤ 日本初の職業オーケストラを作った洋楽家。

ア　志賀直哉　　イ　小林多喜二　　ウ　岸田劉生

エ　山田耕筰　　オ　谷崎潤一郎　　カ　西田幾多郎

(3) 大正時代の文化や都市の生活について正しいものを，次から2つ選びなさい。　（　　　　）（　　　　）

ア　活版印刷が普及し，新聞や雑誌が初めて発行された。

イ　ガス，水道，電気が普及した。

ウ　現在の和室の原型になる「文化住宅」が人気になった。

エ　小学校の就学率が100％近くなり，義務教育が6年になった。

オ　バスガールや電話交換手など，働く女性が増えた。

> **ヒントの森**
> (2)残りの1人は画家です。
> (3)明治時代の内容が2つ混じっています。また，内容がまちがっている文が1つあります。

予習・復習 こつこつ 解答 p.30

確認のワーク ステージ **1**　　**3節　世界恐慌と日本の中国侵略①**

教科書の **要点**（　　）にあてはまる語句を答えよう。

① 世界恐慌とブロック経済　教 p.222〜223

●**世界恐慌の始まり**

◆**世界恐慌**▶世界経済の中心国（①　　　　　）から始まった大不況が世界中に広まる。

■ニューヨークの株式市場で株価が大暴落 **1929年**。

■（②　　　　　　　　　）や企業が倒産→失業者があふれる。
　　　　　資金の貸し付けを行う

●**ニューディール/ブロック経済**

◆**アメリカ**▶ローズベルト大統領がニューディール政策を行う。

■農業・工業生産の調整。　　■労働組合の保護。

■公共事業をおこす▶（③　　　　　　　）に職をあたえる。
　ダム建設など

■保護貿易▶輸入先の国が打撃を受ける。

◆**イギリス・フランス**▶ブロック経済政策。

■本国と（④　　　　　　　）との貿易を拡大。

■他の国の商品に高い（⑤　　　　　　　）をかける。

◆**ソ連**▶「（⑥　　　　　　　）」を採り，大不況の影響を受けなかった。
　　　　　　計画経済

② 欧米の情勢とファシズム　教 p.224〜225

●**ファシズム**

◆**ファシズム**▶強い者が弱い者を支配する政治運動。

◆**全体主義**▶個人の自由や民主主義を否定する考え。

◆**スペイン**▶内戦の結果，ファシズムの政府が成立。

●**イタリアのファシズム**

◆**戦後の状況**▶戦勝国だが，経済が混乱。

◆**ムッソリーニ**▶（⑦　　　　　　　）党を率い，独裁政治。

■言論・集会の自由の制限。

■（⑧　　　　　　　）の侵略・併合。
　アフリカで独立を保っていた数少ない国

●**ドイツのファシズム**

◆**戦後の状況**▶（⑨　　　　　　　）条約の賠償金が重い負担。

◆**ヒトラー**▶（⑩　　　　　　　）を率い，独裁政治。
　　　　　　　国民社会主義ドイツ労働者党

■ユダヤ人や共産主義者の迫害。

■国際連盟から脱退。

■軍備の増強▶公共事業と軍需産業で経済を回復させる。

■秘密警察▶国民を監視＝（⑪　　　　　　　）主義国家。

1922	イタリアにファシスト党政権成立
1928	ソ連で五か年計画（第一次）開始
1929	世界恐慌
1933	ドイツにナチス政権成立 アメリカがニューディール政策開始
1936	イタリアがエチオピア併合

↓主な国の鉱工業生産

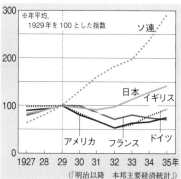

※年平均，1929年を100とした指数

（「明治以降 本邦主要経済統計」）

1929年を境にどの国も生産が落ちこんでるけど，ソ連だけは成長してるね。

↓ムッソリーニとヒトラー

😊 まるごと暗記　😊 世界恐慌 1929年からの世界的な大不況　　😊 ブロック経済 世界恐慌に対するイギリスの対策

 教科書の 資 料 次の問いに答えよう。

(1) 右の地図の A～C にあてはまる
国を、次からそれぞれ選びなさい。

A（　　　　　　　）

B（　　　　　　　）

C（　　　　　　　）

｜ アメリカ　　フランス
｜ スペイン　　イギリス

↓1929年から1939年までの経済圏

□ A の経済圏（けいざいけん）　■ ドイツの経済圏
□ B の経済圏　　　　　　　　　▨ 日本の経済圏
□ C の経済圏

0　　　4000km

(「タイムズ世界歴史地図」ほか)

(2) 地図のように、関係の深い国や
地域を囲いこんで、その中だけで
経済を成り立たせる仕組みを何といいますか。

（　　　　　　　　　　　　　）

教科書 チェック 一 問 一 答 次の問いに答えよう。　　　　/10問中

★は教科書の太字の語句

1 世界恐慌とブロック経済

①アメリカのニューヨークで株価が大暴落したことから、
世界中に深刻な不況が広がったことを何といいますか。

☐★①＿＿＿＿＿＿＿

②①に対し、アメリカで行われた新規巻き直しの政策を
何といいますか。

☐★②＿＿＿＿＿＿＿

③②を進めた大統領はだれですか。

☐③＿＿＿＿＿＿＿

2 欧米の情勢とファシズム

④「五か年計画」という計画経済を進めていたため、大
不況の影響を受けず、成長を続けた国はどこですか。

☐④＿＿＿＿＿＿＿

⑤他民族への攻撃や侵略を正当化し、強い者が弱い者を
支配する社会を目指す政治運動を何といいますか。
（こうげき）

☐★⑤＿＿＿＿＿＿＿

⑥個人の自由や民主主義を否定し、強い指導者に従うべ
きだという考えを何といいますか。

☐★⑥＿＿＿＿＿＿＿

⑦第一次世界大戦の戦勝国でありながら、戦争の被害が
大きく、経済が混乱していた国はどこですか。
（ひがい）

☐⑦＿＿＿＿＿＿＿

⑧⑦の国でファシスト党を率いて首相となり、ほかの政
党を禁止して独裁を行ったのはだれですか。

☐★⑧＿＿＿＿＿＿＿

⑨第一次世界大戦の敗戦国で、ベルサイユ条約の賠償金
が重い負担となっていた国はどこですか。

☐⑨＿＿＿＿＿＿＿

⑩⑨の国でナチスを率いて首相となり、ほかの政党を解
散させて独裁を行ったのはだれですか。

☐★⑩＿＿＿＿＿＿＿

 知 識 の 泉　世界恐慌は1929年10月24日にニューヨークのウォール街での株価暴落から始まりました。この
日は木曜日だったので、「暗黒の木曜日（Black Thursday）」と呼ばれています。

第6章

予習・復習 こつこつ 解答 p.30

確認のワーク ステージ1　3節　世界恐慌と日本の中国侵略②

📖教科書の 要点 （　）にあてはまる語句を答えよう。

❶ 昭和恐慌と政党内閣の危機　　教 p.226～227

●政党政治の進展と行きづまり／昭和恐慌

◆憲政の常道▶（①　　　　　　　　）内閣後，政党政治が続く。
　　　　　　　　　　　　　　　　男子普通選挙を実現

◆戦後の経済▶不況が続き，労働争議や小作争議が増加。

　■金融恐慌 1927年 ▶関東大震災の影響で多くの銀行が休業。

　■昭和恐慌▶世界恐慌の影響。米やまゆの価格の暴落。
　　　　　　　　　　　　　　　　　　アメリカ向け生糸の原料

●難航する外交

◆中国▶国民党の蔣介石が南京に国民政府。共産党と対立。

◆日本▶満州で軍閥の張作霖を爆殺，支配拡大をねらうが失敗。
　　　　　　　　　　　　チャンツォリン

　■（②　　　　　　　　）海軍軍縮条約▶浜口雄幸内閣が結ぶ。

❷ 満州事変と軍部の台頭　　教 p.228～229

●満州事変と日本の国際的な孤立

◆満州事変 1931年 ▶柳条湖事件で関東軍が軍事行動を開始。
　　　　　　　　　　　　リウティアオフー

　■（③　　　　　　　　）の建国▶溥儀を元首とする。
　　　　　　　　　　　　　　　　　　プイ 清の最後の皇帝

◆（④　　　　　　　　）の脱退 1933年 ▶リットン調査団の報告
　に基づき，満州国の不承認と日本の撤兵を求めたため。

◆（⑤　　　　　　　　）防共協定▶ファシズムに近づく。

●軍部の発言力の高まり

◆五・一五事件 1932年 ▶海軍将校が犬養毅首相を暗殺。

◆二・二六事件 1936年 ▶陸軍将校が東京中心部を占拠。

●経済の回復と重化学工業化▶綿製品の輸出が増え，不況
　を脱する。政府による軍需品生産と保護で重工業が発達。

❸ 日中戦争と戦時体制　　教 p.230～231

●日中戦争の開始と長期化

◆（⑥　　　　　　　）戦争 1937年 ▶盧溝橋事件が拡大。
　　　　　　　　　　　　　　　　　北京郊外で日中が衝突

　■抗日民族統一戦線▶蔣介石の（⑦　　　　　　）党
　　と毛沢東の（⑧　　　　　　）党が協力。
　　　マオツォトン

　■南京事件▶日本軍が首都（⑨　　　　　　）を占領。

●強まる戦時体制／皇民化政策▶総力戦に備える。

◆（⑩　　　　　　　）法の制定 1938年 ▶近衛文麿内閣。

◆政党は解散し，（⑪　　　　　　）会に合流 1940年 。

◆国民の統制▶配給制・切符制。隣組の結成。軍国主義教育。
　　　　　　　　　　　　　きっぷ　　となりぐみ

◆皇民化政策▶植民地で創氏改名・神社への参拝を強要。
　　　　　　　　　　　　　　日本式の姓名にする

1923	関東大震災
1924	加藤高明内閣成立
1927	金融恐慌
	中国国民政府成立
1928	日本で男子普通選挙
1930	昭和恐慌
	ロンドン海軍軍縮条約
1931	満州事変
1932	「満州国」建国
	五・一五事件
1933	国際連盟脱退
1936	二・二六事件
	日独防共協定
1937	日中戦争
	中国共産党と国民党
	が手を結ぶ
1938	国家総動員法
1940	大政翼賛会

関東軍は柳条湖で南満州鉄道を爆破したんだ。

↓満州事変の広がり

□	満州国の範囲
←	日本軍の進路
数字	日本軍の占領 または戦闘年月(日)

「満州国」は実質的に日本が支配したよ。多くの国民が開拓民として送り込まれたんだ！

満州事変 1931年，日本軍が中国東北部を占領　　日中戦争 1937年からの中国との全面戦争

📖 教科書の 資 料 次の問いに答えよう。

(1) 右の資料は，1932年5月16日の新聞記事です。
何というできごとについての記事ですか。
（　　　　　　　　　）

(2) 写真の人物は，この事件で暗殺された当時の
首相です。この首相はだれですか。
（　　　　　　　　　）

(3) 次の文中の□□にあてはまる語句を，それぞ
れ書きなさい。　①（　　　　　　　　　）
②（　　　　　　　　　）

1924年の加藤高明（かとうたかあき）内閣以来，二大政党の党首が内閣を組織し，「憲政の ① 」と呼ばれ
ていたが，この事件により ② 政治の時代は終わった。

📖 教科書 チェック 一 問 一 答 次の問いに答えよう。
　　　　　　　　　　　　　　　　　　　　　　　　　　　/10問中

★は教科書の太字の語句

1
昭和恐慌と政党内閣の危機

①1923年に起きた，東京・横浜（よこはま）周辺に大きな被害をもた
らした自然災害を何といいますか。
☐ ①★＿＿＿＿＿＿＿

②①の後の混乱で発生し，多くの銀行が休業に追いこま
れた不況を何といいますか。
☐ ②＿＿＿＿＿＿＿

③世界恐慌の影響が日本におよんで発生した深刻な不況
を何といいますか。
☐ ③★＿＿＿＿＿＿＿

2
満州事変と軍部の台頭

④1931年，奉天（ほうてん）郊外で南満州鉄道の線路が爆破された事
件を何といいますか。
☐ ④＿＿＿＿＿＿＿

⑤④をきっかけに，関東軍が軍事行動を起こして，中国
東北部を占領した出来事を何といいますか。
☐ ⑤★＿＿＿＿＿＿＿

⑥1936年，陸軍の青年将校が大臣などを殺傷（さっしょう）し，東京の
中心部を占拠した事件を何といいますか。
☐ ⑥★＿＿＿＿＿＿＿

3
日中戦争と戦時体制

⑦1937年，北京（ペキン）郊外で日本と中国の軍が武力衝突（しょうとつ）した出
来事を何といいますか。
☐ ⑦＿＿＿＿＿＿＿

⑧日中戦争のときの中国共産党の指導者はだれですか。
☐ ⑧★＿＿＿＿＿＿＿

⑨米が決められた量だけ配られる仕組みを何といいます
か。
☐ ⑨＿＿＿＿＿＿＿

⑩朝鮮（ちょうせん）や台湾で行われた，日本語の使用や神社参拝を強
制し，姓名（せいめい）を日本式に改めさせる政策を何といいますか。
☐ ⑩★＿＿＿＿＿＿＿

 知識の泉　溥儀が清の皇帝になったのは2歳のとき。5歳で辛亥革命が起こり，終戦時にはソ連の捕虜と
なり，中国に送還され刑務所で思想教育を受けました。最期は一市民として亡くなったそうです。

第6章

こつこつ　テスト直前　解答 p.31

定着のワーク　ステージ2　3節　世界恐慌と日本の中国侵略

1 第一次世界大戦後の欧米　右の資料を見て，次の問いに答えなさい。

よく出る

(1)　右の資料を見ると，1929年以降，ほとんどの国の鉱工業生産が落ちこんでいます。この年，世界中に広まった深刻な不況を何といいますか。

（　　　　　）

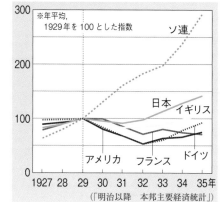

主な国の鉱工業生産

※年平均，1929年を100とした指数

ソ連　日本　イギリス　アメリカ　フランス　ドイツ

1927 28 29 30 31 32 33 34 35年

（「明治以降　本邦主要経済統計」）

(2)　次の文にあてはまる国を，資料中からそれぞれ選びなさい。

①　(1)のきっかけを作り，鉱工業生産の落ちこみが最も大きかった国。　（　　　　　）

②　(1)の影響を受けず，鉱工業生産をのばした国。

（　　　　　）

(3)　次の国が行った政策を，　　　からそれぞれ選びなさい。ただし，同じ語句を何度選んでもかまいません。

①　ソ連　　　（　　　　　）

②　イギリス　（　　　　　）

③　ドイツ　　（　　　　　）

④　アメリカ　（　　　　　）

⑤　フランス　（　　　　　）

ファシズム
五か年計画
ブロック経済
ニューディール

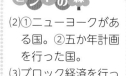

ヒントの森

(2)①ニューヨークがある国。②五か年計画を行った国。

(3)ブロック経済を行った国は2つあります。

2 第一次世界大戦後の日本　次の文を読んで，あとの問いに答えなさい。

　　第一次世界大戦後，日本では，慢性的な不況が続いていた。a1923年に起きた大規模な自然災害の影響などで，1927年には多くの銀行が休業に追いこまれた。b1930年になると，都市では多くの企業が倒産して失業者が増え，労働者がストライキなどの（　A　）を起こした。農村では米や生糸の原料である（　B　）の価格が暴落して生活が苦しくなり，小作料の減額を求める（　C　）が激しくなった。

　　中国では南京に成立した（　D　）政府が列強の持つ権益の回収を進めた。c中国に駐留していた日本軍は，軍閥の一人を爆殺して支配を強めようとしたが，かえって（　D　）政府の支配が満州にまでおよぶことになった。

(1)　（　　）にあてはまる語句を，それぞれ書きなさい。

A（　　　　　）　B（　　　　　）

C（　　　　　）　D（　　　　　）

(2)　下線部aを何といいますか。　　（　　　　　）

(3)　下線部bの大不況を何といいますか。　（　　　　　）

(4)　下線部cを何といいますか。　　（　　　　　）

ヒントの森

(1)D国民党の政府。

(2)東京・横浜に大きな被害が出ました。

(3)この年の元号がついた恐慌です。

3 日本の中国侵略 　右の年表と地図を見て，次の問いに答えなさい。

(1) A～Dのときの首相を，▭からそれぞれ選びなさい。

A （　　　　　）
B （　　　　　）
C （　　　　　）
D （　　　　　）

年	できごと
1925	A普通選挙法を制定する
1930	Bロンドン海軍軍縮条約を結ぶ
1931	満州事変が起こる
1932	満州国の建国‥‥‥‥‥‥‥‥‥a
	C五・一五事件が起こる
1933	国際連盟を脱退する‥‥‥‥‥b
1936	二・二六事件が起こる
	日独防共協定を結ぶ
1937	日中戦争が始まる‥‥‥‥‥‥c
1938	D国家総動員法を制定する
1940	大政翼賛会が結成される‥‥‥d

近衛文麿（このえふみまろ）　加藤高明（かとうたかあき）　原敬（はらたかし）
浜口雄幸（はまぐちおさち）　寺内正毅（てらうちまさたけ）　犬養毅（いぬかいつよし）

(2) 次の文にあてはまる語句を，年表中からそれぞれ選びなさい。

① 地図中のXで日中両国軍が衝突して始まった戦争。　（　　　　　）

② 地図中のYで鉄道の線路が爆破されたことをきっかけに始まった軍事行動。　（　　　　　）

③ 共同で共産主義勢力の進出に対抗するために結ばれた協定。　（　　　　　）

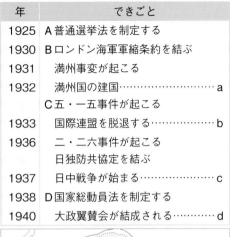

(3) aの満州国の範囲を，地図中のア～ウから選びなさい。　（　　　　　）

(4) bの国際連盟が満州事変の調査のために派遣した調査団を何といいますか。　（　　　　　）

(5) cの日中戦争が始まると，中国共産党と中国国民党は，抗日運動のために協力しました。

① この協力関係を何といいますか。　（　　　　　）

② このときの共産党，国民党の指導者を，次からそれぞれ選びなさい。

共産党（　　　　　）　国民党（　　　　　）

ア 張作霖（チャンツォリン）　イ 溥儀（プイ）　ウ 蔣介石（チャンチェシー）　エ 毛沢東（マオツォトン）

(6) cの日中戦争について，日本軍が中国の首都を占領したとき，一般人にも多くの犠牲者が出ました。この事件を何といいますか。　（　　　　　）

(7) dのころの戦時体制について述べた次の文中の▭にあてはまる語句を，それぞれ書きなさい。　①（　　　　　）　②（　　　　　）　③（　　　　　）　④（　　　　　）

日中戦争が長期化したため，①戦に備えて，ほとんどの②が解散して新たに結成された大政翼賛会（たいせいよくさんかい）に合流した。また，住民の相互監視（かんし）のために③が結成され，小学校でも④主義的な教育が行われるようになった。

(8) dのころ，砂糖（さとう）とマッチは入手できる点数が決められました。これを何といいますか。　（　　　　　）

ヒントの森
(1)A「憲政の常道」が始まったときの首相。
(2)Xは北京郊外，Yは奉天郊外。
(8)配給制とまちがえないように。

第6章

予習・復習 こつこつ 解答 p.31

確認のワーク ステージ1　4節　第二次世界大戦と日本

教科書の 要点 （　）にあてはまる語句を答えよう。

❶ 第二次世界大戦の始まり　教 p.232〜233

●**大戦の開始**▶（①　　　　　　）が独ソ不可侵条約を結んで，ポーランドに侵攻→（②　　　　　　）開戦 1939年。

●**戦争の拡大**▶ドイツがフランスを降伏させ，イギリスを空襲。
（③　　　　　　）条約を破り，ソ連にも侵攻する。

◆**枢軸国**▶（④　　　　　　）三国同盟を結ぶ 1940年。

◆**連合国**▶アメリカのローズベルト大統領とイギリスのチャーチル首相が（⑤　　　　　　）憲章を発表。ソ連を援助。

●**ドイツの占領政策**▶（⑥　　　　　　）人をアウシュビッツなどの強制収容所に送る。ヨーロッパ各地でレジスタンス。
ドイツに対する抵抗運動

❷ 太平洋戦争の開始　教 p.234〜235

●**日本の南進**▶日中戦争が長期化。石油やゴムを獲得しようと，（⑦　　　　　　）領インドシナに進軍。

◆日ソ中立条約 1941年。　　◆「大東亜共栄圏」構想。

●**日米交渉の決裂／太平洋戦争の始まり**

◆（⑧　　　　　　）包囲陣▶日本への石油輸出禁止。

◆太平洋戦争の開始 1941年▶東条英機内閣による。

■アメリカのハワイの（⑨　　　　　　）湾を攻撃。

■（⑩　　　　　　）領マレー半島に上陸。

❸ 戦時下の人々　教 p.236〜237

●**国民の動員**▶メディアが戦意高揚，情報は政府が統制。

◆**学徒出陣**▶文科系の（⑪　　　　　　）を召集。

◆**勤労動員**▶中学生・女学生は軍需工場で労働。

◆**疎開**▶都市の小学生は空襲をさけ，集団で地方に移住。

●**植民地と占領地**▶強制労働や物資の徴発が行われる。

●**総力戦と犠牲者**▶空襲などで民間人に多くの犠牲者が出る。

❹ 戦争の終結　教 p.238〜239

●**イタリアとドイツの降伏**

◆イタリア降伏 1943年9月。　　◆ドイツ降伏 1945年5月。

●**空襲と沖縄戦／日本の降伏** 1945年

◆3月東京大空襲・（⑫　　　　　　）戦。
焼夷弾による無差別爆撃　　　　　　アメリカ軍が上陸して地上戦

◆8月6日**広島**，9日**長崎**に原子爆弾（原爆）投下。

◆8月8日ソ連参戦。　◆8月15日ポツダム宣言受諾を発表。
ヤルタ会談で密約　　　　　　　昭和天皇が玉音放送（ラジオ）で伝える

1939	第二次世界大戦開始
1940	日独伊三国同盟
1941	日ソ中立条約
	大西洋憲章発表
	太平洋戦争開始
1943	イタリア降伏
1945	ヤルタ会談
	東京大空襲
	沖縄戦
	ドイツ降伏
	ポツダム宣言発表
	広島・長崎に原爆投下
	ポツダム宣言受諾

↓太平洋戦争をめぐる国際関係

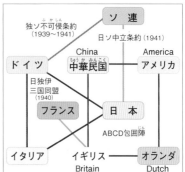

↓太平洋戦争をめぐる国際関係の図
独ソ不可侵条約（1939〜1941）／日ソ中立条約（1941）／China 中華民国／America アメリカ／ドイツ／日独伊三国同盟（1940）／フランス／日本／ABCD包囲陣／イタリア／イギリス／オランダ／Britain／Dutch

開戦後，日本は短期間で支配地を広げたけど，ミッドウェー海戦で負けると，進軍は止まったよ。サイパン島が陥落すると空襲がはげしくなったんだ。

↓ポツダム宣言　日本軍の無条件降伏と日本の民主化を求めた

7…日本に平和，安全，正義の秩序が建設されるまでは，連合国が日本を占領する。

8　…日本の主権がおよぶのは，本州，北海道，九州，四国と，連合国が決める島に限る。

まるごと暗記 第二次世界大戦 ドイツが周辺国を占領　太平洋戦争 日本とアメリカなどとの戦い

教科書の 資料　次の問いに答えよう。

(1)　右の資料は，1945年の夏に新型の爆弾が投下された都市の様子です。

① この爆弾を何といいますか。

（　　　　　　　　　）

② この都市はどこですか。

（　　　　　　　　　）

③ この都市に爆弾が落とされた月日を書きなさい。

（　　　　　　　　　）

(2)　(1)の爆弾は，同じ月に別の都市にも投下されました。その都市はどこですか。

（　　　　　　　　　）

教科書 一問一答 チェック　次の問いに答えよう。

/10問中

★は教科書の太字の語句

1 第二次世界大戦の始まり

①イギリス・フランス・ソ連などを連合国というのに対して，ドイツ・イタリア・日本は何と呼ばれましたか。

★① ＿＿＿＿＿

②ヨーロッパ各地で起こった，ドイツへの協力拒否や，武力による抵抗運動を何といいますか。

★② ＿＿＿＿＿

2 太平洋戦争の開始

③日本が創ろうとした，日本の指導の下でアジアが繁栄することを目的としたまとまりを何といいますか。

★③ ＿＿＿＿＿

④1941年，日本がアメリカやイギリスと始めた戦争を何といいますか。

★④ ＿＿＿＿＿

3 戦時下の人々

⑤徴兵を猶予されていた文科系の大学生が軍隊に召集されたことを何といいますか。

★⑤ ＿＿＿＿＿

⑥労働力不足を補うため，中学生や女学生，未婚女性などが軍需工場で働かされたことを何といいますか。

★⑥ ＿＿＿＿＿

⑦都市の小学生が，空襲をさけるため，親元をはなれて集団で地方に移り住んだことを何といいますか。

★⑦ ＿＿＿＿＿

4 戦争の終結

⑧1945年3月，日本の首都がアメリカ軍の焼夷弾による無差別爆撃を受けたことを何といいますか。

★⑧ ＿＿＿＿＿

⑨1945年2月，イギリス・アメリカ・ソ連の首脳がソ連の対日参戦などを決めた会談を何といいますか。

★⑨ ＿＿＿＿＿

⑩1945年7月に連合国が発表した，日本の無条件降伏を求めた宣言を何といいますか。

★⑩ ＿＿＿＿＿

 知識の泉　ナチスがユダヤ人を迫害したアウシュビッツ強制収容所（ポーランド）や，広島の原爆ドームは，悲惨な歴史を後世に伝える「負の遺産」として世界文化遺産に登録されています。

第6章

こつこつ　テスト直前　解答 p.32

ステージ2　4節　第二次世界大戦と日本

1 **第二次世界大戦**　右の地図を見て，次の問いに答えなさい。

(1)　次の文にあてはまる国名を，地図中からそれぞれ選びなさい。

① ドイツがこの国に侵攻し，第二次世界大戦が始まった。
（　　　　　　　　）

② 首都パリが占領され，ドイツに降伏した。
（　　　　　　　　）

③ この国のチャーチル首相がアメリカ大統領とともに大西洋憲章を発表した。　（　　　　　　　　）

④ 枢軸国の一員で，最も早く連合国に降伏した。（　　　　　　　　）

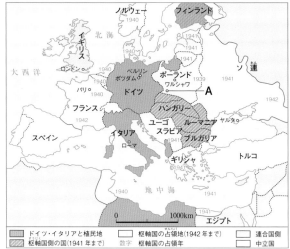

第二次世界大戦中のヨーロッパ

ドイツ・イタリアと植民地　□ 枢軸国の占領地（1942年まで）　□ 連合国側
枢軸国側の国（1941年まで）　数字 枢軸国の占領年　　　　　　□ 中立国

(2)　**A**にはユダヤ人の強制収容所が造られました。**A**の地名を書きなさい。
（　　　　　　　　）

(3)　ヨーロッパ各地で起こったドイツに対する抵抗運動をカタカナで何といいますか。
（　　　　　　　　）

ヒントの森
(1)①ドイツの東隣。
②ドイツの西隣。

2 **太平洋戦争前の国際関係**　右の図を見て，次の問いに答えなさい。

(1)　（　　）にあてはまる語句を，[　　]からそれぞれ選びなさい。

A（　　　　　　　）　B（　　　　　　　）

C（　　　　　　　）

[　三国同盟　不可侵条約　防共協定　中立条約　]

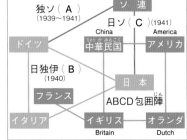

太平洋戦争をめぐる国際関係

(2)　□□の国々は何と呼ばれましたか。
（　　　　　　　　）

(3)　□□の国々は何と呼ばれましたか。（　　　　　　　　）

(4)　ABCD包囲陣について，次の文中の□にあてはまる語句を，それぞれ書きなさい。　①（　　　　　　　）

②（　　　　　　　）　③（　　　　　　　）

　①戦争が長引いていた日本が，戦争に必要な②やゴムを得ようと，フランス領③へ南進したため，アメリカ・イギリス・オランダが日本への②の輸出を禁止した。南進には，アメリカ・イギリスの中華民国への支援ルートを断つ目的もあった。

ヒントの森
(2)・(3)**1**の地図を見ましょう。
(4)①1937年から続く戦争。②燃料。③現在のベトナム・ラオス・カンボジアの呼び名。

③ 太平洋戦争　次の年表と地図を見て，あとの問いに答えなさい。

太平洋戦争の流れ

年	月日	できごと
1941	12月8日	太平洋戦争開戦…………………a
1942	6月	（ A ）海戦
1943	2月	（ B ）島で敗北
1944	7月	（ C ）島陥落
1945	3月	□D□ 大空襲
		アメリカ軍が □E□ に上陸
	7月	ポツダム宣言が発表される
	8月6日	□F□ に原子爆弾投下
	8月8日	ソ連が満州や朝鮮に侵攻……b
	8月9日	□G□ に原子爆弾投下
	8月14日	日本が降伏する……………c

地図Ⅰ

(1) A～Cにあてはまる地名を，**地図Ⅰ**中からそれぞれ選びなさい。

A（　　　　　）　B（　　　　　）　C（　　　　　）

(2) D～Gにあてはまる地名を，**地図Ⅱ**中からそれぞれ選びなさい。

地図Ⅱ

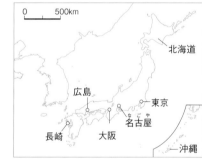

D（　　　　　）　E（　　　　　）

F（　　　　　）　G（　　　　　）

第6章

(3) aのときの首相はだれですか。次から選びなさい。

（　　　　　）

ア　近衛文麿　　　イ　東条英機
ウ　加藤高明　　　エ　犬養毅

(4) aについて述べた次の文中の□□にあてはまる地名を，**地図Ⅰ**中からそれぞれ選びなさい。

①（　　　　　）　②（　　　　　）

日本軍は，アメリカの海軍基地がある①の真珠湾を奇襲攻撃し，同時にイギリス領②半島に上陸した。

(5) aの太平洋戦争中の人々の暮らしについて，正しいものを次から選びなさい。

（　　　　）

ア　情報は政府に統制され，国民は正しい戦況を知らされなかった。
イ　小学生は空襲を避け，農村から都市に集められた。
ウ　大学生や中学生，女学生も徴兵された。
エ　朝鮮や台湾の人は，戦争には関わらなかった。

(6) bのソ連は，アメリカ・イギリスと結んだ秘密協定に基づき，日本に侵攻しました。この秘密協定が結ばれた会談を何といいますか。

（　　　　　）

(7) cの翌日，日本が降伏したことをラジオ放送で国民に伝えたのはだれですか。

（　　　　　）

(1)地図Ⅰの日付を読み取りましょう。
(4)②先端にシンガポール島がある半島。
(6)黒海沿岸の都市で開かれた会談。
(7)主権を持っていた人。

総合問題編

実力判定テスト　ステージ3　第6章　二度の世界大戦と日本

30分　/100

1 次の年表を見て，あとの問いに答えなさい。

4点×12（48点）

世紀		日本の政治の移り変わり		欧米のできごと
20	大正デモクラシー…a	・第一次（ A ）運動…………………………	ア	第一次世界大戦
		・米騒動…b→原敬の本格的な（ B ）		国際連盟設立
		・普通選挙法………………………………… c	イ	ワシントン会議
	軍国主義の台頭	・満州事変…………………………………… d		世界恐慌
		・五・一五事件……………………………… e	ウ	
		・二・二六事件		
	戦時体制	・日中戦争…………………………………… f	エ	第二次世界大戦
		・太平洋戦争………………………………… g		
		・（ C ）宣言受諾………………………… h		

(1) A〜Cにあてはまる語句を，それぞれ書きなさい。

(2) aの風潮の中で結成された組織にあてはまらないものを，次から選びなさい。
　　ア　大政翼賛会　　イ　日本農民組合　　ウ　新婦人協会　　エ　全国水平社

記述 (3) bについて，このころ米の値段が急激に上がった理由を，次の語句を用いて簡単に書きなさい。　　　　　　　　　　　　　　　　　　　　　　　[シベリア　　商人]

記述 (4) cのとき衆議院議員の選挙権をあたえられたのは，どのような人ですか。

よく出る (5) cと同時に制定された，共産主義を取りしまる法律を何といいますか。

(6) dの翌年建国された満州国の元首となった人物を，次から選びなさい。
　　ア　毛沢東（マオツォトン）　　イ　溥儀（プイ）　　ウ　昭和天皇（しょうわ）　　エ　張作霖（チャンツォリン）

(7) eで海軍将校に暗殺された首相はだれですか。

(8) fのきっかけとなった事件を，次から選びなさい。
　　ア　柳条湖事件（リウティアオフー）　　イ　義和団事件（ぎわだん）　　ウ　江華島事件（カンファド）　　エ　盧溝橋事件（ルーコウチアオ）

レベルUP (9) gからhまでの間の次の出来事を，起こった順に並べなさい。
　　ア　サイパン島の陥落（かんらく）　　イ　広島・長崎への原爆投下（げんばく）　　ウ　沖縄戦の開始

(10) 日本が国際連盟を脱退（だったい）した時期を，年表中のア〜エから選びなさい。

(1) A		B		C		(2)	
(3)							
(4)							
(5)			(6)			(7)	
(8)		(9)		→	→	(10)	

目標	□大戦が起こった理由をおさえる □大戦の間の出来事をおさえる □日本の経済や人の暮らしをおさえる	自分の得点まで色をぬろう!

自分の得点まで色をぬろう!
😣かんばろう! 😓もう一歩 😊合格!
0　　　　　　　　　　　60　80　100点

2 次の文を読んで，あとの問いに答えなさい。　4点×3（12点）

　第一次世界大戦中，日本は_a大戦景気となったが，戦後は不況（ふきょう）が続いた。さらに_b世界恐慌（きょうこう）の影響（えいきょう）で昭和（しょうわ）恐慌が起こり，失業者が増え，農産物の価格が下落した。日中戦争が始まると，国民の暮らしは統制され，軍需（ぐんじゅ）品の生産が優先（ゆうせん）されて_c生活必需（ひつじゅ）品が不足した。

(1) 下線部**a**のときの日本経済の様子を，次から選びなさい。
　ア　軽工業で産業革命が起こった。　　イ　輸出がのび，工業生産も増えた。
　ウ　官営の八幡（やはた）製鉄所が建てられた。　　エ　中学生や女学生が勤労動員された。

(2) 下線部**b**のきっかけとなった，株価の大暴落が起きた株式市場がある都市はどこですか。

記述
(3) 下線部**c**のうち，米の供給（きょうきゅう）はどうなりましたか。簡単に書きなさい。

(1)		(2)		(3)	

3 右の資料を見て，次の問いに答えなさい。　4点×10（40点）

(1) **資料Ⅰ**中の**A・B**にあてはまる国名を，それぞれ書きなさい。

(2) 第一次世界大戦のきっかけを，次から選びなさい。
　ア　日本がアメリカのハワイの真珠湾（しんじゅわん）を攻撃（こうげき）した。
　イ　ドイツがポーランドに侵攻（しんこう）した。
　ウ　オーストリア皇位継承（けいしょう）者夫妻が暗殺された。

(3) 第一次世界大戦の講和条約を何といいますか。

(4) **資料Ⅱ**について，太平洋戦争が起こったときの**W～Z**の国の指導者を，次からそれぞれ選びなさい。
　ア　スターリン　　イ　ムッソリーニ　　ウ　孫文（スンウェン）
　エ　チャーチル　　オ　ローズベルト
　カ　ヒトラー　　キ　蔣介石（しょうかいせき）（チャンチェシー）

(5) 太平洋戦争末期，連合国が出したポツダム宣言は，日本軍が何をすることを求めていましたか。

(6) ポツダム宣言受諾（じゅだく）を，昭和（しょうわ）天皇が，日本国民に発表したラジオ放送のことを何といいますか。

資料Ⅰ　第一次世界大戦前の国際関係

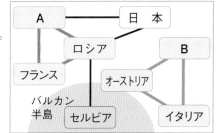

資料Ⅱ　太平洋戦争前の国際関係

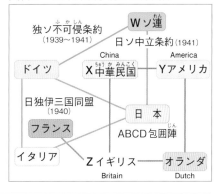

(1)	A	B	(2)		(3)	
(4)	W	X	Y		Z	
(5)			(6)			

実力判定テスト **ステージ3** 資料活用・思考力問題編 **第6章 二度の世界大戦と日本** こつこつ 解答▶p.33 (30)分 /100

1 次の資料を見て，あとの問いに答えなさい。

(1)(2)8点×4，他10点×3（62点）

資料Ⅰ　第一次世界大戦中のヨーロッパ

	連合国側		中立国
	同盟国側	---	1917年の同盟国軍の前線

資料Ⅱ　第一次世界大戦後のヨーロッパ

□	ベルサイユ条約などによって独立を承認された国
▨	ベルサイユ条約でドイツが失った領土
▨	イギリスの委任統治領となった地域
▨	フランスの委任統治領となった地域

(1) **資料Ⅱ**にある次の国は，どこの国から独立しましたか。**資料Ⅰ**中からそれぞれ選びなさい。
　① エストニア・ラトビア・リトアニア
　② アイルランド
　③ チェコスロバキア

(2) セルビアは何という国になりましたか。

(3) 第一次世界大戦後，多くの国が独立を果たした背景には，アメリカのウィルソン大統領が唱えたある考え方がありました。その内容を，簡単に書きなさい。

(4) ドイツ・イギリス・アメリカで，右の表の年に女性選挙権が認められたのはなぜですか。

(5) 「普通選挙」とは，年齢以外の条件に制限されない選挙のことです。日本では，1925年に普通選挙法が制定されましたが，これは本来の意味での「普通選挙」ではありませんでした。なぜそう言えるのか，簡単に書きなさい。

主な国の女性の国政での選挙権が認められた時期

ニュージーランド	1893年
オーストラリア	1902年
フィンランド	1906年（選挙実施は1907年）
ソ連（ロシア）	1917年
ドイツ	1918年（選挙実施は1919年）
イギリス	1918年
アメリカ	1920年
フランス	1944年
イタリア	1945年（選挙実施は1946年）
日本	1945年（選挙実施は1946年）
中華民国	1947年

(1)	①		②		③
(2)		(3)			
(4)					
(5)					

大きなできごとの前後の地図を見比べて，同じ国・異なる国を探そう。2つのグラフの同じ時期に着目して，関連性を見つけよう。

自分の得点まで色をぬろう！

😣がんばろう　😐もう一歩　😊合格！
0　　　　　　　　60　　80　100点

2 次の資料を見て，あとの問いに答えなさい。

(4)8点，他10点×3 (38点)

資料Ⅰ　主な国の鉱工業生産　　　　　資料Ⅱ　ブロック経済

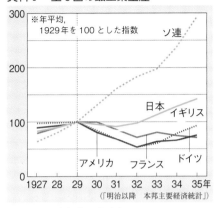

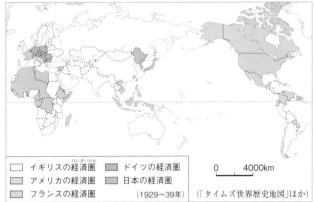

(1) 世界恐慌の影響には，国によるちがいがありました。どのようなちがいですか。**資料Ⅰ**から分かることを書きなさい。

(2) **資料Ⅱ**のような経済政策をとったイギリスとフランスには，どのような共通点がありますか。

(3) ドイツとイタリアの政策の共通点を，右の年表を見て書きなさい。

年	主なできごと　●イタリア　■ドイツ
1922	●ムッソリーニが首相となる
1926	●ファシスト党以外の政党を解散させる
1933	■ヒトラーが首相になる
	■ナチス以外の政党を解散させる
1936	●エチオピアを併合する
1938	■オーストリアを併合する
	■チェコスロバキア西部を併合する

第6章

(4) 次の①～③のグラフは，世界恐慌前後の日本の状況に関するものです。①小作農の収入，②労働争議の件数，③軽工業の生産額を示すグラフの組み合わせを，あとから選びなさい。

① 農家の収入の変化　　② 小作争議と労働争議の件数の推移　　③ 日本の工業生産の推移

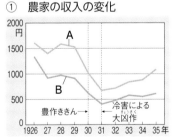

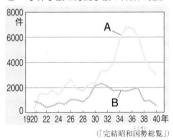

ア　①－A　②－B　③－A　　イ　①－A　②－B　③－B
ウ　①－B　②－B　③－A　　エ　①－B　②－A　③－A

(1)	
(2)	
(3)	(4)

予習・復習 こつこつ 解答 p.34

確認のワーク ステージ**1** **1節 戦後日本の出発**

📖 教科書の **要点** ( )にあてはまる語句を答えよう。

1 占領下の日本

教 p.252〜253

●敗戦後の日本

◆領土の縮小▶北海道，本州，四国，九州と周辺の島々のみ。

■ (①) ・**台湾**▶日本の植民地支配から解放。

■ **沖縄・奄美群島・小笠原諸島**▶アメリカが直接統治。

■ **北方領土**▶(②)が占拠。

◆復員と引きあげ

■ (③)▶軍人の帰国。**シベリア抑留**。

■ (④)▶民間人の帰国。中国残留日本人孤児。

●国民の苦難

◆食料不足▶米の配給は停滞。買い出しや**闇市**で食料を確保。

◆学校生活▶青空教室で授業。墨ぬり教科書を使う。

●占領の始まりと非軍事化

◆戦後改革▶(⑤)の間接統治。
　　　　　　　　　　連合国軍最高司令官総司令部

■ 最高司令官▶マッカーサー。

◆非軍事化▶軍隊の解散，戦争中の要人を公職から追放。

■ (⑥)裁判▶指導者を**戦犯**として裁く。
　　　　　　　　　　　東京裁判

◆昭和天皇▶「(⑦)宣言」を出す。

2 民主化と日本国憲法

教 p.254〜255

●民主化

◆政治▶治安維持法の廃止。**満20歳以上の男女**に選挙権。

◆経済▶財閥解体，**労働組合法・労働基準法**の制定。

◆農村▶農地改革で(⑧)農を増やす。

●日本国憲法の制定／政党政治と社会運動の復活

◆日本国憲法▶ 1946年 11月3日公布， 1947年 5月3日施行。

■ 基本原理▶**国民主権，基本的人権の尊重，平和主義**。

■ (⑨)▶日本国と日本国民統合の**象徴**。
　　　　　　　大日本帝国憲法での主権者

■ **議院内閣制**▶内閣は国会に責任を負う。

◆法律の整備

■ (⑩)改正▶**男女平等**に基づく家族制度。

■ **教育基本法**▶民主主義教育を定める。教育勅語は失効。

◆ (⑪)が活動を再開，政治の中心になる。
　　　　　　　日本社会党・日本自由党・日本共産党など

◆社会運動▶労働組合が増える。部落・民族解放運動の再建。

1945	連合国軍による占領
	治安維持法廃止
	財閥解体指令
	日本社会党結成
	日本自由党結成
	日本共産党再建
	女性参政権の実現
	労働組合法公布
1946	昭和天皇「人間宣言」
	農地改革
	極東国際軍事裁判
	日本国憲法公布
1947	教育基本法公布
	労働基準法公布
	日本国憲法施行
	改正民法公布

↓農地改革による変化

■自作地と小作地の割合

1940年	自作地 54.5%	小作地 45.5%

その他 0.2

1950年	89.9	9.9

■自作・小作の農家の割合
*自小作は，農家の耕地面積のうち，自己所有の耕地が10%以上，90%未満。

1940年	自作 31.1%	*自小作 42.1%	小作 26.8%

その他 0.6

1950年	61.9	32.4	5.1

0　20　40　60　80　100%
（「完結昭和国勢総覧」ほかより）

国が地主の土地を強制的に買い上げて小作人に安く売りわたしたから，自作農が増えたよ！

📖 教科書の **資料** 次の問いに答えよう。

(1) 日本で制定された2つの憲法を比較した右の表のA～Eにあてはまる語句を，それぞれ書きなさい。

A（　　　　　　　　）

B（　　　　　　　　）

C（　　　　　　　　）

D（　　　　　　　　）

E（　　　　　　　　）

大日本帝国憲法		（　A　）憲法
1889年2月11日	発布・公布	1946年11月3日
1890年11月29日	施行	1947年5月3日
天皇主権	主権	（　B　）主権
神聖不可侵で統治権を持つ元首	天皇	日本国・日本国民統合の（　C　）
各大臣が天皇を補佐する	内閣	a国会に連帯して責任を負う
天皇の協賛（同意）機関	国会	国権の最高機関
衆議院と貴族院		衆議院と参議院
衆議院議員のみを国民が選挙		両院の議員を国民がb選挙
法律の範囲内で認められる	人権	基本的人権の（　D　）
天皇が統帥権を持つ	軍隊	（　E　）主義（戦争放棄）
国民に兵役の義務を課す		

(2) 下線部 a の仕組みを何といいますか。

（　　　　　　　　　　　　）

(3) 下線部 b について，A憲法施行時の選挙資格を書きなさい。（　　　　　　　　　　　　）

📖 教科書 **チェック** 一問一答　次の問いに答えよう。　　　　/10問中

★は教科書の太字の語句

1 占領下の日本

①太平洋戦争中にアメリカ軍が上陸して地上戦となり，戦後もアメリカの直接統治下に置かれたのはどこですか。

☐①＿＿＿＿＿＿＿＿＿

②戦後ソ連に占拠された，歯舞群島，色丹島，国後島，択捉島を何と呼びますか。

☐②＿＿＿＿＿＿＿＿＿

③日本の非軍事化と民主化を目指した一連の改革を総称して何といいますか。

☐★③＿＿＿＿＿＿＿＿＿

④戦後の日本を統治したGHQとは，何の略称ですか。

☐★④＿＿＿＿＿＿＿＿＿

⑤GHQの最高司令官として来日したアメリカ人はだれですか。

☐★⑤＿＿＿＿＿＿＿＿＿

2 民主化と日本国憲法

⑥日本の経済を支配してきた大資本家を解体した政策を何といいますか。

☐★⑥＿＿＿＿＿＿＿＿＿

⑦労働者の団結権を認めた法律を何といいますか。

☐⑦＿＿＿＿＿＿＿＿＿

⑧労働条件の最低基準を定めた法律を何といいますか。

☐⑧＿＿＿＿＿＿＿＿＿

⑨地主が持つ小作地を国が強制的に買い上げ，小作人に安く売りわたしたことを何といいますか。

☐★⑨＿＿＿＿＿＿＿＿＿

⑩民主主義の教育の基本を示した法律を何といいますか。

☐★⑩＿＿＿＿＿＿＿＿＿

知識の泉　女性参政権があたえられて最初の衆議院総選挙（1946年）の女性の当選者は39人でした。この記録はその後ずっと破られませんでしたが，2005年に43人が当選し，記録が更新されました。

第7章

予習・復習　こつこつ　解答 p.34

ステージ1　2節　冷戦と日本の発展①

教科書の **要点**（　　）にあてはまる語句を答えよう。

1 冷戦の開始と植民地の解放　　教 p.256〜257

●国際連合と冷戦の始まり

◆（①　　　　　　　　　）（国連）**1945年**▶本部ニューヨーク。

　■**安全保障理事会**▶米・英・仏・ソ・中が**常任理事国**。

◆冷たい戦争（冷戦）▶**資本主義**陣営と**共産主義**陣営の対立。
ドイツは東西に分裂。両陣営が軍備拡張し，**核戦争**の危機に。

　■資本主義陣営▶アメリカ中心。（②　　　　　　　　）。北大西洋
条約機構

　■共産主義陣営▶ソ連中心。（③　　　　　　　　）条約機構。

●新中国の成立と朝鮮戦争/植民地支配の終わり

◆中国▶**蔣介石**の国民党と**毛沢東**の共産党の内戦。

　■共産党が勝利。（④　　　　　　）（中国）成立**1949年**。毛沢東主席

　■国民党は台湾に逃れる。

◆朝鮮▶**北緯38度線**を境に南に（⑤　　　　　　　）（韓国），

北に（⑥　　　　　　　）人民共和国（北朝鮮）が成立。

　■朝鮮戦争**1950年**▶北朝鮮が韓国に侵攻。1953年休戦。

◆アジア・アフリカ▶多くの植民地が独立。南北問題の発生。

　■アジア▶インドネシア・フィリピン・インドが独立。

　■アフリカ▶1960年に17か国が独立＝「**アフリカの年**」

2 独立の回復と55年体制　　教 p.258〜259

●占領政策の転換／平和条約と安保条約

◆冷戦の影響▶アメリカが占領政策を経済復興に転換。

　■特需景気▶（⑦　　　　　　）戦争が起こると，ア
メリカ軍が大量の軍需物資を日本で調達。

　■警察予備隊の創設▶後に自衛隊になる**1954年**。

◆平和条約と安保条約▶同時に結ぶ**1951年**。

　■（⑧　　　　　　　）条約▶吉田茂内閣がアメリカな
ど48か国と結ぶ。翌年，日本は独立を回復。

　　・沖縄，小笠原諸島はアメリカの統治が継続。

　■日米（⑨　　　　　　）条約▶日本にアメリカ軍基地。日米安保条約

●自民党長期政権と安保条約改定

◆**第五福竜丸**事件**1954年**▶原水爆禁止運動が広がる。
日本のまぐろ漁船がアメリカの水爆実験で被ばく

◆**55年体制**▶1955年から（⑩　　　　　　）党が政権担当。

◆**安保闘争**▶**岸信介**内閣が安保条約改定後，退陣。

1945	国際連合発足
1947	インド独立
1948	北朝鮮・韓国が成立
1949	北大西洋条約機構（NATO）成立 ドイツが東西に分かれる 中華人民共和国成立
1950	朝鮮戦争開戦
1951	サンフランシスコ平和条約・日米安全保障条約
1953	奄美群島の日本復帰
1954	第五福竜丸事件 自衛隊発足
1955	ワルシャワ条約機構成立 自由民主党結成
1960	「アフリカの年」 安保闘争

↓サンフランシスコ平和条約の調印

48か国と結んだけど，まだ講和できない国もあったんだよ。

教科書の 資料　次の問いに答えよう。

(1) 右の図は，東西対立の様子を表したもの
です。東側陣営と西側陣営の厳しい対立を
何といいますか。（　　　　　　　　　）

A 🔲 北大西洋条約機構(NATO)加盟国
B 🔲 ワルシャワ条約機構加盟国

(2) A・Bの加盟国が支持
した体制を，🔲から選
びなさい。

| 共産主義 |
| 帝国主義 |
| 全体主義 |
| 資本主義 |

A（　　　　　　　　　）

B（　　　　　　　　　）

(3) A・Bの中心国はそれぞれどこですか。

A（　　　　　　　　　）

B（　　　　　　　　　）

教科書 一問一答 チェック　次の問いに答えよう。

/10問中

★は教科書の太字の語句

①　冷戦の開始と植民地の解放

①1949年に東西に分裂し，後にベルリンの壁が造られた
のは，現在のどこの国ですか。

🔲①＿＿＿＿＿＿＿

②1950年に，北朝鮮が統一を目指して韓国に侵攻して始
まった戦争を何といいますか。

🔲②★＿＿＿＿＿＿＿

③植民地から独立したアジア・アフリカの国々と，先進
工業国との経済格差の問題を何といいますか。

🔲③★＿＿＿＿＿＿＿

④アフリカで17か国が独立した1960年は何と呼ばれてい
ますか。

🔲④＿＿＿＿＿＿＿

②　独立の回復と55年体制

⑤朝鮮戦争の際に，アメリカ軍向けの軍需物資の生産で，
日本の景気が良くなったことを何といいますか。

🔲⑤★＿＿＿＿＿＿＿

⑥GHQの指令で作られた警察予備隊は，次第に強化さ
れ，1954年には何という組織になりましたか。

🔲⑥★＿＿＿＿＿＿＿

⑦サンフランシスコ平和条約に調印した日本の首相はだ
れですか。

🔲⑦★＿＿＿＿＿＿＿

⑧1954年に，太平洋のビキニ環礁でのアメリカの水爆実
験で被ばくした，日本のまぐろ漁船を何といいますか。

🔲⑧＿＿＿＿＿＿＿

⑨1955年から，自由民主党が野党第一党の社会党と対立し
ながら，38年間政権をとり続けた体制を何といいますか。

🔲⑨★＿＿＿＿＿＿＿

⑩岸信介内閣が新しい日米安保条約を結んだことに対し
て起こった，激しい反対運動を何といいますか。

🔲⑩★＿＿＿＿＿＿＿

第7章

　1946年，イギリスのチャーチル首相が「バルト海のシュチェチンからアドリア海のトリエステま
で『鉄のカーテン』が下ろされた」と演説して，ソ連との対決姿勢を強めました。

予習・復習　こつこつ　解答　p.34

2節　冷戦と日本の発展②

教科書の 要点 （　　）にあてはまる語句を答えよう。

❶緊張緩和と日本外交　　教 p.260～261

●**緊張緩和の進展**▶冷戦の緊張がゆるむ。

◆（①　　　　　　　　　　）会議 1955年 ▶バンドンで開催。　インドネシアの都市

◆**キューバ危機** 1962年 ▶米ソが核戦争の危機を回避。

◆ヨーロッパ▶（②　　　　　　　　　　）（ヨーロッパ共同体）発足。

◆**ベトナム戦争**▶アメリカが撤退する 1973年 。

●**広がる日本の外交関係／沖縄の日本復帰**

◆ソ連▶**鳩山一郎**内閣が日ソ共同宣言。日本の国連加盟 1956年 。

◆韓国▶日韓（③　　　　　　　　　　）を結ぶ 1965年 。

◆中国▶**田中角栄**内閣が日中（④　　　　　　　　　）1972年 。

　　　　日中（⑤　　　　　　　　）条約を結ぶ 1978年 。

◆（⑥　　　　　　　　　　）▶日本に復帰 1972年 。**佐藤栄作**内閣。

■**非核三原則**▶核兵器を「**持たず，作らず，持ちこませず**」

❷日本の高度経済成長　　教 p.262～263

●**高度経済成長**▶1955年から1973年まで高い経済成長率。

◆**池田勇人**内閣の**所得倍増計画**　　◆重化学工業の発展

◆国民総生産（GNP）が資本主義国の中で第2位になる。

●**国民生活の変化と公害／経済大国日本**

◆「**三種の神器**」などの家電製品や自動車が普及。　テレビ・洗濯機・冷蔵庫

◆**新幹線**・高速道路の整備。

◆（⑦　　　　　　　　）・パラリンピック開催 1964年 。

◆農村が**過疎化**，都市では（⑧　　　　　　　）の問題。

◆**公害問題**▶（⑨　　　　　　）法制定・**環境庁**設置。

◆（⑩　　　　　　　　）（オイル・ショック）▶**第四次中**

東戦争の影響で石油価格が上昇。高度経済成長が終わる。

❸マスメディアと現代の文化　　教 p.264～265

●**戦後の文化とマスメディア／テレビと高度経済成長期の文化**

◆**映画**▶**黒澤明**監督の映画が世界的評価を受ける。

◆テレビ放送の開始 1953年 ▶スポーツ・芸能が娯楽になる。
　プロ野球（長嶋茂雄・王貞治），大相撲（大鵬）

◆多くの国民が「**中流意識**」を持つ。

●**漫画・アニメと文学の発展**

◆**漫画・アニメ**▶**手塚治虫**「**鉄腕アトム**」。

◆**文学**▶**川端康成**・**大江健三郎**がノーベル賞。
　　　　　「雪国」　　　「万延元年のフットボール」

1955	アジア・アフリカ会議
1956	日ソ共同宣言
	日本の国連加盟
1962	キューバ危機
1964	東京オリンピック・
	パラリンピック
1965	日韓基本条約
1967	EC発足
	公害対策基本法
1968	小笠原諸島日本復帰
	GNP世界第2位
1971	環境庁設置
1972	沖縄が日本に復帰
	日中共同声明
1973	第四次中東戦争
	石油危機
1978	日中平和友好条約

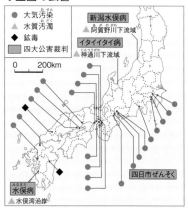

↓全国の公害

● 大気汚染
▲ 水質汚濁
◆ 鉱毒
□ 四大公害裁判

0　　200km

新潟水俣病　阿賀野川下流域
イタイイタイ病　神通川下流域
四日市ぜんそく
水俣病　水俣湾沿岸

戦後，湯川秀樹が日本人として初めてノーベル賞（物理学賞）を受賞したよ！

教科書の 資料　次の問いに答えよう。

(1) 右のグラフは，日本の国民総生産と経済成長率の変化を示しています。　　　の期間，高い経済成長率が続いたことを何といいますか。

（　　　　　　　　　　　）

(2) （　）にあてはまる語句を，それぞれ書きなさい。

A （　　　　　　　）　B （　　　　　　　）
C （　　　　　　　）　D （　　　　　　　）

(3) Eの原因となった，イスラエルとアラブ諸国との戦争を何といいますか。

（　　　　　　　　　　　）

*〃は，前後で統計をとる方法が異なるため連続しない。

国民総生産　600兆円／500／400／300／200／100／0

経済成長率　12%／8／4／0／-4

A 東海道…倍増計画　B 東海道…開通　C（）　公害対策基本法 東京オリンピック　D 石油危機…庁設置 E　日米貿易摩擦問題

経済成長率
国民総生産

1955　60　65　70　75　80　85　年

教科書 チェック 一問一答　次の問いに答えよう。

/10問中

★は教科書の太字の語句

1 緊張緩和と日本外交

① ソ連がキューバでのミサイル基地建設をめぐって，米ソが核戦争寸前までいった出来事を何といいますか。

□①＿＿＿＿＿＿

② 中ソの支援を受ける北ベトナムや南ベトナム解放民族戦線とアメリカが戦った戦争を何といいますか。

□★②＿＿＿＿＿＿

③ 日本がソ連と国交を回復した宣言を何といいますか。

□★③＿＿＿＿＿＿

④ 核兵器を「持たず，作らず，持ちこませず」という国の方針を何といいますか。

□★④＿＿＿＿＿＿

2 日本の高度経済成長

⑤ 1960年代に普及した家電製品のうち，テレビ・洗濯機・冷蔵庫は，特に何と呼ばれていましたか。

□⑤＿＿＿＿＿＿

⑥ 大気汚染や水質汚濁などの環境の悪化で，人々の健康に被害が出る問題を何といいますか。

□★⑥＿＿＿＿＿＿

3 マスメディアと現代の文化

⑦ 「羅生門」などの作品が海外でも高い評価を受けた映画監督はだれですか。

□★⑦＿＿＿＿＿＿

⑧ 1953年に新しく始まったマスメディアを何といいますか。

□★⑧＿＿＿＿＿＿

⑨ テレビアニメ「鉄腕アトム」の作者はだれですか。

□★⑨＿＿＿＿＿＿

⑩ 「雪国」などの作品がある，ノーベル文学賞を受賞した小説家はだれですか。

□★⑩＿＿＿＿＿＿

第7章

知識の泉　高度経済成長期，子どもが好きなものとして，「巨人・大鵬・玉子焼き」が流行語になりました。巨人は長嶋茂雄や王貞治がいたプロ野球チーム，大鵬は大相撲の力士です。

予習・復習　こつこつ　解答　p.34

3節　新たな時代の日本と世界

教科書の 要点 （　）にあてはまる語句を答えよう。

❶ 冷戦後の国際社会　　教 p.266〜267

↓マルタ会談

●冷戦の終結▶（①　　　　　　）会談で宣言 1989年。

◆ソ連の変化▶アフガニスタン侵攻で国力低下。

◆ベルリンの壁崩壊→東西ドイツの統一 1990年。

◆（②　　　　　　）の解体 1991年。
ロシア連邦などに分かれる

●国際協調への動き

◆（③　　　　　　）（主要国首脳会議）・G20サミット。

◆地域統合▶（④　　　　　　）（EU）。

（⑤　　　　　　）経済協力会議（APEC）。

（左）アメリカのブッシュ大統領
（右）ソ連のゴルバチョフ共産党書記長

●相次ぐ地域紛争▶ユーゴスラビア紛争やテロリズム。

◆イラクのクウェート侵攻→（⑥　　　　　　）戦争 1991年。

◆アメリカ同時多発テロ 2001年→アフガニスタン攻撃。

◆イラク戦争 2003年。

◆解決の努力▶国連の（⑦　　　　　　）（PKO）。

民間の（⑧　　　　　　）（NGO）。

冷戦が終結しても，紛争はなくならなかったんだね！

❷ 冷戦後の日本　　教 p.268〜269

●冷戦後の日本外交/55年体制の終わり

◆外交▶PKOに（⑨　　　　　　）を派遣。

◆国内政治▶（⑩　　　　　　）体制の終わり 1993年。

■細川護熙による非自民連立内閣の成立→自民党連立政権。

■民主党による政権交代→自民党連立政権。

●バブル経済崩壊後の経済

◆バブル経済▶1980年代後半，株価や地価が異常に高くなる。

◆（⑪　　　　　　）崩壊 1991年▶平成不況になる。

◆世界金融危機 2008年▶再び深刻な不況になる。

❸ 持続可能な社会に向けて　　教 p.270〜271

●進展するグローバル化/日本社会が直面する課題

◆グローバル化▶地球環境問題や軍縮に取り組む。

■地球温暖化対策▶京都議定書 1997年，パリ協定 2015年。
温室効果ガスの削減合意

◆日本の課題▶少子高齢化・格差の拡大。

■災害▶阪神・淡路大震災 1995年，東日本大震災 2011年。

■ボランティアや（⑫　　　　　　）（NPO）の活動。

●持続可能な社会▶（⑬　　　　　　）な開発目標（SDGs）。

1975	第1回サミット
1989	ベルリンの壁崩壊
	APEC発足
	マルタ会談
1990	東西ドイツ統一
1991	湾岸戦争
	バブル経済崩壊
	ソ連解体
1992	国際平和協力法成立
1993	EU発足
	非自民連立内閣
1995	阪神・淡路大震災
1997	京都議定書採択
2001	アメリカ同時多発テロ
2003	イラク戦争
2004	自衛隊のイラク派遣
2008	世界金融危機
	第一回G20サミット
2009	民主党中心の連立内閣
2011	東日本大震災
2015	パリ協定合意

第
7
章

😃 まるごと暗記 😃 **バブル経済** 1980年代後半の異常な好景気　😃 **持続可能な社会** 将来の世代にも配慮した社会

📖 教科書の 資 料 　次の問いに答えよう。

A　アメリカ同時多発（　　）　　B　（　　　）の壁崩壊　　C　（　　　）大震災

(1)　A〜Cの（　　）にあてはまる語句を，それぞれ答えなさい。

A（　　　　　　　）　B（　　　　　　　）　C（　　　　　　　）

(2)　Aの報復に，2001年，アメリカが攻撃した中東の国はどこですか。（　　　　　　）

(3)　Bの後，東西が統一された国はどこですか。　　　　　　　　　　（　　　　　　）

(4)　Cの後多く作られた非営利組織をアルファベットで何といいますか。（　　　　　）

📖 教科書 チェック 一 問 一 答 　次の問いに答えよう。

/10問中

★は教科書の太字の語句

1 冷戦後の国際社会

①1989年，アメリカとソ連の首脳がマルタ会談で宣言した，東西対立の終わりを何といいますか。

□★① ＿＿＿＿＿＿＿

②民族，宗教，文化のちがいなどから世界の各地で起こっている争いを何といいますか。

□★② ＿＿＿＿＿＿＿

③湾岸戦争は，イラクがどこの国に侵攻したことから始まりましたか。

□③ ＿＿＿＿＿＿＿

④2003年，アメリカが中東の国を攻撃した戦争には，自衛隊も派遣されました。この戦争を何といいますか。

□④ ＿＿＿＿＿＿＿

2 冷戦後の日本

⑤1980年代後半，株式と土地の価格が異常に高くなった，日本の不健全な好景気を何といいますか。

□★⑤ ＿＿＿＿＿＿＿

⑥2008年にアメリカの銀行の経営悪化から世界中に広がった不況を何といいますか。

□★⑥ ＿＿＿＿＿＿＿

3 持続可能な社会に向けて

⑦世界が一体化することを何といいますか。

□★⑦ ＿＿＿＿＿＿＿

⑧二酸化炭素などの温室効果ガスにより，地球の気温が高くなっていく現象を何といいますか。

□★⑧ ＿＿＿＿＿＿＿

⑨子どもの数が少なく，高齢者の割合が高くなることを何といいますか。

□★⑨ ＿＿＿＿＿＿＿

⑩2011年に日本で起きた，大規模な自然災害を何といいますか。

□★⑩ ＿＿＿＿＿＿＿

知識の泉　冷戦中の1980年，ソ連のアフガニスタン侵攻に反対して，アメリカや日本はモスクワオリンピックをボイコット。4年後のロサンゼルスオリンピックでは今度はソ連がボイコットしました。

こつこつ　テスト直前　解答 ▶ p.35

定着のワーク　ステージ2

1節　戦後日本の出発　　2節　冷戦と日本の発展
3節　新たな時代の日本と世界

1 戦後の日本　次の文を読んで，あとの問いに答えなさい。

　戦争が終わると，a植民地や占領地から軍人や民間人が日本に帰国した。しかし，（ A ）に抑留された軍人や，（ B ）残留日本人孤児になった民間人もいた。人々は高い物価や食料不足に苦しみ，農村への買い出しや非合法の（ C ）で飢えをしのいだ。b連合国軍最高司令官総司令部は，非軍事化のために軍隊を解散させ，（ D ）と見なした軍や政府の指導者を軍事裁判で裁いた。また，日本政府に指示してc民主化のための改革を進めた。

(1)　A〜Dにあてはまる語句を，それぞれ書きなさい。　　A（　　　　　　　）
　　　　　　　　　B（　　　　　　　）　C（　　　　　　　）　D（　　　　　　　）

(2)　下線部aにあてはまるものを，次から2つ選びなさい。　　（　　　）（　　　）
　　ア　台湾　　イ　小笠原諸島　　ウ　インド　　エ　朝鮮

(3)　下線部bのアルファベットの略称を何といいますか。　　（　　　　　　　）

(4)　下線部cについて，次の文にあてはまる語句を，　　からそれぞれ選びなさい。

　①　日本経済を支配してきた大資本家の力を弱める政策。　　（　　　　　　　）
　②　自作農を増やすための政策。　　（　　　　　　　）
　③　民主主義教育の基本を示した法律。　　（　　　　　　　）
　④　男女平等の家族制度を定めた法律。　　（　　　　　　　）

```
公職追放　　財閥解体　　治安維持法　　民法
　　農地改革　　教育勅語　　教育基本法
```

ヒントの森
(1)D戦争犯罪人の略。
(2)1つは日本の領土，もう1つはイギリスの植民地。

2 戦後の世界　右の年表を見て，次の問いに答えなさい。

(1)　aについて述べた次の文中の　　にあてはまる語句をそれぞれ書きなさい。

　　①（　　　　　　　）　②（　　　　　　　）

　　世界の平和を守るため①　理事会が設置され，アメリカ・イギリス・フランス・ソ連・中国が②　国になった。

(2)　bの中華人民共和国の主席となったのはだれですか。
　　　　　　　　　　　　　　（　　　　　　　）

(3)　cは北緯何度線を境に休戦しましたか。　北緯（　　　）度線

(4)　d・e・fの下線部について，アルファベットの略称を，それぞれ書きなさい。　　　　d（　　　　　　　）
　　　　　　　　　　e（　　　　　　　）　f（　　　　　　　）

年	主なできごと
1945	国際連合発足……………… a
1949	中華人民共和国成立……… b
1950	朝鮮戦争開戦……………… c
1989	アジア太平洋経済協力会議発足………………………… d
1993	ヨーロッパ連合発足……… e
2015	国連サミットで持続可能な開発目標を採択……………… f

ヒントの森
(2)共産党党首。
(4)d 4字。e 2字。f 4字（1つ小文字）。

③ **日本の独立と外交**　右の年表を見て，次の問いに答えなさい。

(1) a・bと同じ年の出来事を，次からそれぞれ選びなさい。

a（　　　）　b（　　　）

ア　日韓基本条約を結ぶ。

イ　日米安全保障条約を結ぶ。

ウ　冷戦の終結が宣言される。

エ　日ソ共同宣言を出す。

年	できごと
1951	サンフランシスコ平和条約を結ぶ……a
1956	日本が国際連合に加盟する…………b
1964	東京オリンピック・パラリンピック…c
1972	沖縄が日本に復帰する………………d
	中国と国交を正常化する……………e
1973	石油危機が起こる
1992	国際平和協力法が成立する…………f
1993	非自民連立内閣が成立する…………g
1995	阪神・淡路大震災が起こる
2011	東日本大震災が起こる

(2) a・d・e・gのときの首相を，次からそれぞれ選びなさい。

a（　　　）　d（　　　）
e（　　　）　g（　　　）

ア　佐藤栄作　イ　岸信介　ウ　細川護熙　エ　池田勇人　オ　田中角栄　カ　吉田茂

(3) cのころ，日本は高い経済成長率が続いていました。これを何といいますか。

（　　　　　　　　）

(4) (3)が終わるきっかけとなった出来事を年表中から選びなさい。　（　　　　　　　　）

(5) dのときに示された非核三原則はどのようなものですか。次の文中の□にあてはまる語句を書きなさい。

（　　　　　　　　）

核兵器を，「持たず，作らず，□」。

(6) fで日本が参加することになった国連の平和維持活動の略称を何といいますか。　（　　　　　　　　）

ヒントの森

(2)残りの2人は安保改定と所得倍増計画のときの首相です。

(4)工業の発展に必要なものに関係。

第7章

④ **日本の課題**　右の地図を見て，次の問いに答えなさい。

(1) A〜Dで発生した公害病の名前をそれぞれ書きなさい。

A（　　　　　）　B（　　　　　）
C（　　　　　）　D（　　　　　）

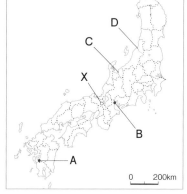

(2) 公害問題が深刻なころ，農村では人口減少が進んでいました。これを何といいますか。

（　　　　　　　　）

(3) 現在は，環境問題も世界規模になり，国際協力が必要です。次の文中の□にあてはまる語句を，それぞれ書きなさい。

①（　　　　　　）　②（　　　　　　）

地球温暖化の原因となる□①□ガスの排出量を削減するため，1997年には地図中のXで開かれた会議で□②□議定書が採択された。

ヒントの森

(1)A，B，Dは地名の付いた病名です。

(2)過密の逆です。

実力判定テスト　ステージ3　総合問題編　**第7章　現代の日本と私たち**

こつこつ　テスト直前　解答 ▶ p.36

解答 ▶ p.36

30分　/100

1 次の年表を見て，あとの問いに答えなさい。

(2)順不同　4点×11（44点）

世紀		日本の政治の移り変わり	経　済	世界のできごと
20	戦後改革	・GHQによる間接統治……………a		国際連合発足
		・朝鮮戦争………………………………b	特需景気	東西に分かれ（ B ）の開始
	国際社会への復帰	・（ A ）平和条約		
		・韓国・ソ連・中国との国交回復…d	高度経済成長…c	
		・沖縄の日本復帰………………………e		
	不安定な政治	・自衛隊の海外派遣	バブル経済	（ B ）の終結
		・55年体制の崩壊………………………f	平成不況	地域紛争
21		・自民党から民主党などへの（ C ）	世界金融危機	

(1) （　）にあてはまる語句を，それぞれ書きなさい。

(2) aのとき行われた改革を，次から2つ選びなさい。

　　ア　所得倍増　　イ　地租改正　　ウ　治安維持法の制定

　　エ　軍隊の解散　　オ　農地改革

(3) aのころに，物理学者の湯川秀樹が受賞した国際的な賞を何といいますか。

(4) bのときに出兵した在日アメリカ軍にかわって治安維持のために作られた組織は，後に自衛隊になりました。このとき作られた組織を何といいますか。

(5) cのときの様子にあてはまらないものを，次から選びなさい。

　　ア　家庭電化製品や自動車が普及した。　　イ　人口が減少した。

　　ウ　新幹線や高速道路が開通した。　　エ　公害問題が発生した。

(6) dについて，次のできごとを，起こった年代の古い順に並べなさい。

　　ア　日ソ共同宣言を出す。

　　イ　日中共同声明を出す。

　　ウ　日韓基本条約を結ぶ。

(7) eについて，右の地図は，現在の沖縄を示したものです。▨に広がっている施設は何ですか。

(8) fで，政権を失った政党を何といいますか。

(1)	A		B		C	
(2)			(3)		(4)		(5)
(6)		→	→	(7)		(8)	

2 右の資料を見て,次の問いに答えなさい。

4点×5(20点)

(1) Aの新しい憲法を何といいますか。

(2) Aの憲法の三大原理を書きなさい。

(3) 1946年の選挙がそれまでの選挙と異なっていた点を,Bを参考に,簡単に書きなさい。

A 「あたらしい憲法のはなし」

B 1946年の衆議院議員選挙

(1)		(2)	
(3)			

3 右の地図を見て,次の問いに答えなさい。

4点×9(36点)

(1) 次の文にあてはまる語句を,それぞれ答えなさい。

① Aの都市で2015年に結ばれた地球温暖化(おんだん)対策の取り決め。

② 1955年にアジア・アフリカ会議が開かれたBの都市。

③ 2001年9月11日にCの国で複数の場所が攻撃(こうげき)された事件。

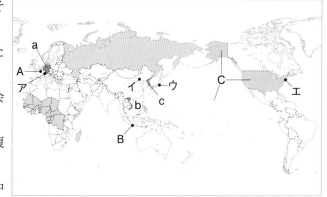

(2) a〜cの地域は,東西対立の中で分断されました。そのうち,現在も統一されていない地域を選びなさい。

(3) ▨の国と日本との間で領土問題となっている島を,次から選びなさい。
ア 択捉島(えとろふとう)　イ 奄美群島(あまみ)　ウ 尖閣諸島(せんかく)　エ 竹島(たけしま)

(4) ▨の国々が独立し,「アフリカの年」と呼ばれたのは何年ですか。

(5) 国際連合の本部が置かれている都市を,地図中のア〜エから選びなさい。

(6) 世界中で活動している非政府組織の略称を何といいますか。

(7) 将来のため,私たちに実現が求められていることを1つ簡単に書きなさい。

(1)①		②		③	
(2)		(3)		(4)	年 (5)
(6)		(7)			

第7章

プラスワーク 歴史重要語句

⭐ なぞった後，漢字を書いて覚えましょう。読みも覚えておきましょう！

えみし 蝦夷	蝦夷	しっけん 執権	執権 ....
しゅご 守護	守護	しらぎ 新羅	新羅 ....
こせき 戸籍	戸籍	つしま 対馬	対馬 ....
からふと 樺太	樺太	りゅうきゅう 琉球	琉球 ....

しんらん 親鸞	親鸞 ....
せっしょう 摂政	摂政 ....
どうたく 銅鐸	銅鐸 ....
わこう 倭寇	倭寇 ....

くらやしき 蔵屋敷　蔵屋敷 ....

こうくり 高句麗　高句麗 ....

せいかんろん 征韓論　征韓論 ....

ちょうへいれい 徴兵令　徴兵令 ....

かつしかほくさい 葛飾北斎　葛飾北斎 ....

いはらさいかく 井原西鶴　井原西鶴 ....

はんせきほうかん 版籍奉還　版籍奉還 ....

ひがきかいせん 菱垣廻船　菱垣廻船 ....

ませいせっき 磨製石器　磨製石器 ....

やまたいこく 邪馬台国　邪馬台国 ....

けんずいし 遣隋使　遣隋使 ....

さつまはん 薩摩藩　薩摩藩 ....

つちいっき 土一揆　土一揆 ....

いぬかいつよし 犬養毅　犬養毅 ....

ごけんうんどう 護憲運動　護憲運動 ....

はいはんちけん 廃藩置県　廃藩置県 ....

はんばつせいじ 藩閥政治　藩閥政治 ....

そんのうじょうい 尊王攘夷　尊王攘夷 ....

むつむねみつ 陸奥宗光　陸奥宗光 ....

けいもうしそう 啓蒙思想　啓蒙思想 ....

そ・よう・ちょう 租・庸・調　租・庸・調 ....

はんでんしゅうじゅのほう 班田収授法　班田収授法 ....

ぶけしょはっと 武家諸法度　武家諸法度 ....

せいいたいしょうぐん 征夷大将軍　征夷大将軍 ....

ごだいごてんのう 後醍醐天皇　後醍醐天皇 ....

りっけんかいしんとう 立憲改進党　立憲改進党 ....

びょうどういんほうおうどう 平等院鳳凰堂　平等院鳳凰堂 ....

こんでんえいねんしざいのほう 墾田永年私財法　墾田永年私財法 ....

どんな意味の用語だったか思いだそう！

全部書けたらきみは，歴史博士だ！

定期テスト対策

スピード
チェック

教科書の
重要用語マスター

社会 歴史

＼ 付属の赤シートを
使ってね！ ／

東京書籍版

「スピードチェック」は取りはずして使用できます。

年表で チェック

年(紀元前)	時代	できごと
700万年前〜 600万年前		最初の人類が出現
250万年前	旧石器 時代	〔打製石器〕が使われる →〔狩り〕・採集
200万年前		〔原人〕が現れる→火の使用
20万年前		新人が現れる
1万年前	新石器 時代	磨製石器・〔土器〕の使用 →〔農耕〕・牧畜が始まる
3000	古代	〔オリエント〕で文明が発展
2500		〔インダス〕文明
1500 〜		中国で〔殷〕がおこる
400 〜		ギリシャ文明が全盛期
221		〔秦〕が中国を統一する

▶ **人類の進化**
〔猿人〕→原人→新人

▶ **古代文明の発達**

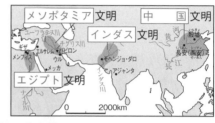

▶ **三大宗教**

〔仏教〕	キリスト教	イスラム教
シャカ	〔イエス〕	〔ムハンマド〕

ファイナル チェック

- ☐❶ 現在の人類の直接の祖先を何という？ 　**新人〔ホモ・サピエンス〕**
- ☐❷ 打製石器を使い，狩りや採集を行っていた時代は？ 　**旧石器時代**
- ☐❸ 表面をみがいて作られた石器は？ 　**磨製石器**
- ☐❹ 古代エジプトで造られた三角すい形の建造物は？ 　**ピラミッド**
- ☐❺ 天文学が発達した古代エジプトで作られた暦は？ 　**太陽暦**
- ☐❻ メソポタミア文明で使われていた文字は？ 　**くさび形文字**
- ☐❼ 殷で生まれ，漢字の基になった文字は？ 　**甲骨文字**
- ☐❽ 中国を統一した秦の王は？ 　**始皇帝**
- ☐❾ 秦にかわって中国を統一した王朝は？ 　**漢**
- ☐❿ 中国と西方を結んだ道を何という？ 　**シルクロード〔絹の道〕**
- ☐⓫ ギリシャやペルシャを征服したマケドニアの王は？ 　**アレクサンドロス大王**
- ☐⓬ 紀元前後，地中海の地域を統一し帝国となった国は？ 　**ローマ（帝国）**
- ☐⓭ 紀元前5世紀ごろ，インドで仏教を説いたのは？ 　**シャカ〔釈迦〕**
- ☐⓮ イエスが説き，⓬が国の宗教にしたものは？ 　**キリスト教**
- ☐⓯ ムハンマドが開き，「コーラン」を聖典とするのは？ 　**イスラム教**

第2章　古代までの日本
2節　日本列島の誕生と大陸との交流

年表で チェック

年	時代	できごと
	旧石器時代	大型の動物を追って日本列島に人々が移り住む [打製石器]が使われる→[狩り]や採集の時代
1万2000 年前	縄文時代	[縄文土器]が使われる→[貝塚]から当時の生活がわかる 植物の栽培が始まる
300年		[稲作]が始まる
B.C. A.D.	弥生時代	倭の奴国の王が漢の皇帝から [金印]を授けられる [卑弥呼]が魏に使いを送る
300年		
	古墳時代	[大和政権]の統一が進む→九州地方から東北地方まで 　中心となる人物は[大王]と呼ばれる
500年		[渡来人]が仏教・須恵器・織物・漢字などを伝える

5世紀の東アジア（地図）高句麗　新羅　北魏(北朝)　百済　倭　伽耶　宋(南朝)　0 1000km

ファイナル チェック

☐❶縄文時代に人々が住んだ住居を何という？　　たて穴住居

☐❷縄文時代，祈りのために作られたのは？　　土偶

☐❸大陸から伝わった鉄器・青銅器をまとめて何という？　金属器

☐❹稲作や❸が伝わったころ作られた薄手の土器は？　弥生土器

☐❺漢委奴国王と刻まれた金印が発見された都道府県は？　福岡県

☐❻3世紀ごろ，女王卑弥呼が治めていた国を何という？　邪馬台国

☐❼国王として認めてもらい，中国と正式な関係を結ぶた　朝貢
　めに，皇帝にみつぎ物をおくることを何という？

☐❽5世紀に造られた，日本最大の古墳を何という？　大仙〔仁徳陵〕古墳

☐❾❽のような，前が四角形，後ろが円形の古墳は？　前方後円墳

☐❿古墳におかれた，武人などさまざまな形の焼き物は？　埴輪

☐⓫4世紀ごろ朝鮮半島におこった国で，高句麗や新羅と　百済
　勢力を争ったのは？

☐⓬稲荷山古墳の鉄剣に刻まれていた倭の王の名前は？　ワカタケル（大王）

☐⓭渡来人が伝えた，黒っぽくかたい土器は？　須恵器

スピードチェック

第2章　古代までの日本
3節　古代国家の歩みと東アジア世界

年表で チェック

年	できごと
593	[聖徳太子]が政務に参加する
630	第1回遣唐使を送る
645	[大化の改新]が始まる
672	壬申の乱が起こる
701	大宝律令の制定
710	[平城京]に都を移す
743	墾田永年私財法の制定
794	[平安京]に都を移す
894	[遣唐使]の停止
935	平 将門の乱が起こる
1016	[藤原道長]が摂政になる
	[摂関]政治の全盛

▶国風文化の発達（平安中期～後期）

・[仮名文字]の発明

・文学作品
　紀貫之…「[古今和歌集]」
　[紫式部]…「源氏物語」
　清少納言…「[枕草子]」

・浄土信仰…阿弥陀如来像，阿弥陀堂

▲[平等院鳳凰堂]…京都府宇治市
[藤原頼通]が建てた

ファイナル チェック

☐❶聖徳太子が，役人の心構えを示すために定めたのは？ ── 十七条の憲法

☐❷飛鳥地方を中心とする，日本で最初の仏教文化は？ ── 飛鳥文化

☐❸中臣鎌足とともに大化の改新で活躍したのは？ ── 中大兄皇子

☐❹壬申の乱に勝利して即位した天皇は？ ── 天武天皇

☐❺701年，唐の律令を参考に定められた法は？ ── 大宝律令

☐❻班田収授法により，戸籍に登録された6歳以上の人々 ── 口分田
　にあたえられた田を何という？

☐❼❻の面積に応じて，稲で納めた税を何という？ ── 租

☐❽新しく開墾した土地の私有を認めた法を何という？ ── 墾田永年私財法

☐❾国ごとに国分寺，国分尼寺を建てた天皇は？ ── 聖武天皇

☐❿❾のころ遣唐使が持ち帰った品を納めた建造物は？ ── 正倉院

☐⓫8世紀に完成した，歴史書は？（2つ） ── 古事記，日本書紀

☐⓬坂上田村麻呂が，東北地方の支配のために任じられた役職は？ ── 征夷大将軍

☐⓭日本の風土や生活，感情に合った，平安時代の文化は？ ── 国風文化

☐⓮死後に極楽浄土へ生まれ変わることを願う信仰は？ ── 浄土信仰

第3章　中世の日本
1節　武士の政権の成立

年表で チェック

年	できごと
935	[平将門]の乱が起こる
939	藤原純友の乱が起こる
	武士が台頭する
1086	[白河上皇]が院政を始める
1156	保元の乱が起こる
1159	[平治]の乱が起こる
1167	[平清盛]が太政大臣になる
1185	[壇ノ浦]で平氏がほろびる
	全国に守護・地頭を設置
1192	[源頼朝]が征夷大将軍になる
1221	[承久]の乱が起こる
1232	[御成敗式目]の制定

▶新しい仏教の教え
・[念仏]を唱える
　浄土宗…[法然]，時宗…一遍，
　浄土真宗…[親鸞]
・題目を唱える
　日蓮（法華）宗…[日蓮]
・座禅でさとりを開く…禅宗
　臨済宗…[栄西]，曹洞宗…[道元]
▶鎌倉幕府の仕組み

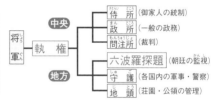

将軍 — 執権
中央
　侍所（御家人の統制）
　政所（一般の政務）
　問注所（裁判）
地方
　六波羅探題（朝廷の監視）
　守護（各国内の軍事・警察）
　地頭（荘園・公領の管理）

ファイナル チェック

☐❶天皇が位をゆずり，上皇になった後に行った政治は？ ┊ 院政

☐❷平清盛が航海の安全を祈って整備した神社は？ ┊ 厳島神社

☐❸源頼朝が幕府を開いた場所は？ ┊ 鎌倉

☐❹領地を仲立ちに将軍と主従関係を結んだ武士は？ ┊ 御家人

☐❺1185年に，源頼朝が国ごとに置いた役職，荘園や公領 ┊ 守護・地頭
　ごとに置いた役職をそれぞれ何という？

☐❻執権の地位を独占し，政治の実権をにぎった一族は？ ┊ 北条氏

☐❼承久の乱で幕府に対して兵を挙げた人物は？ ┊ 後鳥羽上皇

☐❽承久の乱後，朝廷を監視するため設置された役所は？ ┊ 六波羅探題

☐❾武士の法律の見本となった御成敗式目を定めたのは？ ┊ 北条泰時

☐❿同じ田畑で，米と麦を交互に作ることを何という？ ┊ 二毛作

☐⓫毎月一定の日に，定期的に開かれた市を何という？ ┊ 定期市

☐⓬東大寺南大門にある，運慶らが作った像は？ ┊ 金剛力士像

☐⓭念仏の札を配って教えを広め，時宗を開いた僧は？ ┊ 一遍

☐⓮親鸞によって開かれた仏教の宗派は？ ┊ 浄土真宗

第3章　中世の日本
2節　ユーラシアの動きと武士の政治の展開

年表で チェック

年	できごと
1274	[文永]の役 ⎫ [元寇]
1281	[弘安]の役 ⎭
1297	幕府が徳政令を出す
1333	[鎌倉幕府]がほろびる
1334	[建武の新政]が始まる
1336	南朝と北朝に分かれ，対立する
1338	[足利尊氏]が征夷大将軍に
1368	足利義満が第3代将軍に
1392	南北朝が統一される
1404	日明（[勘合]）貿易が始まる
1467	[応仁の乱]が起こる
	戦国大名の登場

▶室町時代に生まれた伝統文化
・[能]…観阿弥・世阿弥親子が大成
・[狂言]…能の合間に上演される
・水墨画…禅僧の[雪舟]が完成
・[書院造]…床の間・障子・違い棚など

▲[東求堂同仁斎]…銀閣と同じ敷地
　内にある[足利義政]の書斎

ファイナル チェック

☐❶2度の日本遠征を指示した，元の皇帝は？　　フビライ・ハン

☐❷幕府が出した，御家人の借金などを帳消しにする法は？　徳政令

☐❸鎌倉幕府をたおして建武の新政を行った天皇は？　後醍醐天皇

☐❹1338年に足利尊氏が開いた幕府は？　室町幕府

☐❺室町幕府の役職で，将軍の補佐役として置かれたのは？　管領

☐❻京都の室町に御所を建てた第3代将軍は？　足利義満

☐❼15世紀初めに，尚氏が沖縄島を統一して建てた国は？　琉球王国

☐❽馬を使って物資を運んだ運送業者を何という？　馬借

☐❾室町時代の村ごとの自治組織を何という？　惣

☐❿農民が借金の帳消しなどを求めて起こした暴動は？　土一揆

☐⓫実力のある者が上の身分の者に打ち勝つ風潮は？　下剋上

☐⓬戦国大名が領国を治めるために定めた法は？　分国法

☐⓭城の周辺に家来や商工業者を集めて造った町は？　城下町

☐⓮北山文化を代表する，足利義満が建てた建物は？　金閣

☐⓯室町時代の「一寸法師」などの絵入りの物語は？　御伽草子

第4章　近世の日本
1節　ヨーロッパ人との出会いと全国統一

年表で チェック

年	できごと
1543	[鉄砲]が伝えられる
1549	キリスト教の伝来
1560	[桶狭間の戦い]が起こる
1573	[室町幕府]がほろびる
1575	[長篠の戦い]が起こる
1582	織田信長が[本能寺]で自害
	太閤検地の実施
1588	[刀狩]令を出す
[1590]	豊臣秀吉が全国を統一する
1592	文禄の役 ⎫
	⎬ [朝鮮侵略]
1597	慶長の役 ⎭
1598	秀吉の死で朝鮮から撤退

▶ 桃山文化…豪華で壮大
・文化の担い手…[戦国大名], 大商人ら
・茶の湯…[千利休]が作法を完成
・かぶきおどり…出雲の阿国が始める
・屏風絵…狩野永徳らが活躍
・城…安土城, 大阪城
　▼[姫路城]…[世界遺産]の1つ

▶ 南蛮文化…ヨーロッパ文化の影響
・ポルトガルやスペインとの南蛮貿易

ファイナル チェック

☐❶ローマ教皇を中心とした, キリスト教の宗派は？　　カトリック（教会）

☐❷エルサレム奪回を目指して組織された軍は？　　十字軍

☐❸14 ～ 16世紀のヨーロッパで盛んになった, 古代の文化を手がかりにした新しい文化を何という？　　ルネサンス

☐❹ルターらがカトリックの免罪符販売に抗議した運動は？　　宗教改革

☐❺1492年に西インド諸島に到達した探検家は？　　コロンブス

☐❻鉄砲を伝えたポルトガル人が漂着した島は？　　種子島

☐❼日本にキリスト教を伝えたイエズス会の宣教師は？　　ザビエル

☐❽ポルトガル人やスペイン人との貿易を何という？　　南蛮貿易

☐❾尾張の戦国大名で, 全国統一を進めた人物は？　　織田信長

☐❿座を廃止して, 商人などに自由に営業させた経済政策を何という？　　楽市・楽座

☐⓫秀吉が統一の基準で全国的に行った検地を何という？　　太閤検地

☐⓬秀吉が行った一度目の朝鮮侵略を何という？　　文禄の役

☐⓭「唐獅子図屏風」をえがいた画家は？　　狩野永徳

第4章　近世の日本

2節　江戸幕府の成立と対外政策

年表で チェック

年	できごと
1600	[関ヶ原の戦い]が起こる
1603	[徳川家康]が征夷大将軍に
1609	[薩摩藩]が琉球王国を征服
1615	[豊臣]氏がほろびる
	武家諸法度を定める
	禁中並公家中諸法度を定める
1635	[参勤交代]の制を定める
1637	[島原・天草一揆]が起こる
1639	ポルトガル人の追放
1641	オランダ商館を[出島]へ移す
	→[鎖国]の完成
1669	アイヌの[シャクシャイン]の乱

▶ 江戸幕府の仕組み

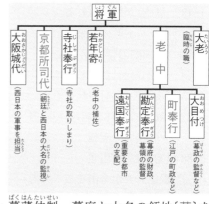

・幕藩体制…幕府と大名の領地〔藩〕を
　基礎とする政治体制
・大名の種類…親藩，譜代，外様

ファイナル チェック

☐❶徳川家康が開いた幕府は？　江戸幕府

☐❷幕府の直接の支配地を何という？　幕領

☐❸関ヶ原の戦い以降に徳川氏に従った大名を何という？　外様大名

☐❹幕府と藩が全国の土地と民衆を支配する仕組みは？　幕藩体制

☐❺幕府が大名を統制するために出した法律は？　武家諸法度

☐❻参勤交代を制度として定めた第3代将軍は？　徳川家光

☐❼土地を持ち，年貢を納めた百姓を何という？　本百姓

☐❽百姓に年貢の納入などで連帯責任を負わせる制度は？　五人組

☐❾朱印状を持つ船が東南アジアで行った貿易は？　朱印船貿易

☐❿東南アジアの各地にできた多くの日本人が住む町は？　日本町

☐⓫鎖国下でも長崎で貿易を続けていた2つの国は？　中国，オランダ

☐⓬17世紀前半に，女真族が建てた国を何という？　清

☐⓭将軍の代がわりごとに朝鮮から派遣された使節は？　朝鮮通信使

☐⓮将軍や琉球国王の代がわりごとに江戸を訪れたのは？　琉球使節

☐⓯幕府が，アイヌ民族との交易の独占を認めた藩は？　松前藩

第4章　近世の日本

3節　産業の発達と幕府政治の動き

年表で チェック

年	できごと
	農業・商工業が発達する
1680	[徳川綱吉]が第5代将軍になる
1709	[新井白石]の政治
1716	徳川吉宗の[享保]の改革
1742	公事方御定書が完成
1772	田沼意次が老中になる
1782	天明のききん
1787	松平定信の[寛政]の改革
1825	異国船打払令が出される
1833	天保のききん
1837	[大塩の乱]が起こる
1841	水野忠邦の[天保]の改革

▶ 元禄文化（徳川綱吉のころ）
・文化の担い手…京都・大阪の[町人]
・文学…[井原西鶴]→浮世草子（小説）
　　　　[近松門左衛門]→人形浄瑠璃
・俳諧（俳句）…[松尾芭蕉]が大成
・浮世絵…菱川師宣「見返り美人図」

▶ 化政文化（19世紀初め）
・文化の担い手…江戸の庶民
・錦絵…[喜多川歌麿]→美人画
　　　　[葛飾北斎]→「富嶽三十六景」
　　　　歌川広重 →「東海道五十三次」
・俳諧（俳句）…[与謝蕪村]，小林一茶
・教育…[藩校]（武士），寺子屋（庶民）

ファイナル チェック

- ☐ ❶ 貨幣を得るために栽培された作物を何という？ 　　　**商品作物**
- ☐ ❷ 問屋や仲買など，大商人の同業者組織を何という？ 　**株仲間**
- ☐ ❸ 儒学のうち，主従関係や上下関係を重視する一派は？ **朱子学**
- ☐ ❹ 徳川綱吉のころ，上方で栄えた文化を何という？ 　　**元禄文化**
- ☐ ❺ 米将軍と呼ばれた，享保の改革を行った第8代将軍は？ **徳川吉宗**
- ☐ ❻ ❺の人物が裁判の基準を示した法律は？ 　　　　　　**公事方御定書**
- ☐ ❼ 問屋が農民に道具などを貸して生産を行う工業の形は？ **問屋制家内工業**
- ☐ ❽ 株仲間を奨励し，商工業の発達をうながした老中は？ **田沼意次**
- ☐ ❾ 寛政の改革を行った老中は？ 　　　　　　　　　　　**松平定信**
- ☐ ❿ 全国の海岸線を測量し，日本地図を作った人物は？ 　**伊能忠敬**
- ☐ ⓫ 文化・文政年間に江戸で栄えた庶民の文化は？ 　　　**化政文化**
- ☐ ⓬ 読み・書き・そろばんなどを教えた民間の教育施設は？ **寺子屋**
- ☐ ⓭ 理由を問わず全ての外国船の撃退を命じた法令は？ 　**異国船打払令**
- ☐ ⓮ 1837年に乱を起こした，元大阪町奉行所の役人は？ 　**大塩平八郎**
- ☐ ⓯ 天保の改革を行った老中は？ 　　　　　　　　　　　**水野忠邦**

第5章　開国と近代日本の歩み
1節　欧米における近代化の進展

年表で チェック

年	できごと
1640	ピューリタン革命が起こる
1688	[名誉]革命が起こる
1775	アメリカの独立戦争が起こる
	[イギリス]で産業革命
1789	[フランス]革命が起こる
	「国民」意識の登場
1804	[ナポレオン]が皇帝となる
1814	ウィーン会議
1853	クリミア戦争が起こる
1861	イタリア王国が成立
	[南北]戦争が起こる
1871	[ドイツ]が統一される

▶ 啓蒙思想家

ロック	[社会契約説]・抵抗権
[ルソー]	人民主権
モンテスキュー	[三権分立]

▶ 17 ～ 18 世紀の欧米における革命
・ピューリタン革命，名誉革命
　　→[権利章典]の制定
・アメリカの独立革命
　　→[独立宣言]が出される
　　　合衆国憲法の制定
・フランス革命
　　→[人権宣言]が出される

ファイナル チェック

☐❶18世紀ヨーロッパの市民革命に影響を与えた思想は？　　啓蒙思想
☐❷社会契約説や抵抗権を唱えた思想家は？　　ロック
☐❸イギリスで起こったピューリタン革命の指導者は？　　クロムウェル
☐❹憲法に基づいて君主が政治を行う体制を何という？　　立憲君主制
☐❺国王が政治権力の全てをにぎる体制を何という？　　絶対王政
☐❻ナポレオンが人権宣言をふまえて定めた法は？　　民法〔ナポレオン法典〕
☐❼19世紀，徴兵制とともに各国に普及した教育は？　　義務教育
☐❽1851年，世界初の万国博覧会が開かれた都市は？　　ロンドン
☐❾「鉄血宰相」と呼ばれた，ドイツ統一の指導者は？　　ビスマルク
☐❿ロシアが不凍港などを求めて採った政策は？　　南下政策
☐⓫奴隷制をめぐる対立からアメリカで起こった戦争は？　　南北戦争
☐⓬⓫のとき，奴隷の解放を宣言した大統領は？　　リンカン
☐⓭18世紀にイギリスで始まった産業と社会の変化は？　　産業革命
☐⓮資本家が労働者を雇う経済の仕組みを何という？　　資本主義
☐⓯19世紀に，「資本論」を著した社会主義者は？　　マルクス

スピードチェック

第5章　開国と近代日本の歩み
2節　欧米の進出と日本の開国
3節　明治維新(1)

年表で チェック

年	できごと
1840	[アヘン戦争]が起こる
1853	[ペリー]が浦賀に来航
1854	[日米和親条約]を結ぶ
1857	[インド]大反乱が起こる
1858	日米修好通商条約を結ぶ
1866	[薩長同盟]が成立
1867	[大政奉還]
	[王政復古]の大号令
1868	[戊辰戦争]が起こる
	[五箇条]の御誓文
1869	[版籍奉還]
1871	廃藩置県

▶明治維新の三大改革
・[学制]…1872年，6歳以上の男女に小学校教育を受けさせる
・[徴兵令]…1873年，兵役の義務
・地租改正…1873年，税制の改革，地価の[3]％を現金で納める
　→反対一揆で，[2.5]％に引き下げ

▶華族・士族・平民の割合

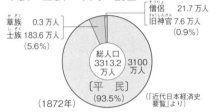

華族 0.3万人
士族183.6万人（5.6％）
僧侶 21.7万人
旧神官 7.6万人（0.9％）
総人口 3313.2万人　3100万人
[平　民]（93.5％）
（1872年）
（「近代日本経済史要覧」より）

ファイナル チェック

☐❶アヘン戦争後に，清の各地に広まった反乱は？ — 太平天国の乱
☐❷日米和親条約で開港した2つの港は？ — 下田，函館
☐❸1858年に，日本がアメリカと結んだ通商条約は？ — 日米修好通商条約
☐❹天皇を尊び，外国の勢力を排除しようとした運動は？ — 尊王攘夷運動
☐❺❸を結んだ大老で，桜田門外の変で暗殺されたのは？ — 井伊直弼
☐❻薩摩藩で実権をにぎったのは西郷隆盛とだれ？ — 大久保利通
☐❼大政奉還を行った，第15代将軍は？ — 徳川慶喜
☐❽明治初期の改革と社会の動きを何という？ — 明治維新
☐❾薩摩・長州・土佐・肥前の4藩の出身者が実権をにぎったことから，新政府は何と呼ばれた？ — 藩閥政府
☐❿税は，地価の3％を現金で納めるようにした改革は？ — 地租改正
☐⓫「富国」実現のために産業を育てた政策を何という？ — 殖産興業
☐⓬群馬県に造られた官営模範工場を何という？ — 富岡製糸場
☐⓭欧米文化の採用で生活が変化したことを何という？ — 文明開化
☐⓮「学問のすゝめ」で，人間の平等を説いたのは？ — 福沢諭吉

スピードチェック

第5章　開国と近代日本の歩み
3節　明治維新(2)

年表で チェック

年	できごと
1871	日清修好条規を結ぶ
1874	〔民撰議院設立〕の建白書
1875	樺太・〔千島〕交換条約を結ぶ
1876	〔日朝修好〕条規を結ぶ
1877	〔西南戦争〕が起こる
1879	〔琉球〕処分
1880	国会期成同盟の結成
1881	国会開設の勅諭
1885	内閣制度ができる
1889	〔大日本帝国憲法〕の発布
	立憲政治が始まる
1890	第1回〔帝国〕議会

▶大日本帝国憲法による国の仕組み

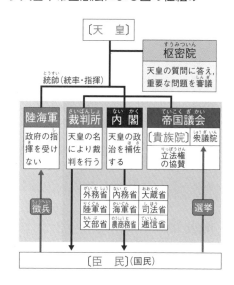

ファイナル チェック

- ☐❶欧米に派遣され，政治や産業を視察した使節は？　岩倉使節団
- ☐❷1871年に清と対等の立場で結んだ条約は？　日清修好条規
- ☐❸朝鮮に対し，武力で開国をせまろうとする考え方は？　征韓論
- ☐❹政府に改められた，蝦夷地の新しい名称を何という？　北海道
- ☐❺❹の開拓の中心となった，農業兼業の兵士は？　屯田兵
- ☐❻1879年に，琉球藩を廃止して置かれた県は？　沖縄県
- ☐❼民撰議院設立の建白書を提出した人物は？　板垣退助
- ☐❽国民が政治に参加する権利の確立を目指す運動は？　自由民権運動
- ☐❾西南戦争の中心となった人物は？　西郷隆盛
- ☐❿大阪で結成された，国会開設を求める全国的な組織は？　国会期成同盟
- ☐⓫❼が結成した政党を何という？　自由党
- ☐⓬政府を追われ，立憲改進党の党首となった人物は？　大隈重信
- ☐⓭1885年にできた行政の仕組みを何という？　内閣制度
- ☐⓮初代の内閣総理大臣となった人物は？　伊藤博文
- ☐⓯1890年，忠君愛国の道徳が示された教育の柱は？　教育勅語

第5章　開国と近代日本の歩み
4節　日清・日露戦争と近代産業

年表で チェック

年	できごと
1894	領事裁判権の撤廃
	[日清戦争]が起こる
1895	下関条約を結ぶ
	[三国干渉]を受ける
1902	[日英同盟]を結ぶ
1904	[日露戦争]が起こる
1905	ポーツマス条約を結ぶ
1910	[韓国]を併合する
1911	関税自主権の回復
	[辛亥革命]が起こる
1912	[中華民国]の成立
	清がほろびる

▶条約改正への道のり
・井上馨の[欧化政策]…鹿鳴館
・[ノルマントン]号事件（1886年）
　→条約改正を求める世論が高まる
・大日本帝国憲法発布で交渉が進む
・[陸奥宗光]が領事裁判権撤廃（1894年）
・[小村寿太郎]が関税自主権回復（1911年）

▶近代文化

日本画	[横山大観]	小説	樋口一葉
西洋画	黒田清輝		夏目漱石
音楽	[滝廉太郎]		[森鷗外]
医学	北里柴三郎，野口英世		

ファイナル チェック

☐❶列強が，アジア・アフリカなどを植民地化した動きは？　帝国主義

☐❷1894年，朝鮮半島南部でおこった，東学を信仰する団体による暴動を何という？　甲午農民戦争

☐❸外国人の犯罪は外国の領事が裁く権利を何という？　領事裁判権

☐❹日清戦争の講和条約は？　下関条約

☐❺三国干渉によって，日本が清に返還した地域は？　遼東半島

☐❻1899年に中国で起こった，列強に反対する運動は？　義和団事件

☐❼ロシアに対抗するために日本と同盟を結んだ国は？　イギリス

☐❽日露戦争の講和条約は？　ポーツマス条約

☐❾韓国併合で置かれた，植民地支配のための機関は？　朝鮮総督府

☐❿❽で得た利権から，満州に設立された半官半民の会社は？　南満州鉄道株式会社

☐⓫三民主義を唱え，辛亥革命を指導した人物は？　孫文

☐⓬下関条約の賠償金によって建設された製鉄所は？　八幡製鉄所

☐⓭三井・三菱など，日本の経済を支配した資本家は？　財閥

☐⓮黄熱病の研究者で，ガーナで亡くなった人物は？　野口英世

年表で チェック

年	できごと
1914	[第一次世界大戦]が始まる
1915	中国に[二十一か条の要求]を出す
1917	[ロシア革命]が起こる
1918	[シベリア]出兵が行われる
1919	パリ講和会議が開かれる
1920	[国際連盟]が発足
1921	ワシントン会議が開かれる
1922	[ソ連]の成立
1923	関東大震災
1925	治安維持法の成立 [普通選挙法]の成立

▶ **第一次世界大戦後の世界**
・講和条約…[ベルサイユ]条約
・国際連盟…[ウィルソン]の提案
・[民族自決]…民族が自己決定権を持っているという考え方
・軍縮会議…アメリカの呼びかけで[ワシントン]会議を開催

▶ **アジアの民族運動**
・中国…日本の二十一か条の要求により[五・四運動]が起こる
・朝鮮…[三・一独立運動]が起こる
・インド…[ガンディー]の非暴力・不服従の運動

ファイナル チェック

☐❶「ヨーロッパの火薬庫」と呼ばれていた半島はどこ？　バルカン半島

☐❷第一次世界大戦で対立した2つのブロックは？　三国同盟，三国協商

☐❸ロシア革命を指導した社会主義者は？　レーニン

☐❹政府の計画に基づくソ連の経済政策を何という？　五か年計画〔計画経済〕

☐❺国際連盟の本部が置かれた都市は？　ジュネーブ

☐❻ドイツでできた労働者の権利の保護を定めた憲法は？　ワイマール憲法

☐❼大正時代に起きた，藩閥をたおし，憲法に基づく政治を守ることをスローガンとする運動は？　護憲運動

☐❽米の値段の上昇に対し，米の安売りを求めた騒動は？　米騒動

☐❾本格的な政党内閣を組織した「平民宰相」は？　原敬

☐❿大正時代に高まった民主主義的な風潮を何という？　大正デモクラシー

☐⓫1922年，部落解放運動のために結成された団体は？　全国水平社

☐⓬青鞜社を結成し，女性解放運動を行った人物は？　平塚らいてう

☐⓭1925年に選挙権をあたえられたのはどんな人？　満25歳以上の男子

☐⓮普通選挙法と同時に制定された法は？　治安維持法

第6章　二度の世界大戦と日本
3節　世界恐慌と日本の中国侵略
4節　第二次世界大戦と日本

年表で チェック

年	できごと
1929	[世界恐慌]が起こる
1931	[満州事変]が起こる
1932	[五・一五]事件が起こる
1933	日本が[国際連盟]を脱退する
1936	[二・二六]事件が起こる
1937	日中戦争が起こる
1938	[国家総動員]法の公布
1939	第二次世界大戦が起こる
1940	[日独伊]三国同盟を結ぶ
1941	[太平洋]戦争が始まる
1945	原子爆弾の投下
	ポツダム宣言の受諾→降伏

▶各国の恐慌対策
・アメリカ→ローズベルト大統領の
　[ニューディール]政策や公共事業
・イギリス，フランス→[ブロック経済]
・[ソ連]→「五か年計画」による計画経
　済で影響を受けなかった
▶原爆ドーム…広島県広島市

▲人類の負の遺産として[世界遺産]
　に登録

ファイナル チェック

☐❶1929年10月に株価の大暴落が始まった都市は？　ニューヨーク
☐❷個人の自由や民主主義を否定する全体主義的な体制は？　ファシズム
☐❸イタリアで❷を進めたファシスト党を率いた人物は？　ムッソリーニ
☐❹ドイツのヒトラーが率いた党はカタカナで何という？　ナチス
☐❺❹が差別し，迫害した民族は？　ユダヤ人
☐❻1923年に起こり，経済に大きな打撃となった災害は？　関東大震災
☐❼中国で，孫文の死後の新しい国民党の指導者は？　蔣介石
☐❽満州事変後に関東軍によって建国された国は？　満州国
☐❾1937年，盧溝橋事件をきっかけに始まった戦争は？　日中戦争
☐❿挙国一致のため，政党が解散して合流したのは？　大政翼賛会
☐⓫ドイツのポーランド侵攻から始まった戦争を何という？　第二次世界大戦
☐⓬都市部の小学生を集団で農村へ避難させることは？　疎開
☐⓭文科系の大学生が軍隊に召集されたことを何という？　学徒出陣
☐⓮８月６日に広島，９日に長崎に投下された爆弾は？　原子爆弾
☐⓯日本に対して軍隊の無条件降伏などを求めた宣言は？　ポツダム宣言

年表で チェック

年	できごと
1946	〔日本国憲法〕の公布
	〔冷戦〕による東西対立
1949	〔中華人民共和国〕の成立
1950	朝鮮戦争が起こる
1951	サンフランシスコ平和条約・
	〔日米安全保障条約〕を結ぶ
1955	〔アジア・アフリカ〕会議
1956	日本が〔国際連合〕に加盟する
1973	〔石油危機〕(オイルショック)
1978	〔日中平和友好条約〕を結ぶ
1990	東西〔ドイツ〕統一
2011	東日本大震災

▶**戦後の五大改革**
・〔財閥〕の解体
・〔農地改革〕…自作農の増加
・労働組合法の制定…労働者の地位向上
・選挙法改正…満〔20〕歳以上の男女に
選挙権があたえられる
・日本国憲法の制定…〔国民主権〕・
〔基本的人権〕の尊重・〔平和〕主義

▶**主な略称と正式名称**
・NATO…北大西洋条約機構
・〔EU〕…ヨーロッパ連合 (1993年)
・〔PKO〕…平和維持活動
・APEC…〔アジア太平洋経済協力会議〕
・〔NGO〕…非政府組織

ファイナル チェック

☐❶連合国軍最高司令官総司令部の略称は？　　GHQ

☐❷❶の最高司令官はだれ？　　マッカーサー

☐❸戦後の民主主義教育の基本を示す法を何という？　　教育基本法

☐❹日本国憲法が公布されたのはいつ？　　1946年11月3日

☐❺1950年に韓国と北朝鮮の間で起こった戦争は？　　朝鮮戦争

☐❻❺のとき作られた警察予備隊は1954年に何になった？　　自衛隊

☐❼戦後，日本が独立を回復した条約は？　　サンフランシスコ平和条約

☐❽自由民主党が，野党第一党の日本社会党と対立しなが　　55年体制
　　ら，38年間政権を取り続けたことを何という？

☐❾1972年，日本と中国との国交を正常化した声明は？　　日中共同声明

☐❿核兵器を「持たず，つくらず，持ちこませず」の原則は？　　非核三原則

☐⓫戦後の日本で，高い経済成長が続いたことを何という？　　高度経済成長

☐⓬1989年に開かれ，冷戦の終結を宣言した会談は？　　マルタ会談

☐⓭1975年に始まった主要国首脳会議を何という？　　サミット

☐⓮1991年に崩壊した，経済の不健全な好況を何という？　　バブル経済

定期テスト対策

得点アップ！ 予想問題

1 この「予想問題」で実力を確かめよう！

時間もはかろう

2 「解答と解説」で答え合わせをしよう！

3 わからなかった問題は戻って復習しよう！

この本での学習ページ

スキマ時間でポイントを確認！
別冊「スピードチェック」も使おう

●予想問題の構成

回数	教科書ページ	教科書の内容	この本での学習ページ
第1回	8〜35	第1章　歴史へのとびら／第2章　古代までの日本①	2〜3/4〜13
第2回	36〜51	第2章　古代までの日本②	16〜25
第3回	64〜73	第3章　中世の日本①	30〜35
第4回	74〜87	第3章　中世の日本②	36〜45
第5回	100〜123	第4章　近世の日本①	50〜61
第6回	124〜137	第4章　近世の日本②	62〜69
第7回	150〜167	第5章　開国と近代日本の歩み①	74〜85
第8回	168〜197	第5章　開国と近代日本の歩み②	86〜103
第9回	208〜221	第6章　二度の世界大戦と日本①	108〜117
第10回	222〜239	第6章　二度の世界大戦と日本②	118〜127
第11回	252〜255	第7章　現代の日本と私たち①	132〜133/140〜141
第12回	256〜271	第7章　現代の日本と私たち②	134〜141
第13回	8〜271	歴史の総合問題①	−
第14回	8〜271	歴史の総合問題②	−
第15回	8〜271	歴史の総合問題③	

社会歴史　東京書籍版

第1章　歴史へのとびら
第2章　古代までの日本①

解答 p.37

15分　/100

1 右の地図を見て，次の問いに答えなさい。 8点×8（64点）

(1)　**A・C**でおこった文明をそれぞれ何
　　といいますか。

(2)　**A・B・C**でおこった文明に関係あ
　　るものを，次からそれぞれ選びなさい。
　　ア　パルテノン神殿
　　イ　くさび形文字
　　ウ　モヘンジョ・ダロ
　　エ　ピラミッド

(3)　**D**の地域で作られた，漢字の基になった文字を何といいますか。

(4)　**D**の地域でおこった次の出来事を，古い順に並べなさい。
　　ア　始皇帝が中国を統一する。　　　イ　孔子が儒学を説く。
　　ウ　漢が中国を統一する。　　　　　エ　万里の長城が築かれる。

(5)　**E**でおこった宗教を，次から選びなさい。
　　ア　仏教　　イ　キリスト教　　ウ　イスラム教　　エ　ユダヤ教

(1)	A		C		(2)	A		B		C
(3)			(4)	→	→	→		(5)		

2 右の資料を見て，次の問いに答えなさい。 6点×6（36点）

(1)　**A**の道具を何といいますか。

(2)　**A**の道具は主にどのように使用さ
　　れたと考えられていますか。簡単に
　　書きなさい。

(3)　**A**と同じころ使われた土器を，次
　　から選びなさい。
　　ア　須恵器　　イ　弥生土器
　　ウ　縄文土器

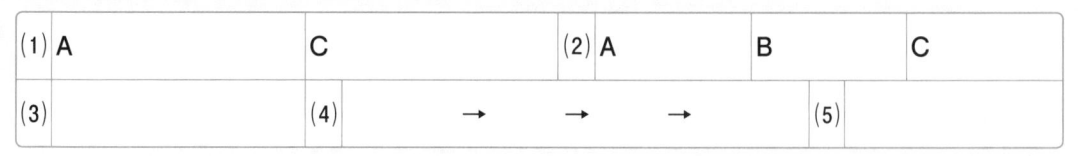

(4)　**B**は日本最大級の古墳です。このような形の古墳を何といいますか。

(5)　古墳の表面に置かれた，円筒形や人，動物などの形をした焼き物を何といいますか。

(6)　奈良盆地を中心とする地域に成立した強い政権を何といいますか。

(1)		(2)			
(3)		(4)		(5)		(6)	

第2章　古代までの日本②

解答 p.37

15分

/100

1 右の年表を見て，次の問いに答えなさい。　　7点×10(70点)

(1)　A～Cにあてはまる語句をそれぞれ書きなさい。

(2)　aの聖徳太子が定めた次の①・②は何ですか。
　①　家柄にとらわれず才能や功績のある人物を取り
　　立てる仕組み。
　②　役人の心構えを示した決まり。

(3)　bの大化の改新の中心人物のうち，後に即位して
　天智天皇になったのはだれですか。

(4)　cの律令に基づく政治について述べた文として正
　しいものを，次から選びなさい。
　ア　12歳以上の男女に口分田があたえられた。
　イ　収穫量の3%の稲を庸として納めた。
　ウ　地方は，国・市・里に分けられた。
　エ　九州では大宰府が外交や防衛に当たった。

年	できごと
593	聖徳太子が政務に参加する…a ア
645	大化の改新が始まる…………b イ
672	（ A ）の乱が起こる ウ
701	大宝律令が制定される………c エ
710	（ B ）に都を移す オ
743	墾田永年私財法が出される…d
794	（ C ）に都を移す……………e
894	遣唐使が停止される…………f
1016	藤原道長が摂政になる

(5)　dの墾田永年私財法によって，大化の改新で定められた土地と人民は国のものとする方
　針がくずれました。この方針を何といいますか。

(6)　eからfの間に，唐から帰国した空海が始めた仏教の宗派を何といいますか。

(7)　日本が唐・新羅連合軍に敗れた戦いがあった時期を，年表中のア～オから選びなさい。

(1)A	B	C	(2)①		②	
(3)		(4)	(5)	(6)	(7)	

2 次の文を読んで，あとの問いに答えなさい。　　5点×6(30点)

　A　（ a ）は日本最古の木造建築とされ，世界遺産に登録されている。
　B　聖武天皇は，□□□ために，都に東大寺の大仏を造らせた。
　C　平等院鳳凰堂は，（ b ）信仰を背景に建てられた阿弥陀堂である。

(1)　a・bにあてはまる語句をそれぞれ書きなさい。

(2)　□□□にあてはまる語句を10字以内で書きなさい。

(3)　A・Cのころの文化をそれぞれ何といいますか。

(4)　一般の人々に仏教を広め，Bの大仏造りにも協力した僧はだれですか。

(1)a	b	(2)		
(3)A	C	(4)		

解答 ▶ p.37

第**3**回
予想問題

第3章　中世の日本①

⏱ **15**分

/100

1 右の地図を見て，次の問いに答えなさい。

8点×8（64点）

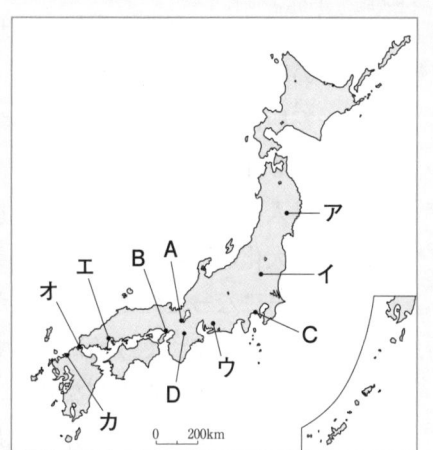

(1)　地図中の**A**の都について，次の問いに答えなさい。

① 1086年，白河天皇は位をゆずって上皇になった後も政治を行いました。このような政治の体制を何といいますか。

② 12世紀に**A**の都を中心に起こった二つの戦乱の後，平氏が政権をとりました。この二つの戦いを，次から2つ選びなさい。

ア　前九年合戦　　イ　保元の乱
ウ　壬申の乱　　　エ　平治の乱
オ　後三年合戦　　カ　平将門の乱

(2)　**B**の港を整備して，日宋貿易を進めた人物はだれですか。

(3)　**C**に鎌倉幕府を開いたのはだれですか。

(4)　**D**にある東大寺南大門が再建されたとき，金剛力士像を造った中心人物はだれですか。

(5)　次の①・②の「この地」の位置を，地図中の**ア**～**カ**から選びなさい。

① この地は奥州藤原氏の本拠地で，中尊寺金色堂が建てられた。

② 源義経に攻められた平氏は，この地で滅亡した。

(1)①		②		(2)	
(3)		(4)		(5)①	②

2 将軍と御家人の関係を示した右の図を見て，次の問いに答えなさい。

6点×6（36点）

(1)　**A**・**B**にあてはまる語句を，それぞれ書きなさい。

(2)　次の文中の□□にあてはまる語句を，それぞれ書きなさい。

　幕府は，国ごとに ① ，荘園・公領ごとに ② を置き，御家人を任命した。

(3)　将軍にかわって政治を行った北条泰時が，1232年に御家人に出した，土地などに関する政治判断の決まりを何といいますか。

(4)　鎌倉時代に開かれるようになった定期市は，どのような場所で開かれましたか。

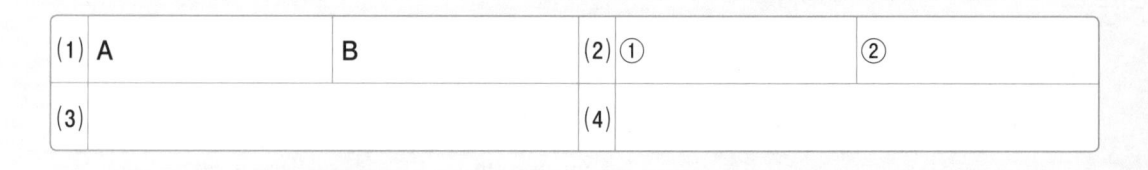

(1)A	B	(2)①	②
(3)		(4)	

第3章　中世の日本②

解答　p.37

15分　/100

1 右の年表を見て，次の問いに答えなさい。

8点×10(80点)

(1) a・bについて，次の問いに答えなさい。

① このできごとを合わせて何といいますか。

② このときの元の皇帝はだれですか。

③ このときの鎌倉幕府の執権はだれですか。

④ 資料は，aのときの戦いの様子です。元軍の攻撃の特徴は，集団戦法ともう一つは何ですか。資料を参考に簡単に書きなさい。

(2) cについて，次の文中の□にあてはまる語句をそれぞれ書きなさい。

室町幕府の将軍の補佐役である①には，国司の権限を吸収して国内の武士をまとめた②が交代で任命された。

(3) dの貿易を始めた人物はだれですか。また，この貿易で勘合が使われたのは，正式な貿易船と何の船を区別するためですか。

(4) eののち，実力のある者が上の身分の者に打ち勝つ風潮が広がりました。この風潮を何といいますか。

(5) 後醍醐天皇が建武の新政を行った時期を，年表中のア～エから選びなさい。

年	できごと
1274	文永の役…………………a
1281	弘安の役…………………b
	ア
1338	室町幕府が成立………c
	イ
1404	勘合貿易が始まる……d
	ウ
1467	応仁の乱…………………e
	エ
1485	山城国一揆

資料

(1)	①		②		③	
(1)	④			(2) ①		②
(3)	将軍	船		(4)		(5)

2 室町時代について，次の文を読んで，あとの問いに答えなさい。

5点×4(20点)

A　都市では商工業者が（　a　）を結成し，土倉や酒屋が金貸しを行った。
B　観阿弥・世阿弥父子は（　b　）を大成した。
C　現在の和室の原型となる（　c　）が生まれた。

(1) a～cにあてはまる語句をそれぞれ書きなさい。

(2) Aの下線部をおそい，借金の帳消しを求める行動を何といいますか。

(1) a	b	c	(2)

第**5**回
予想問題

第4章　近世の日本①

解答 ▶ p.38

⏰ **15**分

/100

---

1 右の年表を見て，次の問いに答えなさい。

7点×10（70点）

(1)　aのころ，イタリアではルネサンスが盛んでした。次の作品の作者を書きなさい。

　① 「ダビデ」

　② 「モナ・リザ」

(2)　bの□にあてはまる語句を書きなさい。

(3)　A～Cにあてはまる人物を，次からそれぞれ選びなさい。

　ア　バスコ・ダ・ガマ　　イ　マゼラン

　ウ　コロンブス　　　　　エ　ザビエル

年	できごと
1453	ビザンツ帝国がほろびる……a
1492	（ A ）がアメリカに到達
1498	（ B ）がインドに到達
1517	ルターが□を始める………b
1519	（ C ）が世界一周に出発
1576	織田信長が安土城を築く……c
1588	豊臣秀吉が刀狩令を出す……d

(4)　cの織田信長，dの豊臣秀吉について，次のうち，関連の深い出来事を3つずつ選び，年代の古い順に並べなさい。

　ア　本能寺の変　　イ　朝鮮侵略　　ウ　全国統一達成

　エ　長篠の戦い　　オ　太閤検地　　カ　室町幕府の滅亡

(5)　cの安土城下で行われた，座をなくし，市での税を免除した政策を何といいますか。

(6)　dの刀狩令を出した目的を簡単に書きなさい。

(1)①		②		(2)	
(3)A	B	C	(4)c	→	→
(4)d	→	→	(5)		
(6)					

---

2 右の地図を見て，次の問いに答えなさい。

5点×6（30点）

(1)　江戸幕府が出した，大名統制のための法令を何といいますか。

(2)　(1)の法令に，参勤交代が加えられたときの将軍はだれですか。

(3)　次の①～④は，鎖国下で開かれていた四つの窓口に関係の深い場所です。地図中のア～エからそれぞれ選びなさい。

　① 朝鮮とは，この藩が窓口となって交易が行われた。

　② 中国とオランダとの交易の窓口はこの都市だった。

　③ 薩摩藩に服属したこの国は，清にも朝貢した。

　④ この藩は，アイヌ民族との交易を独占した。

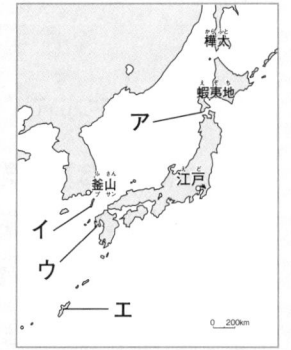

(1)		(2)		(3)①	②	③	④

第**6**回
予想問題

第4章　近世の日本②

解答 p.38

15分

/100

1 右の年表を見て，次の問いに答えなさい。

7点×10（70点）

(1) Aにあてはまる，裁判の基準となる法律を何といいますか。

(2) Bに共通してあてはまる役職を何といいますか。

(3) a～dの政治にあてはまるものを，次からそれぞれ選びなさい。

　ア　株仲間の解散

　イ　長崎貿易の拡大

　ウ　上げ米の制

　エ　幕府の学問所で朱子学を学ばせる。

(4) a・c・dの改革を，それぞれ何といいますか。

(5) 大塩の乱が起こった時期を，年表中のア～エから選びなさい。

年	できごと
1685	生類憐みの政策が始まる
	ア
1716	徳川吉宗が将軍になる……a
1742	（ A ）の制定
	イ
1772	田沼意次が（ B ）になる…b
	ウ
1787	松平定信が（ B ）になる…c
	エ
1841	水野忠邦が（ B ）になる…d

(1)		(2)		(3) a		b		c		d	
(4) a		c			d			(5)			

2 次の文を読んで，あとの問いに答えなさい。

5点×6（30点）

A　江戸時代はa農業が発達し，b交通が整備されてc都市が繁栄した。

B　杉田玄白らがオランダ語で書かれた解剖書を翻訳し，「（ あ ）」として出版した。

C　本居宣長は「古事記伝」を著して（ い ）を大成した。

(1) 下線部aについて，右の農具は農作業にどのような変化をもたらしましたか。簡単に書きなさい。

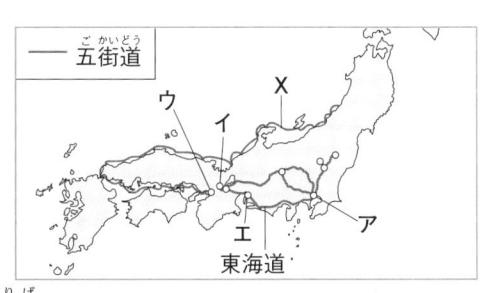

五街道

X

ウ

イ

エ

ア

東海道

(2) 下線部bについて，次の問いに答えなさい。

　① 地図中のXの航路を何といいますか。

　② 地図中の東海道を題材にした「東海道中膝栗毛」の作者はだれですか。

(3) 下線部cについて，「天下の台所」と呼ばれた都市を，地図中のア～エから選びなさい。

(4) あ・いにあてはまる語句をそれぞれ書きなさい。

(1)			(2) ①		②	
(3)		(4) あ		い		

第**7**回
予想問題

第5章　開国と近代日本の歩み①

解答 p.38

15分

/100

1 右の年表を見て，次の問いに答えなさい。

8点×8（64点）

(1) A・Bにあてはまる語句をそれぞれ書きなさい。

(2) aのころから，イギリスでは蒸気機関の改良をきっかけに産業の仕組みが大きく変化しました。これを何といいますか。

(3) aについて，この戦争でアメリカはどこの国から独立しましたか。

(4) bの革命の最中に出された，右下の資料を何といいますか。

(5) cの戦争を何といいますか。

(6) X・Yに関係の深い人物を，次からそれぞれ選びなさい。

　ア　ワシントン　　イ　リンカン
　ウ　ビスマルク　　エ　クロムウェル

年	できごと
1640	イギリスで（ A ）革命が起こる
1688	イギリスで名誉革命が起こる
1775	アメリカ独立戦争が始まる……a
1789	フランス革命が起こる…………b
1804	ナポレオンが皇帝になる
1840	清がイギリスと戦う……………c
1851	清で太平天国の乱が起こる
1857	ムガル帝国で（ B ）が起こる
1861	Xアメリカで南北戦争が始まる
1871	Yドイツ帝国が成立する

第1条　人は生まれながらに，自由で平等な権利を持つ。…
第3条　主権の源は，もともと国民の中にある。…

(1)A		B		(2)		(3)	
(4)			(5)			(6)X	Y

2 右の地図を見て，次の問いに答えなさい。

6点×6（36点）

(1) ペリーが来航した場所を，地図中の@〜dから選びなさい。

(2) 日米和親条約によって開港された港を，地図中のア〜カから2つ選びなさい。

(3) 日米修好通商条約の日本にとって不平等である内容を，2つ簡単に書きなさい。

(4) 幕末に起こった次の出来事を，古い順に並べなさい。

　ア　薩長同盟の成立　　イ　安政の大獄
　ウ　大政奉還　　エ　薩英戦争

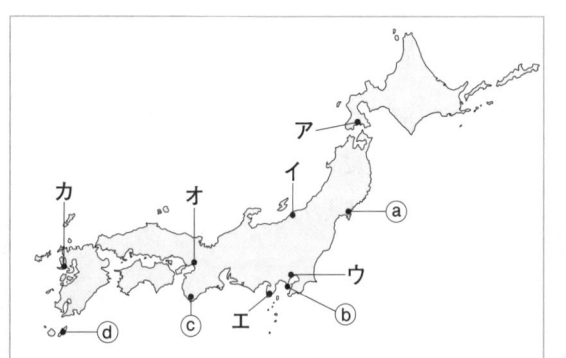

(1)		(2)			(3)	
			(4)	→	→	→

第**8**回 予想問題 | 第5章　開国と近代日本の歩み②

解答 p.38

15分 /100

1 明治維新について，次の文を読んで，あとの問いに答えなさい。 5点×4（20点）

A　明治天皇の名で（ a ）を発表し，新政府の方針を示した。

B　中央集権化を進めるため，（ b ）を行って，中央から県令・府知事を派遣した。

C　（ c ）によって，土地の所有者に現金で税を納めさせ，政府の収入を安定させた。

(1) a〜cにあてはまる語句を，次からそれぞれ選びなさい。

〔 地租改正　版籍奉還　五箇条の御誓文　教育勅語　廃藩置県 〕

(2) Aの下線部が国境の確定のためにロシアと結んだ条約を何といいますか。

(1) a		b		c		(2)	

2 右の年表を見て，次の問いに答えなさい。 (2)2点×4，他8点×9（80点）

(1) A〜Cにあてはまる語句を書きなさい。

(2) W〜Zに関係の深い人物を，次からそれぞれ選びなさい。

ア　伊藤博文　　イ　陸奥宗光
ウ　板垣退助　　エ　小村寿太郎
オ　西郷隆盛　　カ　大隈重信

(3) aの大日本帝国憲法で主権を持つとされたのはだれですか。

(4) bの帝国議会は二院制です。一つは衆議院，もう一つは何ですか。

(5) bの年に行われた衆議院議員選挙の選挙資格を書きなさい。

(6) c・dの戦争の講和条約を，それぞれ何といいますか。

(7) 国会開設の勅諭が出された時期を，年表中のア〜エから選びなさい。

年	できごと
1874	W民撰議院設立の建白書を提出
	ア
1877	鹿児島の士族が（ A ）を起こす
	イ
1882	X立憲改進党が結成される
	ウ
1885	Y内閣制度が創設される
	エ
1889	大日本帝国憲法が発布される…a
1890	第一回帝国議会が開かれる……b
1894	日清戦争が起こる………………c
1895	ロシア・フランス・ドイツに（ B ）を受ける
1904	日露戦争が起こる………………d
1910	日本が（ C ）を併合する
1911	Z条約改正が達成される

(1)	A		B		C	
(2)	W	X	Y	Z	(3)	(4)
(5)						
(6)	c	d	(7)			

第**9**回 予想問題 第6章 二度の世界大戦と日本① **15**分 /100

1 第一次世界大戦について，次の文を読んで，あとの問いに答えなさい。 5点×8（40点）

A a三国同盟と三国協商の対立と，bバルカン半島の民族運動を背景に起こった。

B 大戦中，（ あ ）の指導でロシア革命が起こり，1922年，c社会主義国家が誕生した。

C 第一次世界大戦後，（ い ）講和会議が開かれ，（ う ）条約が結ばれた。

(1) 下線部aにあてはまる国を，3つ書きなさい。

(2) 下線部bは当時何と呼ばれましたか。

(3) あ〜うにあてはまる語句を，それぞれ書きなさい。

(4) 下線部cの正式な国名を何といいますか。

(1)				(2)	
(3) あ		い	う	(4)	

2 右の年表を見て，次の問いに答えなさい。 (3)完答 6点×10（60点）

(1) A〜Dにあてはまる語句を書きなさい。

(2) aについて，日本は何を理由に第一次世界大戦に参戦しましたか。次から選びなさい。

　ア 日米和親条約　　イ 日清修好条規

　ウ 日英同盟　　エ ワシントン海軍軍縮条約

(3) bの要求を①出した国と②受け入れた国を，次からそれぞれ選びなさい。

　ア 日本　　イ 朝鮮

　ウ 中国　　エ ドイツ

(4) cの国際連盟の設立を提唱したアメリカ大統領はだれですか。

(5) dの普通選挙法で認められた選挙資格を書きなさい。

(6) 日本初の本格的な政党内閣が成立した時期を，年表中のア〜エから選びなさい。また，その時の首相はだれですか。

年	できごと
1912	第一次（ A ）運動で桂内閣が退陣 ア
1914	第一次世界大戦が始まる………a
1915	二十一か条の要求を提出………b イ
1918	（ B ）で寺内内閣が退陣 ウ
1919	朝鮮で（ C ）運動が起こる
1920	国際連盟の常任理事国になる…c エ
1925	（ D ）法・普通選挙法が成立…d

(1) A		B		C		D	
(2)		(3)①	②	(4)			
(5)				(6) 時期	首相		

第6章　二度の世界大戦と日本②

15 分

/100

1 右のグラフを見て，次の問いに答えなさい。

6点×6（36点）

(1) Xの年を境に，多くの国の鉱工業生産が落ちこみました。この年にアメリカから世界中に広まった大不況を何といいますか。

(2) Aは計画経済を進めていたため，(1)の影響を受けませんでした。Aの国名を書きなさい。

(3) Bが(1)に対して行った，失業者に職をあたえるための政策の内容を簡単に書きなさい。

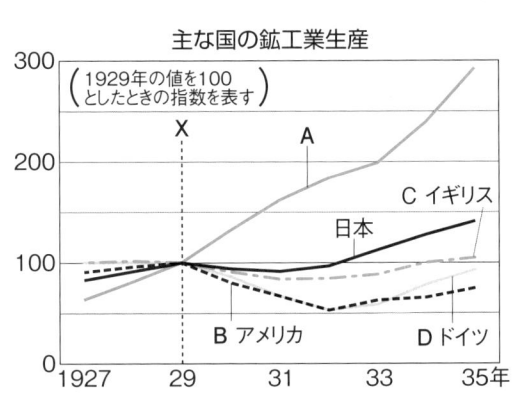

主な国の鉱工業生産

（1929年の値を100としたときの指数を表す）

(4) Cは植民地との関係を強化する政策を採りました。これを何といいますか。

(5) Dについて，次の文中の□□にあてはまる語句をそれぞれ書きなさい。

1933年に ① という政治運動を進めるナチスが政権をにぎり，首相となった ② は，軍備拡張などで経済の回復に成功した。

(1)		(2)		(3)	
(4)		(5)①		②	

2 右の年表を見て，次の問いに答えなさい。

(5)完答，8点×8（64点）

(1) A・Bにあてはまる語句を書きなさい。

(2) Xの期間に起こった次の出来事を，古い順に並べなさい。

　ア　日中戦争　　イ　日本が国際連盟を脱退
　ウ　満州事変　　エ　二・二六事件

(3) aについて，このときにポーランドに侵攻した国はどこですか。

年	できごと
1923	（ A ）大震災
1930	昭和恐慌
	X
1939	第二次世界大戦が始まる…a
1941	太平洋戦争が始まる………b
1945	原子爆弾が投下される……c
	（ B ）宣言を受諾する……d

(4) bについて，次の文中の□□にあてはまる語句を，それぞれ書きなさい。

太平洋戦争は，日本がアメリカの海軍基地があった ① 湾を奇襲したことなどによって始まった。戦争中，都会の子どもたちは，農村に集団で ② した。

(5) cについて，原爆を投下された2つの都市名を，投下された順に書きなさい。

(6) dについて，このことが国民に知らされたのは何月何日ですか。

(1)A		B		(2)	→	→	→	(3)	
(4)①		②		(5)	市		市	(6) 月	日

第**11**回
予想問題

第７章　現代の日本と私たち①

解答 ▶ p.39

15分

/100

1 日本の戦後改革について，次の文を読んで，あとの問いに答えなさい。　8点×9（72点）

A　a日本の領土は，北海道，本州，四国，九州とその周辺の島のみになった。
B　b連合国軍最高司令官総司令部は，極東（ あ ）裁判で戦犯を裁いた。
C　政治活動が自由になり，□□に選挙権が認められた。
D　c経済の民主化のため，軍国主義を経済的に支えた（ い ）が解体された。

(1)　あ・いにあてはまる語句を，それぞれ書きなさい。

(2)　下線部aのうち，アメリカの直接統治が行われた地域を，
　　次から３つ選びなさい。
　　ア　朝鮮　　イ　奄美群島　　ウ　台湾
　　エ　沖縄　　オ　北方領土　　カ　小笠原諸島

(3)　下線部bのアルファベットの略称を書きなさい。また，
　　「最高司令官」として来日した人物はだれですか。

(4)　Cの□□にあてはまる選挙資格を書きなさい。

(5)　下線部cについて，右上の資料に関係の深い改革を何といいますか。

自作・小作の農家の割合

1940年	自作 31.1%	自小作 42.1%	小作 26.8%

小作 5.1┐

1950年	自作 61.9%	自小作 32.4%

その他 0.6┘

自小作は，農家の耕地面積のうち，
自己所有の耕地が10%以上90%未満。

（完結昭和国政総覧ほか）

(1)	あ		い		(2)			
(3)	略称		人物			(4)		(5)

2 右の資料を読んで，次の問いに答えなさい。　4点×7（28点）

(1)　資料は，1946年に公布された憲法の前文です。
　　この憲法を何といいますか。

(2)　資料に示されている，(1)の基本原理を２つ書き
　　なさい。

(3)　(2)以外のもう一つの基本原理は何ですか。

(4)　この憲法公布の前後に制定・改正された法律を，
　　次から３つ選びなさい。
　　ア　労働組合法　　イ　治安維持法
　　ウ　教育基本法　　エ　国家総動員法
　　オ　教育勅語　　カ　民法

日本国民は，正当に選挙された国会
における代表者を通じて行動し，われ
らとわれらの子孫のために，諸国民と
の協和による成果と，わが国全土にわ
たつて自由のもたらす恵沢を確保し，
政府の行為によつて再び戦争の惨禍が
起ることのないやうにすることを決意
し，ここに主権が国民に存することを
宣言し，この憲法を確定する。

(1)		(2)	
(3)		(4)	

第7章　現代の日本と私たち②

解答 p.39

15分　/100

1 右の年表を見て，次の問いに答えなさい。

7点×10(70点)

年	できごと
1951	（ A ）平和条約に調印…a
1956	ソ連と国交回復…………b
1964	X
1972	中国との国交正常化……c
1989	（ B ）の壁崩壊…………d
2001	Y
2009	民主党による政権交代
2011	Z

(1)　A・Bにあてはまる語句を書きなさい。

(2)　aの条約と同時に，日本とアメリカ合衆国との間で結ばれた条約を何といいますか。

(3)　bのとき，日本とソ連の間で調印されたものを，次から選びなさい。
　　ア　日ソ中立条約　　イ　日ソ不可侵条約
　　ウ　日ソ共同宣言　　エ　日ソ平和友好条約

(4)　bの年に日本が加盟した国際組織は何ですか。

(5)　cについて，このときの中国の正式な国名を書きなさい。

(6)　dについて述べた次の文中の□□にあてはまる語句を書きなさい。
　　この出来事は，長く核戦争の危機をもたらしていた□□の終結を世界に印象づけた。

(7)　X〜Zにあてはまる出来事を，次からそれぞれ選びなさい。
　　ア　第1回サミット　　イ　環境庁設置　　ウ　東京オリンピック・パラリンピック
　　エ　東日本大震災　　オ　アメリカ同時多発テロ

(1)A		B		(2)			(3)	
(4)		(5)		(6)		(7)X	Y	Z

2 日本の経済について，次の文を読んで，あとの問いに答えなさい。

5点×6(30点)

A　（ あ ）戦争の特需景気で，日本の戦後復興が早まった。
B　a1955年から1973年まで高い経済成長率が続き，（ い ）と呼ばれた。
C　1990年代初めに（ う ）経済が崩壊し，その後はb平成不況が続いた。

(1)　あ〜うにあてはまる語句を，それぞれ書きなさい。

(2)　下線部aについて，1960年代に普及した「三種の神器」にあてはまらないものを，次から選びなさい。
　　ア　冷蔵庫　　イ　洗濯機　　ウ　パソコン　　エ　テレビ

(3)　下線部aについて，1973年に経済成長がとまったのはなぜですか。簡単に書きなさい。

(4)　下線部bについて，平成時代（1989〜2019年）の出来事を，次から選びなさい。
　　ア　阪神・淡路大震災　イ　沖縄の日本復帰　ウ　自衛隊の設置　エ　日韓基本条約

(1)あ		い		う		(2)	
(3)						(4)	

解答　p.40

第13回 予想問題　歴史の総合問題①

15分　　/100

1 次の古代から中世の人物カードについて，あとの問いに答えなさい。

10点×10（100点）

A　聖武天皇
私は，a仏教の力で国を守ろうと，国ごとに国分寺と国分尼寺を建て，b都には東大寺を建てて大仏を造らせました。

B　後鳥羽上皇
私は，c を起こしてとらえられ，隠岐に流されました。私は歌集 d の編集を命じたことでも知られています。

C　中大兄皇子
私は，後にe藤原氏の祖となった人物とともに蘇我氏をほろぼし，f大化の改新を始めました。後に，天智天皇となりました。

D　足利義政
私が将軍のとき，あとつぎ問題などから g が起こり，京都は焼け野原となりました。私はh銀閣を建てました。

E　藤原道長
私は，自分の3人目の娘が天皇のきさきになったときに「望月」の歌をよみました。そのころi国風文化が栄えていました。

F　後醍醐天皇

(1) 下線部aについて，仏教を開いた人物はだれですか。

(2) 下線部bの都を何といいますか。次から選びなさい。
　　ア　平安京　　イ　長岡京　　ウ　藤原京　　エ　平城京

(3) c・gにあてはまる戦いの名前を，次からそれぞれ選びなさい。
　　ア　壬申の乱　　イ　平治の乱　　ウ　応仁の乱
　　エ　保元の乱　　オ　壇ノ浦の戦い　　カ　承久の乱

(4) dにあてはまる歌集を，次から選びなさい。
　　ア　「万葉集」　　イ　「古今和歌集」　　ウ　「新古今和歌集」　　エ　「奥の細道」

(5) 下線部eの人物はだれですか。

(6) 下線部fのとき，それまで各地の豪族が支配していた土地や人民が国のものとなりました。これを何といいますか。

(7) 下線部hが建てられたころ，水墨画を大成し，「秋冬山水図」をえがいた人物はだれですか。

(8) 下線部iについて，Eの娘に仕えた紫式部が書いた長編小説を何といいますか。

(9) Fのカードの空欄に，ほかのカードを参考にして，「後醍醐天皇」を紹介する文を書きなさい。

(1)		(2)		(3) c		g		(4)	
(5)			(6)			(7)		(8)	
(9)									

第**14**回
予想問題

歴史の総合問題②

解答 p.40

15分　/100

1 右の年表を見て，次の問いに答えなさい。

10点×10（100点）

(1) 年表中の**A～E**にあてはまる中国の国名の組み合わせとして正しいものを，次の表中の**ア～エ**から選びなさい。

	A	B	C	D	E
ア	秦 しん	唐 とう	北朝	隋 ずい	漢 かん
イ	漢	秦	北朝	唐	隋
ウ	秦	呉 ご	南朝	隋	唐
エ	漢	魏 ぎ	南朝	隋	唐

(2) **a**について記されている中国の歴史書を何といいますか。

(3) **b**の使いとともに来日し，正しい仏教の教えを広めた人物はだれですか。

(4) **c**と**f**について，**c**の貿易のために整備された港を，地図中の**ア～オ**から選びなさい。また，**f**の南蛮貿易（ばん）で栄え，鎖国（さこく）後もオランダや中国との貿易が行われた港を，地図中の**ア～オ**から選びなさい。

(5) **d**について，元軍（げん）はどこの地方に襲来（しゅうらい）しましたか。七地方区分で書きなさい。

(6) **e**の貿易では正式の貿易船と倭寇（わこう）の船を区別するために何が用いられましたか。

(7) **g**について，このときに結ばれた条約を書きなさい。

(8) **h**について，イギリスとの間で領事裁判権が撤廃（てっぱい）されたのは，ある戦争が始まる直前のことでした。この戦争を何といいますか。

(9) **i**のシベリア出兵は，隣国で起きたある出来事に干渉するために行われました。ある出来事とは何ですか。

時代	できごと
弥　生	倭の奴国の王が（ A ）に使いを送る
	卑弥呼が（ B ）に使いを送る……a
古　墳	倭の五王が（ C ）に使いを送る
飛　鳥	聖徳太子が（ D ）に使いを送る
奈　良	しばしば（ E ）に使いを送る……b
平　安	平清盛が日宋貿易を始める………c
鎌　倉	元が日本に襲来する……………d
室　町	明と朝貢の形での貿易が始まる…e
	琉球王国が貿易で栄える
安土桃山	南蛮貿易が盛んになる…………f
江　戸	東南アジアとの貿易が行われる
	鎖国が完成する
	ペリーが来航し開国する………g
明　治	条約改正が達成される…………h
大　正	シベリア出兵が行われる………i
昭　和	サンフランシスコ平和条約が結ばれる

（地図：0　200km）

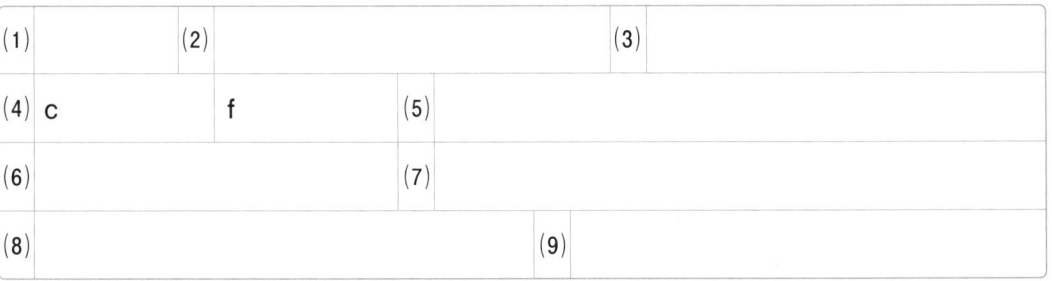

(1)		(2)			(3)	
(4) c		f		(5)		
(6)				(7)		
(8)				(9)		

第15回 予想問題　歴史の総合問題③

解答 p.40

15分　/100

1　次の資料や新聞記事の見出しなどを読んで，あとの問いに答えなさい。　10点×10(100点)

A　第1条　大日本帝国ハ万世一系ノ天皇之ヲ統治ス（大日本帝国憲法）

B　祇園精舎の鐘の声，諸行無常の響きあり。

C　元始，女性は実に太陽であった。…今，女性は月である。（「青鞜」）

D　人民の，人民による，人民のための政治（リンカンのゲティスバーグの演説）

E　けんかをした者は，いかなる理由による者でも処罰する。（甲州法度之次第）

F　首相遂に兇手に倒る　昨夜十一時廿六分絶命（「東京朝日新聞」）

G　から衣　すそに取りつき　泣く子らを　置きてぞ来ぬや　母なしにして（防人の歌）

H　あゝをとうとよ君を泣く／君死にたまふことなかれ　………（「明星」）

I　一　諸国の城は，修理する場合であっても，必ず幕府に申し出ること。

(1)　Aの憲法では，国民の権利はどう定められていましたか。簡単に書きなさい。

(2)　冒頭がBで始まる源平の争乱をえがいた物語を何といいますか。

(3)　Cは雑誌「青鞜」にかかげられた宣言です。これを書いた人物を，次から選びなさい。
　　ア　樋口一葉　　イ　平塚らいてう　　ウ　市川房枝　　エ　石川啄木

(4)　Dのリンカンの演説は，何という戦争の最中に行われたものですか。

(5)　(4)の戦争と最も近い時期に起こった日本の出来事を，次から選びなさい。
　　ア　西南戦争が起こる　　イ　異国船打払令が出される
　　ウ　薩長同盟が結ばれる　　エ　寛政の改革が行われる

(6)　Eは戦国大名が出した独自の決まりです。このような決まりを何といいますか。

(7)　Fは，五・一五事件のときの新聞の見出しです。この「首相」とはだれですか。

(8)　Gの防人がよんだ歌が収められている歌集を何といいますか。

(9)　Hは，歌人の与謝野晶子がある戦争に出征した弟の身を案じてよんだ詩です。この戦争を何といいますか。

(10)　Iの法令が出されたときの政治の仕組みを次から選びなさい。

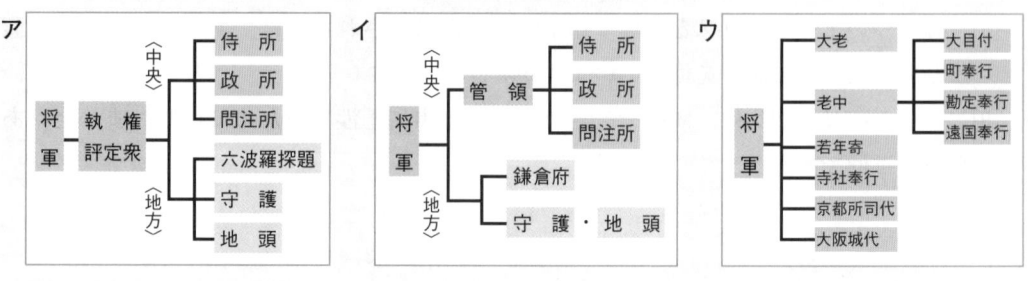

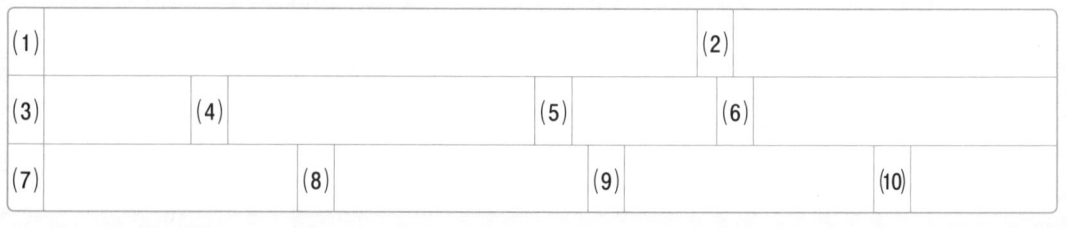

教科書ワーク 社会 特別ふろく

重要事項を
3択問題で確認！

ポイント
解説つき

ピンチアウト

地図は大きく
確認できる

間違えた問題だけを何度も確認できる！

問題▶

テスト対策や
復習に使おう！

同じ紙面に解答があって，
採点しやすい！

▼解答

中学教科書ワーク
解答と解説

この「解答と解説」は，**取りはずして** 使えます。

東京書籍版

社会 歴史

第1章 歴史へのとびら

p.2〜3　ステージ1

●教科書の要点

① キリスト
② 世紀
③ B.C.
④ A.D.
⑤ 大化（たいか）
⑥ 平安（へいあん）
⑦ 室町（むろまち）
⑧ 古代
⑨ 近世（きんせい）
⑩ 推移
⑪ 比較（ひかく）
⑫ 現在
⑬ テーマ
⑭ インターネット
⑮ 関連

●教科書の資料

(1)① 聖徳太子（しょうとくたいし）
② 源頼朝（みなもとのよりとも）
③ 徳川家光（とくがわいえみつ）
④ 伊藤博文（いとうひろぶみ）
(2)⑤ 東大寺大仏（とうだいじだいぶつ）
⑥ 金閣（きんかく）
⑦ 浮世絵（うきよえ）
⑧ 八幡製鉄所（やはたせいてつじょ）

●教科書チェック☆一問一答

① 西暦（せいれき）
② 13世紀
③ 2001年
④ 紀元前
⑤ 紀元後
⑥ 元号（げんごう）
⑦ 鎌倉時代（かまくらじだい）
⑧ 中世（ちゅうせい）
⑨ 十干十二支〔干支〕（じっかんじゅうにし〔かんし〕）
⑩ 年表

ミス注意！

★近世と近代…取りちがいに注意しよう。

近世	近代
安土桃山時代から江戸時代。	江戸時代末から太平洋戦争の終結まで。

★西暦…漢字に注意しよう。

○ 西暦	✕ 西歴
ヨーロッパで生まれた年代の表し方。	

第2章 古代までの日本

p.4〜5　ステージ1

●教科書の要点

① 猿人（えんじん）
② 旧石器
③ 打製
④ 新人
⑤ 磨製（ませい）
⑥ 土器
⑦ 農耕
⑧ 青銅器
⑨ ナイル
⑩ 象形
⑪ チグリス
⑫ くさび形
⑬ インダス
⑭ カースト

●教科書の資料

(1) A エジプト文明　B メソポタミア文明
　　C インダス文明　D 中国文明
(2) A ウ　　B ア　　C イ
(3) オリエント

●教科書チェック☆一問一答

① 原人
② ホモ・サピエンス
③ 新石器時代
④ 牧畜（ぼくちく）
⑤ 鉄器
⑥ 太陽暦（れき）
⑦ 都市国家
⑧ 太陰暦（たいいん）
⑨ ハンムラビ法典
⑩ アルファベット

ミス注意！

★打製石器と磨製石器…取りちがいに注意しよう。

打製石器	磨製石器
打製石器が使われた時代は旧石器時代。石を打ち欠いて作る。	磨製石器が使われた時代は新石器時代。石の表面をみがいて作る。

★くさび形文字…漢字に注意しよう。

○ くさび形文字	✕ くさび型文字
くさびの形を組み合わせた文字。	

なぞろう 重要語句

 猿人（えんじん）
 磨製石器（ませいせっき）
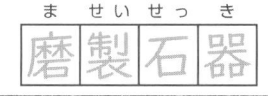 農耕や牧畜（のうこう や ぼくちく）
 太陽暦（たいようれき）

2

●教科書の要点
①長江　　　　　　②黄河
③甲骨　　　　　　④孔子
⑤始皇帝　　　　　⑥漢〔前漢〕
⑦シルクロード　　⑧ポリス
⑨民主政　　　　　⑩アレクサンドロス
⑪共和政　　　　　⑫シャカ〔釈迦〕
⑬イエス　　　　　⑭ムハンマド

●教科書の資料
(1)漢〔前漢〕
(2)ローマ
(3)シルクロード
(4)ぶどう・馬（順不同）
(5)万里の長城

●教科書チェック☆一問一答
①殷　　　　　　　②儒学〔儒教〕
③秦　　　　　　　④ギリシャ文明
⑤ヘレニズム　　　⑥ローマ帝国
⑦仏教　　　　　　⑧ユダヤ教
⑨キリスト教　　　⑩イスラム教

ミス注意！

★アテネとローマ…取りちがいに注意しよう。

アテネ	ローマ
ギリシャにある都市。	イタリアにある都市。

❶ (1)A猿人　　　B原人
　　C新人〔ホモ・サピエンス〕
　(2)打製石器
　(3)氷河時代
❷ (1)ユーフラテス川
　(2)青銅器
　(3)aウ　　bイ　　cア　　dエ
　(4)周
　(5)春秋・戦国時代
　(6)①始皇帝　　②万里の長城
　(7)交易路　シルクロード〔絹の道〕
　　品物　絹織物

❸ (1)Aペルシャ　　Bマケドニア
　　C共和政　　D帝政
　(2)①農耕　　②牧畜
　(3)アテネ・スパルタ（順不同）
　(4)オリエント
　(5)イ
❹ (1)①聖書〔新約聖書〕　　②キリスト
　(2)神　アラー　　聖典　コーラン
　(3)シャカ〔釈迦〕
　(4)ヒンドゥー教

━━━━━━━━━━━ 解　説 ━━━━━

❶ (1)人類は，猿人→原人→新人と進化するうちに，次第に脳の容積が大きくなっていった。
　(3)原人は寒さをしのぐために火を使うようになったと考えられている。
❷ (1)チグリス川とユーフラテス川は，現在のイラクを流れている。
　(4)(5)周は短命で東西に分裂し，さらに小さな国に分かれてたがいに争った。その中の一つが秦で，周りの国を従えていった。
　(6)①初めて「皇帝」という称号を用いた。②万里の長城は以後もたびたび修復され，現在見られるものは明の時代のもの。万里の長城や始皇帝陵の建造には，多くの人が重労働を課された。
❸ (1)Aペルシャは現在のイランあたりにあった国。Bマケドニアはギリシャの北にあり，アレクサンドロス大王の時代にインダス川まで領土を広げた。
　(2)農耕や牧畜により，食料を計画的に生産できるようになった。
　(5)イはローマの文明。

●教科書の要点
①縄文　　　　　　②たて穴
③稲作　　　　　　④弥生
⑤高床　　　　　　⑥青銅器
⑦鉄器　　　　　　⑧卑弥呼
⑨三国　　　　　　⑩大和
⑪大王　　　　　　⑫古墳
⑬渡来人

なぞろう 重要語句

ひみこ	ごうぞく	こふん	はにわ	こうくり
卑弥呼	豪族	古墳	埴輪	高句麗

●教科書の資料

(1)A高句麗　　B新羅
　　C百済　　　D伽耶地域

(2)イ

●教科書チェック☆一問一答

①旧石器時代　　②縄文時代
③貝塚　　　　　④弥生時代
⑤奴国　　　　　⑥邪馬台国
⑦朝貢　　　　　⑧古墳時代
⑨前方後円墳　　⑩埴輪

ミス注意！

★縄文土器と弥生土器…取りちがいに注意しよう。

縄文土器	弥生土器
厚手でもろい。	薄手でかたい。

★古墳…漢字に注意しよう。

○　古墳	×　古噴
昔の王や豪族の墓。	

p.12〜13　ステージ2

❶(1)マンモス・オオツノジカ・ナウマンゾウから1つ

(2)打製石器

(3)縄文文化

(4)たて穴

(5)貝塚

(6)土偶

❷(1)紀元前4世紀（ごろ）

(2)イ

(3)A銅鏡　　B銅鐸

(4)弥生文化

❸(1)前方後円墳

(2)埴輪

(3)①九州　　②東北　　③近畿

❹(1)邪馬台国

(2)魏

(3)ア

(4)南北朝

(5)大和政権

(6)渡来人

(7)①オ　　②イ　　③エ　　④ア

━━━ 解 説 ━━━

❶(1)長野県の野尻湖の湖底などから，化石が発見されている。

(2)このころ日本は旧石器時代。

(4)地面にあさく穴を掘り，柱を立てて屋根をかけた簡単な住居。

(6)土偶の多くは，一部が欠けた形で出土しており，何らかの儀式に用いられたと考えられている。

❷(2)奴国の王が漢（後漢）の皇帝から授けられたもの。当時の日本のことを中国では倭と呼んだため，委は倭のことだと考えられている。アは卑弥呼が魏の皇帝から授けられた称号だが，この文字の刻まれた金印は見つかっていない。ウは埼玉県稲荷山古墳出土の鉄剣などに刻まれた文字。エは高句麗の王で，石碑が残る。

(3)青銅器には銅鏡・銅剣・銅矛・銅鐸などがある。武器の形のものも，祭りの道具と考えられている。

❸(1)Aは大阪府堺市にある大仙古墳。

(3)大きな古墳がある場所は，強い勢力を持つ豪族がいたと考えられる。

❹(1)邪馬台国の位置は，九州説や畿内説などがあり，まだ分かっていない。

(2)卑弥呼のことは魏志倭人伝に載っている。

(3)イは新羅，ウは百済，エは伽耶地域（任那）。

(7)ウはイエスの教え，カはオリエントで発明された文字。日本には16世紀に伝わった。

p.14〜15　ステージ3　総合

❶(1)Aメソポタミア　　Bインダス

(2)Cナイル　　D黄河

(3)ピラミッド

(4)例北方の遊牧民の侵入を防ぐため。

❷(1)①ユダヤ教　　②仏教
　　③儒学〔儒教〕

(2)ローマ帝国

(3)ムハンマド

(4)ヘレニズム

❸(1)A銅鐸　　B埴輪　　C土偶

(2)C→A→B

(3)Aウ　　Bイ　　Cア

なぞろう　重要語句

じょうもん	やよい	やまたいこく	どぐう	ぎ	じゅがく
縄文	弥生	邪馬台国	土偶	魏	儒学

4

④ (1)ウ

(2)A邪馬台国　　B卑弥呼

(3)稲作

(4)ア

(5)例大和政権とつながりの強い豪族が九州と関東地方にいたこと。

━━━━ 解説 ━━━━

① (1)Aメソポタミアとは「２つの川の間の土地」という意味である。

(2)Cナイル川は毎年はんらんをくり返し，肥えた土を下流にもたらし，作物がよく実った。そのため「エジプトはナイルの賜物」といわれる。

② (1)①ユダヤ民族の宗教。聖典は「旧約聖書」。③孔子の教えは「論語」にまとめられた。

(2)ローマ帝国はアジア・アフリカの地中海沿岸，ヨーロッパのほぼ全域とイギリスまで支配した。

(4)Zは現在のパキスタンにあるガンダーラ地方。アレクサンドロス大王の遠征でギリシャの文化が伝わった。

③ Aは青銅器の一種で，弥生時代。Bは古墳時代。Cは縄文時代の人形。

④ (1)〜(3)邪馬台国の女王卑弥呼が中国の魏に使いを送ったのは３世紀のことで，日本は弥生時代。

(4)朝鮮半島では高句麗・百済・新羅が争っており，大和政権は百済や伽耶地域の国々との交流が深かったことから，高句麗や新羅と対立していた。

ポイント

■古代文明発祥の川と使われた文字をおさえる。

エジプト文明▶ナイル川・象形文字。メソポタミア文明▶チグリス・ユーフラテス川・くさび形文字。インダス文明▶インダス川・インダス文字。中国文明▶黄河・長江・甲骨文字。

■古代中国の国名の移り変わりをおさえる。

殷→周→春秋・戦国時代→秦→漢→三国時代（魏・呉・蜀）→南北朝時代（南朝・北朝）

■日本の原始・古代の道具をおさえる。

旧石器時代▶打製石器。縄文時代▶磨製石器・縄文土器。弥生時代▶弥生土器・金属器。

---

p.16〜17　ステージ1

●教科書の要点

①百済　②戸籍　③物部　④推古　⑤聖徳太子　⑥十七条の憲法　⑦遣隋使　⑧隋　⑨遣唐使　⑩中臣鎌足　⑪公地・公民　⑫新羅　⑬中大兄皇子　⑭壬申

●教科書の資料

(1)法隆寺

(2)聖徳太子〔厩戸皇子〕

(3)釈迦三尊像

(4)飛鳥文化

●教科書チェック☆一問一答

①律令　②蘇我氏　③冠位十二階　④唐　⑤大化の改新　⑥朝廷　⑦白村江の戦い　⑧天智天皇　⑨天武天皇　⑩藤原京

ミス注意!

★隋と唐…取りちがいに注意しよう。

隋	唐
589年に中国統一。律令・戸籍。	618年に建国。律令。大帝国。

★天智天皇と天武天皇…取りちがいに注意しよう。

天智天皇	天武天皇
中大兄皇子が即位した。	天智天皇の弟大海人皇子が即位した。

---

p.18〜19　ステージ1

●教科書の要点

①遣唐使　②平城京　③奈良　④和同開珎　⑤国司　⑥郡司　⑦大宰府　⑧口分田　⑨荘園　⑩聖武　⑪大仏　⑫鑑真　⑬古事記　⑭万葉集

なぞろう 重要語句　戸籍　蘇我氏　遣隋使　新羅　法隆寺

●教科書の資料
(1)（東大寺）正倉院
(2)東大寺
(3)遣唐使
(4)天平文化

●教科書チェック☆一問一答
①大宝律令　②長安
③班田収授法　④租
⑤調　⑥庸
⑦墾田永年私財法　⑧国分寺〔国分尼寺〕
⑨行基　⑩風土記

ミス注意！

★班田収授法…漢字に注意しよう。

○　班田収授法	✕　班田収受法
6歳以上の男女に口分田をあたえる制度。	

★遣隋使と遣唐使…取りちがいに注意しよう。

遣隋使	遣唐使
聖徳太子のころ，隋に送られた使節。	630年から894年までに，十数回唐に送られた使節。

★調と庸…取りちがいに注意しよう。

調	庸
地方の**特産物**を納めた。	労役のかわりの**布**を納めた。

p.20〜21　ステージ2

❶(1)蘇我馬子
(2)大王〔天皇〕
(3)役人
(4)小野妹子
(5)①飛鳥　②仏教

❷(1)長安
(2)新羅
(3)白村江の戦い
(4)①中臣鎌足　②公地・公民
　　③大化の改新
(5)天智天皇
(6)持統天皇

❸(1)A大宝律令　B貴族　C国司
(2)律令国家

(3)平城京
(4)大宰府

❹(1)A租　B調　C雑徭　D防人
(2)①良民　②戸籍　③口分田
(3)三世一身法
(4)①東大寺　②日本書紀　③万葉集

●━━━━━━ **解説** ━━━━━━●

❶(1)蘇我馬子は，推古天皇のおじにあたり，聖徳太子の親せきでもあった。
(2)大王から天皇へと呼び名が変わった時期には諸説あるが，推古天皇のころからという説もある。
(5)飛鳥は，当時の都があった地方の名。奈良盆地の南部である。

❷(1)長安（現在の西安）は，世界中から人々が集まる国際都市で，人口は100万人をこえていたといわれている。
(4)①中臣鎌足は死の直前，藤原という姓をおくられ，藤原氏の祖となった。③大化はこのとき定められた日本で初めての元号。
(6)持統天皇は，天武天皇のきさきで，天智天皇の娘であった。

❸(1)A大宝元年に定められた律令。B貴族は天皇から高い位と給料をあたえられた近畿地方の有力な豪族。C国司には都の貴族が任命され，地方に派遣された。
(4)現在の福岡県太宰府市にあった。「大」の字が今の地名と異なるので注意が必要。

❹(1)A租は，口分田をあたえられた6歳以上の全ての男女に課され，地方の役所（国府）に納められた。B調は成年男子に課され，都まで自費で運んで納めなければならなかった。C雑徭は国司の下で60日以内の土木工事などに従事した。D防人には主に東国の兵士が選ばれ，往復の食料や装備も自分で用意しなければならなかった。
(4)①聖武天皇のころ，貴族の反乱や疫病の流行，ききんなどが起こり，不安な世の中になっていた。聖武天皇は仏教の力で国を守ろうと，大仏建立の詔を出した。大仏造りには約10年間かかった。③万葉集は，「万葉仮名」と呼ばれる漢字で記されている。

なぞろう 重要語句

よう	ぞうよう	だざいふ	こんでんえいねんしざいのほう	がんじん
庸	雑徭	大宰府	墾田永年私財法	鑑真

6

p.22〜23　ステージ**1**

●**教科書の要点**
① 桓武
② 平安
③ 征夷大将軍
④ 蝦夷
⑤ 天台
⑥ 真言
⑦ 菅原道真
⑧ 摂関
⑨ 藤原道長
⑩ 国司
⑪ 宋〔北宋〕
⑫ 高麗
⑬ 紫式部
⑭ 清少納言

●**教科書の資料**
(1) 大和絵
(2) 源氏物語
(3) 仮名文字
(4) 国風文化

●**教科書チェック☆一問一答**
① 平安時代
② 最澄
③ 空海
④ 藤原氏
⑤ 摂政
⑥ 関白
⑦ 古今和歌集
⑧ 枕草子
⑨ 寝殿造
⑩ 浄土信仰

ミス注意！

★最澄と空海…取りちがいに注意しよう。

最澄	空海
天台宗を伝え，比叡山に延暦寺を建てた。	**真言宗**を伝え，高野山に金剛峯寺を建てた。

★寝殿造…漢字に注意しよう。

◯　寝殿造	✕　神殿造
平安時代の貴族の屋敷の造り。	

p.24〜25　ステージ**2**

❶ (1) A 長岡京　　B 平安京
(2) 桓武天皇
(3) 国司
(4) 坂上田村麻呂
(5) 東北地方
(6) 延暦寺
(7) 金剛峯寺
❷ (1) ① 宋　　② 高麗
(2) 平安時代
(3) ウ

❸ (1) A 摂政　　B 関白　　C (藤原) 頼通
(2) 菅原道真
(3) ① 娘　　② きさき〔皇后〕
❹ (1) ① 紀貫之　　② 清少納言
③ 源氏物語　　④ 竹取物語
⑤ 平仮名　　⑥ 片仮名
(2) ① 平等院鳳凰堂　　② 極楽浄土

解説

❶ (1) 平城京は710年に現在の奈良市に，藤原京は694年に飛鳥地方に造られた都。
(2) 平城京では貴族や僧の勢力争いが起こり，政治が乱れたからである。
(3) 国司には中央の貴族が任命され，地方に派遣されたが，不正を働く者が増えてきた。
(4) 征夷大将軍は，東北地方の蝦夷を討伐する軍の大将のこと。
(5) 胆沢城は，現在の岩手県に造られた。
(6)(7) 最澄や空海が伝えた仏教は，山奥の寺での学問や修行を重視した。比叡山延暦寺 (滋賀県・京都府) は「古都京都の文化財」として，高野山金剛峯寺 (和歌山県) は「紀伊山地の霊場と参詣道」として世界遺産に登録されている。
❷ (1) 10世紀には，中国でも朝鮮半島でも王朝が交代した。
(2) 11世紀は1001年から1100年まで。
(3) 宋や高麗とは正式な国交は結ばなかったものの，民間の交流は続き，文化を取り入れた。
❸ (1) A・B 866年に藤原良房が皇族以外で初めて摂政になり，884年には藤原基経が関白になった。これが摂関政治の始まりである。C 藤原頼通は摂政・関白を務め，平等院鳳凰堂を建てたことでも有名。
(2) 菅原道真は学問の神様 (天神) として天満宮にまつられている。
(3) 藤原道長は天皇の祖父となって権力をにぎった。
❹ (1) ① 紀貫之は，女性のふりをして仮名文字で「土佐日記」を書いた。
②③「源氏物語」や「枕草子」からは，当時の皇族や貴族の暮らしがよく分かる。
④「竹取物語」は作者不明。

なぞろう 重要語句　征夷大将軍　　寝殿造　　平等院鳳凰堂

p.26〜27 ■■ステージ3■総合■

❶ (1)A天皇　B大宝律令　C摂関
(2)あ唐　い新羅
(3)例役人の心構えを示すため。
(4)中大兄皇子
(5)ア
(6)①カ　②イ　③エ
(7)ウ
(8)①真言　②高野山

❷ (1)防人
(2)万葉集
(3)ア→ウ→イ
(4)ウ
(5)例娘を天皇のきさきにし，生まれた皇子を
次の天皇にした。

❸ (1)A国風文化　B天平文化　C飛鳥文化
(2)エ
(3) (東大寺) 正倉院
(4)蘇我氏

■■■■■■■■■■► 解説 ◄■■■■■■

❶ (5)イは奈良時代に出された。ウは桓武天皇，エ
は聖徳太子が行った。
(6)①10世紀には奴婢は廃止された。

❷ (3)アは784年，イは894年，ウは797年。
(4)Bは平安時代によまれた。ウは古墳時代のもの。

❸ (1)Aは平等院鳳凰堂。Bは正倉院の宝物の１つ。
Cは法隆寺。

p.28〜29 ■■ステージ3■資・思■

❶ (1)例大きな川が流れている。
(2)例水を得やすいので，農耕・牧畜に適し，
多くの人口を養える。
(3)エ

❷ (1)①例Aにはたて穴住居，Bにはたて穴住居
と高床の建物がある。
②例Aは狩りや漁，Bは稲作をしている。
(2)記号　B
時代名　弥生時代

❸ (1)例唐や新羅の侵攻に備えるため。
(2)大津宮

(3)Aエ　　Bイ
(4)例東西南北に道路が通じている。

❹ (1)例女子のほうが負担が軽いから。
(2)例都に納める調の荷札として使われた。

■■■■■■■■■■► 解説 ◄■■■■■■

❶ (1)地形の特徴とあるので，川に着目する。気候
の面では，ほぼ同じ緯度に位置し，温暖であるこ
とが考えられる。
(2)食料生産とは，農耕・牧畜。文明の発生には，
都市が欠かせず，一定数の人口が必要である。
(3)アはインダス文明。イ・ウはエジプト文明やメ
ソポタミア文明で確認されているが，インダス文
明では明らかでない。

❷ (2)Aは縄文時代，Bは弥生時代の暮らし。Bの
むらは，周りを堀や柵で囲み，物見やぐらが備え
られており，戦いに備えている様子が分かる。

❸ (1)朝鮮半島で大敗した後に築かれた。
(2)663年の後の都を探す。攻められやすい海沿い
から内陸に都を移した。大津宮で中大兄皇子は天
智天皇として即位した。
(3)年代から考える。Aは784〜794年なので平安
京の前の都。Bは741〜742年なので奈良時代。
(4)ほかの都も川が流れ，水運は利用できるが，道
の数は少ない。

❹ (1)男子に課される税を免れるためと考えられる。
(2)上にひもをかける切りこみがある。また，文字
の中に「調」という文字がある。

ポイント

■**大陸にならった国づくりの流れをおさえる。**
聖徳太子の政治▶冠位十二階・十七条の憲法。
大化の改新▶公地・公民。律令国家の成立▶大宝
律令・班田収授法・平城京。
■**中国との関係をおさえる。**
飛鳥時代▶遣隋使。奈良時代▶遣唐使。平安時
代▶遣唐使延期の提案。
■**文化の特徴と代表的な作品をおさえる。**
飛鳥文化▶仏教文化・法隆寺。天平文化▶国際
的・東大寺正倉院。国風文化▶日本的・仮名文字。

なぞろう
重要語句　銅鐸　遣唐使　摂関政治　浄土信仰

8

第3章 中世の日本

p.30～31 ステージ1

●教科書の要点
①武士団 ②平将門
③藤原純友 ④奥州藤原
⑤荘園 ⑥公領
⑦上皇 ⑧僧兵
⑨平治の乱 ⑩日宋
⑪源義経 ⑫御家人
⑬御恩 ⑭奉公
⑮承久の乱 ⑯六波羅探題
⑰御成敗式目

●教科書の資料
(1)鎌倉幕府
(2)A 執権　　B 政所
　　C 守護　　D 地頭
(3)北条氏
(4)京都

●教科書チェック☆一問一答
①源氏 ②平氏
③年貢 ④院政
⑤保元の乱 ⑥平清盛
⑦源頼朝 ⑧執権政治
⑨後鳥羽上皇 ⑩北条泰時

ミス注意!

★平将門と平清盛…取りちがいに注意しよう。

平将門	平清盛
935年，関東で乱を起こした武士。	1167年，武士として初めて太政大臣になった。

★藤原純友…漢字に注意しよう。

〇 藤原純友	✕ 藤原住友
939年，瀬戸内で乱を起こした武士。	

★宋と宋…取りちがいに注意しよう。

宋（南朝）	宋（北宋→南宋）
420～479年。南北朝時代に南部にあった国。倭の五王が使いを送った。	960年におこり，後に中国を統一した。平清盛が貿易を始めた。

★御家人…漢字に注意しよう。

〇 御家人	✕ 後家人
将軍の家来。家人は家来のこと。将軍への敬意から「御」をつけた。	

p.32～33 ステージ1

●教科書の要点
①麦 ②宋銭
③新古今和歌集 ④平家物語
⑤方丈記 ⑥徒然草
⑦法然 ⑧親鸞
⑨一遍 ⑩日蓮
⑪道元

●教科書の資料
(1)金剛力士像
(2)運慶
(3)①東大　②宋　③南大門
(4)琵琶法師

●教科書チェック☆一問一答
①地頭 ②二毛作
③定期市 ④鴨長明
⑤兼好法師 ⑥浄土宗
⑦浄土真宗 ⑧時宗
⑨栄西 ⑩禅宗

ミス注意!

★古今和歌集と新古今和歌集…取りちがいに注意しよう。

古今和歌集	新古今和歌集
平安時代，紀貫之らが編集。	鎌倉時代，藤原定家らが編集。

★源氏物語と平家物語…取りちがいに注意しよう。

源氏物語	平家物語
平安時代の貴族を題材にした空想の小説。	実際の武士の戦いを題材にした物語。

★浄土真宗…漢字に注意しよう。

〇 浄土真宗	✕ 浄土新宗
法然の弟子親鸞の教え。	

なぞろう 重要語句　源頼朝　御恩　奉公　執権　六波羅探題

p.34～35 ステージ**2**

❶ (1)A白河上皇　　B太政大臣
　　C征夷大将軍　　D北条泰時
　(2)①平将門の乱　　②保元の乱
　　③承久の乱
　(3)御家人
　(4)ウ

❷ (1)A源氏　　B平氏　　C奥州藤原氏
　(2)a平泉　　b鎌倉　　c厳島神社
　　d壇ノ浦

❸ (1)A荘園　　B年貢　　C地頭
　　D手工業者　　E定期市
　(2)鎌倉時代
　(3)弓馬
　(4)エ
　(5)分割相続
　(6)イ

❹ (1)平家物語
　(2)東大寺南大門
　(3)①藤原定家　　②運慶
　(4)ア・ウ（順不同）

━━━━━━ 解説 ━━━━━━

❶ (1)A白河上皇は藤原氏と関係がうすく，摂関家をおさえて政治を行った。B太政大臣は朝廷の最高職で，それまで皇族や貴族が就いていた。C征夷大将軍はもともと蝦夷討伐軍の大将だが，武士の棟梁を意味するものになった。D北条泰時は3代執権。評定という有力な御家人による会議を制度化し，その会議での判断の基準として御成敗式目を定めた。
(3)武士の全てが御家人だったわけではない。
(4)御成敗式目は，武士の社会で行われた慣習に基づき，裁判の基準を定め，長く武家法の手本となった。アは奈良時代に墾田永年私財法が出された理由，イは六波羅探題が置かれた理由。

❷ (1)A関東は源頼朝，中部は源義仲の勢力範囲。C奥州藤原氏は，後三年合戦後，北方との貿易や，馬や金などの産物によって力をのばし，清衡・基衡・秀衡の3代にわたって約100年間栄えた。

(2)a中尊寺金色堂は，浄土信仰の影響を受けた阿弥陀堂である。「平泉―仏国土（浄土）を表す建築・庭園及び考古学的遺跡群」として世界遺産に登録されている。

❸ (1)D鍛冶屋は農具を造る職人，紺屋は糸や布を染める職人。
(2)1185年（1192年という説も）から鎌倉時代。
(3)乗馬や弓矢が武芸である。
(4)アは武士団の家来。イはいくつもの武士団をまとめる武士の最高位で，頼朝以来，征夷大将軍に任命されることが武士の棟梁として認められたことを意味した。ウは寺社がかかえる武装した僧。延暦寺や奈良の興福寺の僧兵は，武力を背景に朝廷にさまざまな要求を押しつけた。
(6)ア牛馬を耕作に使った。ウ青銅製ではなく鉄製。

❹ (1)漢字仮名交じりの力強い文章である。
(3)重源は朝廷の命令で，東大寺南大門や大仏殿の再建を行った僧。紀貫之は平安時代の「古今和歌集」の編者。
(4)イは空海，エは最澄が平安時代に伝えた。

p.36～37 ステージ**1**

●**教科書の要点**
①チンギス・ハン　　②フビライ・ハン
③文永の役　　④弘安の役
⑤（永仁の）徳政令　　⑥後醍醐天皇
⑦足利尊氏　　⑧室町幕府
⑨鎌倉府　　⑩足利義満
⑪守護大名　　⑫酒屋

●**教科書の資料**
(1)北条時宗
(2)元
(3)集団戦法
(4)火薬

●**教科書チェック☆一問一答**
①モンゴル帝国　　②フビライ・ハン
③マルコ・ポーロ　　④元寇
⑤高麗　　⑥建武の新政
⑦南北朝時代　　⑧室町時代
⑨管領　　⑩土倉

なぞろう 重要語句　壇ノ浦　運慶　親鸞　禅宗　琵琶法師

ミス注意！ ●●●●●●●●●●●●●●●●●●●●●●●

★後醍醐天皇…漢字に注意しよう。

〇 後醍醐天皇	✕ 御醍醐天皇

鎌倉幕府を倒し，建武の新政を始めた天皇。

★足利義満…漢字に注意しよう。

〇 足利義満	✕ 足利義光

室町幕府第3代将軍。

★執権と管領…取りちがいに注意しよう。

執権	管領
鎌倉幕府の将軍の補佐役。北条氏が独占。	室町幕府の将軍の補佐役。有力な守護大名。

p.38〜39 ステージ**1**

● **教科書の要点**

① 日明 （にちみん）
② 明
③ 倭寇 （わこう）
④ 勘合 （かんごう）
⑤ ハングル
⑥ 琉球 （りゅうきゅう）
⑦ 中継 （なかつぎ）
⑧ アイヌ
⑨ 二毛作 （にもうさく）
⑩ 明銭
⑪ 馬借 （ばしゃく）
⑫ 町衆 （ちょうしゅう）
⑬ 惣 （そう）
⑭ 土倉 （どそう）

● **教科書の資料**

(1) A明 （みん）　B朝鮮国 （ちょうせんこく）
(2) ウ
(3)① 李成桂 （りせいけい）　② 尚氏 （しょう）　③ コシャマイン

● **教科書チェック☆一問一答**

① 足利義満 （あしかがよしみつ）
② 勘合貿易 （かんごう）
③ グスク
④ 蝦夷地 （えぞち）
⑤ 定期市 （いち）
⑥ 問 （とい）
⑦ 座
⑧ 祇園祭 （ぎおんまつり）
⑨ 土一揆 （つちいっき）
⑩ 酒屋 （さかや）

ミス注意！

★日宋貿易と日明貿易…取りちがいに注意しよう。

日宋貿易	日明貿易
平安時代，**平清盛**が始めた。	室町時代，**足利義満**が始めた。

★琉球王国…漢字に注意しよう。

〇 琉球王国	✕ 流球王国

1429年，尚氏が沖縄に建てた王国。

p.40〜41 ステージ**2**

❶ (1) Aチンギス・ハン　　B後醍醐天皇 （ごだいご）
　　Cあしかがたかうじ 足利尊氏　　D足利義満 （よしみつ）
(2) 元寇 （げんこう）
(3) 北条時宗 （ほうじょうときむね）
(4) ウ
(5) ア
(6)① 武士　　② 貴族
(7) 南朝　エ　　北朝　イ

❷ (1) 京都
(2)① 侍所 （さむらいどころ）　② 管領 （かんれい）　③ 鎌倉府 （かまくらふ）
(3) 鎌倉公方 （かまくらくぼう）
(4) 守護大名 （しゅごだいみょう）

❸ (1) 倭寇 （わこう）
(2) 漢 （かん）
(3) 勘合貿易 （かんごうぼうえき）
(4) ア
(5) 琉球王国 （りゅうきゅう）
(6) ウ
(7) 堺 （さかい）
(8) アイヌ
(9) 土一揆 （つちいっき）

●●●●●●●●●●●●● 解説 ●●●●●●●●●●●●●

❶ (1)Aチンギス・ハンは，ユーラシア大陸の東西にまたがる大帝国を築いたが，後にいくつかの国に分裂した。そのうち東部を治めたのが，チンギス・ハンの孫にあたるフビライ・ハンである。D足利義満が京都の室町に「花の御所」を建てて政治を行ったことから，足利氏が開いた幕府は室町幕府と呼ばれる。

(4)資料の右が幕府軍の武士。アは文永の役の後のこと。この防壁により，弘安の役では元軍の上陸を防ぐことができた。イ・エは元軍の戦い方。

(5)分割相続で生活が苦しくなり，土地を売ったり質入れしたりする御家人が増えていた。永仁の徳政令では御家人の暮らしを救うことができず，かえって社会の混乱を招いて，幕府の信用は失われた。

❷ (3)鎌倉公方は，次第に関東を独自に支配するようになり，独立した勢力になっていった。

なぞろう
重要語句
 後 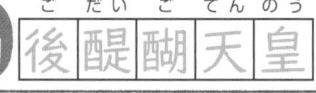 醍醐天皇　 管領　 倭寇　 勘合　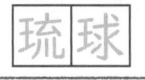 琉球　 惣

（ご だい ご てん のう）（かん れい）（わ こう）（かん ごう）（りゅう きゅう）（そう）

(4)足利尊氏が守護の権限を強め，軍事・警察だけでなく，荘園の年貢を半分取る権利などを認めたことから，守護大名に成長した。

❸ (1)倭寇は，最初は九州や瀬戸内海の人々が多かったが，後には朝鮮や中国の人々が中心になった。

(4)**イ**は朝鮮からの輸入品，**ウ・エ**は明からの輸入品。

(5)中山王の尚氏が，山北・山南を従えて建国した。明治時代までは独立国であり，都は首里に置かれた。

p.42～43 ステージ１

●教科書の要点

①守護大名　②山城
③加賀　④分国法
⑤金閣　⑥茶の湯
⑦世阿弥　⑧書院造
⑨水墨画　⑩銀閣
⑪狂言　⑫御伽草子
⑬儒学

●教科書の資料

(1)A金閣　B銀閣
(2)A足利義満　B足利義政
(3)京都
(4)A北山文化　B東山文化

●教科書チェック☆一問一答

①応仁の乱　②一向一揆
③下剋上　④戦国時代
⑤城下町　⑥石見銀山
⑦連歌　⑧猿楽
⑨能　⑩雪舟

ミス注意！

★金閣と銀閣…取りちがいに注意しよう。

	金閣	銀閣
	足利義満が京都の北山に建てた別荘。	足利義政が京都の東山に建てた別荘。

★石見銀山…漢字に注意しよう。

○ 石見銀山	✕ 岩見銀山
島根県にある銀山。世界文化遺産に登録。	

p.44～45 ステージ２

❶ (1)A将軍〔足利義政〕　B守護大名
(2)下剋上
(3)①エ　②ウ

❷ (1)戦国大名
(2)城下町
(3)分国法
(4)①上杉　②今川　③毛利

❸ (1)ア
(2)ウ
(3)書院造
(4)①室町　②禅　③庭園
(5)水墨画
(6)①足利義満　②足利義政　③雪舟
④世阿弥
(7)①連歌　②御伽草子　③狂言
(8)足利学校

解説

❶ (1)第8代将軍足利義政のあとつぎをめぐって，有力な守護大名である細川氏と山名氏が争った。ほかの武士も東軍と西軍に分かれて戦った。
(3)いずれも農民や武士が守護大名を追い出したりほろぼしたりして，自治を行った。

❷ (3)下剋上を防ぎ，領国を豊かにするための法。
(4)①上杉謙信と武田信玄は，たびたび戦った（川中島の戦い）。③毛利元就は3人の息子に語った「三本の矢」の逸話で有名である。

❸ (2)アは鎌倉文化，イは天平文化の特徴。
(3)現在の和風建築の基となった様式である。Bは，銀閣と同じ敷地にある「東求堂」という建物の「同仁斎」という書斎。
(4)②禅宗は武士の気風に合い，鎌倉幕府や室町幕府の保護を受けた。鎌倉や京都には禅宗の寺院が多く建てられた。
(6)③雪舟は明にわたって水墨画を学び，帰国後，西日本の風景などをえがき，日本の水墨画を完成させた。ほかに「天橋立図」などの名作がある。
④観阿弥・世阿弥父子は，足利義満の保護を受け，猿楽を基に能を大成した。

 なぞろう 重要語句　一揆　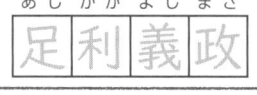祇園祭　足利義政　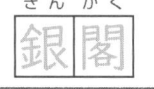銀閣　世阿弥

❶ (1)A 藤原純友　　B 院政　　C 執権
(2)あ 宋　　い 明
(3)守護
(4)① 御恩　　② 奉公
(5)例貴族を重視する政策を採り，武士の不満が高まったから。
(6)例正式な貿易船と倭寇の船を区別するため。

❷ (1)A 領主　　B 地頭　　C 惣　　D 定期市
　　E 座
(2)二毛作
(3)ア
(4)ウ
(5)イ・エ（順不同）

❸ (1)A イ　　B ア
(2)（東大寺）南大門
(3)雪舟
(4)禅宗

━━━━━ 解説 ━━━━━

❶ (1)B 上皇の住まいや上皇自身を院という。
(3)源頼朝は弟の義経を捕らえるという名目で，守護・地頭の設置を朝廷に認めさせた。守護や地頭には御家人を任命した。
(4)頼朝の妻政子は「尼将軍」と呼ばれる。承久の乱に際し，頼朝の御恩を説いて，御家人の団結をうながした。
(5)足利尊氏が武士の政治の復活を呼びかけて兵を挙げると，後醍醐天皇は京都を逃れ，吉野に朝廷を建てた。
(6)勘合は，割印で，左半分を日本の貿易船が持ち，明の原簿の右半分と照合した。

❷ (1)A・B 荘園領主と地頭の二重支配に苦しむ農民には，地頭の横暴を荘園領主に訴えた者もいた。
(3)イは分国法，ウは御成敗式目である。
(4)宋銭や明銭が使われた。鎌倉幕府や室町幕府は貨幣を発行していない。

❸ (1)A は鎌倉時代の文化，B は室町時代の文化。
(3)雪舟は，京都の禅宗の寺の画僧で，明に留学して技法を学び，帰国後主に西日本の風景をえがいた。

❶ (1)東日本
(2)① 3　　② 京都
(3)例朝廷の味方をした武士の土地を取り上げ，御家人に御恩としてあたえたから。
(4)例東日本だけでなく西日本にも支配が広がった。

❷ (1)例館の周りを堀や塀で囲んでいる。門の上にやぐらがあり武器が用意されている。
(2)例わかりやすく，実行しやすかったから。

❸ (1)例田に苗を植えている。
(2)例苗を運んでいる。
(3)田楽
(4)a ウ　　b エ　　c イ　　d ア

❹ (1)a 例城下町に家臣を集めること。
　　b 例他国の者との同盟を防ぐこと。
(2)例実力で主君の地位をうばった。
(3)例産業を盛んにし，国を豊かにすること。

━━━━━ 解説 ━━━━━

❶ (1)幕府の命令に従う御家人が，東日本に多かったことが分かる。
(3)地頭に任命することも御恩の1つ。

❷ (1)鷹や犬も武芸の訓練のために飼われている。

❸ (1)(2)村で共同で農作業を行う様子。
(3)豊作を願って行われた。

❹ (1)当時，下剋上の風潮が広まる中，戦国大名が領国をまとめようとしていた。

ポイント

■政治の変化をおさえる。
　平安時代▶摂関政治・院政・平清盛の政治。鎌倉時代▶源頼朝・北条氏の執権政治。後醍醐天皇の建武の新政。室町時代▶南北朝の対立・足利義満・下剋上の戦国時代。
■文化の特徴と代表的な作品をおさえる。
　鎌倉文化（武士の気風を反映・力強い）▶平家物語・東大寺南大門・金剛力士像。北山文化（貴族と武士の文化が融合）▶金閣・能。東山文化（簡素で気品がある）▶銀閣・水墨画。

なぞろう
重要語句

げ こく じょう
下剋上

しょ いん づくり
書院造

すい ぼく が
水墨画

お とぎ ぞう し
御伽草子

第**4**章　近世の日本

p.50〜51 ≡≡ ステージ**1**

●教科書の要点

①カトリック教会　②ローマ教皇

③エルサレム　④レオナルド・ダ・ビンチ

⑤ルター　⑥プロテスタント

⑦植民地　⑧ポルトガル

⑨堺　⑩(フランシスコ・)ザビエル

⑪南蛮　⑫キリシタン

●教科書の資料

(1)Aコロンブス　　Bバスコ・ダ・ガマ

　Cマゼラン

(2)香辛料

(3)オスマン　　(4)スペイン

●教科書チェック☆一問一答

①ビザンツ帝国　②イスラム帝国

③十字軍　④ルネサンス

⑤宗教改革　⑥イエズス会

⑦大航海時代　⑧オランダ

⑨鉄砲　⑩南蛮人

ミス注意！

★正教会…漢字に注意しよう。

〇　正教会	✕　聖教会
東方に多いキリスト教の一派で，イエスの使徒の正統な後継者であると自認している。	

p.52〜53 ≡≡ ステージ**1**

●教科書の要点

①桶狭間　②楽市・楽座

③本能寺　④大阪

⑤安土桃山　⑥太閤検地

⑦石高　⑧刀狩

⑨兵農分離　⑩桃山

⑪城　⑫千利休

⑬かぶきおどり

●教科書の資料

(1)長篠の戦い

(2)A織田信長　　B武田勝頼

(3)鉄砲

●教科書チェック☆一問一答

①今川義元　②安土城

③明智光秀　④豊臣秀吉

⑤関白　⑥文禄の役

⑦慶長の役　⑧狩野永徳

⑨茶の湯　⑩南蛮文化

ミス注意！

★安土城と大阪城…取りちがいに注意しよう。

安土城	大阪城
織田信長が建てた。	豊臣秀吉が建てた。

★太閤検地…漢字に注意しよう。

〇　太閤検地	✕　大閤検地
	✕　太鬩検地
豊臣秀吉が行った政策。関白を辞めた人を太閤という。	

p.54〜55 ≡≡ ステージ**2**

❶ (1)Aカトリック教会　　B正教会

　　Cイスラム教

(2)十字軍

(3)①ウ　　②ア

(4)コロンブス

(5)カルバン

❷ (1)A平戸　　B種子島

　　C堺　　D国友

(2)イ

(3)（フランシスコ・）ザビエル

(4)天正遣欧使節

❸ (1)Aイ　　Bア　　Cイ　　Dア

(2)太閤検地

(3)明

(4)バテレン

(5)楽市・楽座

(6)長篠の戦い

❹ (1)桃山文化　　(2)イ

(3)ア・ウ（順不同）

(4)①狩野永徳　　②千利休

　　③出雲の阿国

(5)①石垣　　②天守

てっぽう　鉄砲　　なんばんぼうえき　南蛮貿易　　ながしの　長篠　　かたながり　刀狩　　たいこうけんち　太閤検地

━━━━━━━━━━━ 解説 ━━━━━━━━━━━

❶ (1)A・Bカトリック教会はローマを中心とした西ヨーロッパ，正教会はビザンツ帝国を中心とした東ヨーロッパに勢力を広げた。Cイスラム勢力は一時スペインやポルトガルがあるイベリア半島までを勢力下に入れていた。

(2)十字軍は聖地エルサレムを奪回するために始まったが，なかには自分の利益のためにビザンツ帝国のコンスタンティノープルを攻略した軍もあった。

(3)イ ボッティチェリは「春」などをえがいた。

(4)アジアの物産を手に入れようとした時代を大航海時代という。コロンブスは西に航海し，アメリカに到着した。インドに到達したバスコ・ダ・ガマや，船隊が世界一周したマゼランと区別しておく。

(5)カルバンはフランスやスイスで活動した。ルターはドイツで宗教改革を行った。

❷ (1)C堺は大阪府にあり，日明貿易や日朝貿易で栄えた町。

(3)ザビエルはスペイン人で，イエズス会の宣教師。2年余り，鹿児島・山口・豊後府内（大分）・京都などで布教し，後に中国で亡くなった。

(4)大友宗麟・大村純忠・有馬晴信のキリシタン大名が使節を送った。

❸ (1)D織田信長は，足利義昭をおしたてて京都に入り，義昭を第15代将軍につけたが，後に対立して京都から追い出した。

(2)田畑の測量を行っている様子である。

(3)1368年から中国は明が統一していた。

(5)座は，手工業者の同業者組合で，寺社や貴族に銭や品物を納めるかわりに生産・販売を独占していた。織田信長は座の特権を廃止して，自由な商売を盛んにしようとした。

❹ (1)桃山は，豊臣秀吉が拠点として伏見城を築いた，京都南部の地名である。

(2)アは室町文化，ウはルネサンスの文化。

(4)世阿弥，雪舟は室町文化の人物。

(5)鉄砲の普及で，城は山の上ではなく，平地に石垣を築いて建てられるようになった。

---

p.56〜57 ◤◢ ステージ1

● **教科書の要点**
① 関ヶ原 ② 大阪
③ 幕領 ④ 藩
⑤ 親藩 ⑥ 武家諸法度
⑦ 参勤交代 ⑧ 武士
⑨ 町人 ⑩ 本百姓
⑪ 水のみ百姓

● **教科書の資料**
(1)武家諸法度
(2)イ
(3)徳川家光
(4)禁中並公家中諸法度

● **教科書チェック☆一問一答**
① 徳川家康 ② 石田三成
③ 江戸幕府 ④ 幕藩体制
⑤ 老中 ⑥ 譜代大名
⑦ 外様大名 ⑧ 京都所司代
⑨ 百姓 ⑩ 五人組

ミス注意！

★石田三成…漢字に注意しよう。

○ 石田三成	✕ 石田光成
関ヶ原の戦いで徳川家康と敵対した豊臣方の大名。	

★親藩と譜代大名…取りちがいに注意しよう。

親藩	譜代大名
徳川氏の親戚の大名。	古くからの徳川氏の家臣。

---

p.58〜59 ◤◢ ステージ1

● **教科書の要点**
① 朱印状 ② 日本町
③ 禁教令 ④ 島原・天草
⑤ ポルトガル ⑥ 絵踏
⑦ 清 ⑧ 長崎
⑨ 朝鮮通信使 ⑩ シャクシャイン

● **教科書の資料**
(1)A対馬藩　B薩摩藩　C松前藩
(2)アイヌ民族
(3)中国〔清〕・オランダ（順不同）
(4)出島

📖 **なぞろう 重要語句**

とくがわいえやす　　しんぱん　　ふだいだいみょう　　さんきんこうたい
徳川家康　　親藩　　譜代大名　　参勤交代

教科書チェック☆一問一答

① 朱印船貿易　　② 徳川家光
③ 天草四郎〔益田時貞〕　④ 鎖国
⑤ 平戸　　⑥ 宗門改
⑦ オランダ風説書　⑧ 朝鮮
⑨ 琉球王国　⑩ 琉球使節

ミス注意!

★勘合貿易と朱印船貿易…取りちがいに注意。

勘合貿易	朱印船貿易
室町幕府が中国の明と行った貿易で，**勘合**という証明書を用いた。	徳川家康があたえた**朱印状**という貿易許可状を持った船が東南アジアにおもむいて行った。

★対馬…漢字に注意しよう。

○　対馬	✕　対島
現在の長崎県にあった藩。宗氏が治め，朝鮮と貿易を行った。	

p.60～61 ステージ2

❶ (1)① 老中　② 勘定奉行
　　③ 京都所司代
　(2) 幕藩体制
　(3) 御三家
　(4) イ
　(5) 参勤交代
　(6) 徳川家光
❷ (1)A 身分　　B 町人
　(2)① 名字　　② 帯刀
　(3) ア
❸ (1) 徳川秀忠
　(2) 百姓
　(3) ウ
　(4)a ア　　b ウ
❹ (1)A スペイン　　B ポルトガル
　　C オランダ
　(2) キリスト教
　(3) 朱印船
　(4) 日本町
　(5) 島原・天草一揆
　(6) 鎖国
　(7) 長崎
　(8)① ウ　　② ア

解説

❶ (1)①② 老中を中心に，寺社奉行・町奉行・勘定奉行の三奉行など多くの役職が置かれ，政治を行った。③ 朝廷は京都にあった。
(2) 幕府は，直接治める幕領と，直属の家臣の領地を合わせて，全国の約4分の1を支配していた。また，藩を取りつぶしたり，領地がえしたりする力を持っていた。
(3) 御三家は親藩の中でも，将軍を出すことができる家がらだった。
(4) 東北や中国・四国，九州に多いことがわかる。
(5) 将軍に忠誠を示し，主従関係を確認するためである。また，大名の妻子は常に江戸で暮らし，人質の意味があった。
❷ (1)① A 兵農分離で身分が分かれた。
(3) イは武士，ウは町人，エはえた身分・ひにん身分。
❸ (1) 1615年の武家諸法度は，将軍職を息子の秀忠にゆずっていた徳川家康が定めた。その後，将軍の代がわりごとに出された。
(2) 「田畑をよく手入れし」とあることから百姓に対しての命令だとわかる。
(4)a 大名が軍事力を強めることを警戒したためである。b 米を年貢として納めさせるためである。
❹ (1)A スペインはイエズス会の本拠地で，布教活動に熱心だった。C オランダはプロテスタントの国で，布教に熱心ではなかった。
(2) キリスト教は，領主への忠義よりも神への信仰を重んじる点が危険視された。将軍職を退いていた徳川家康が幕領に禁教令を出し，翌年，全国に拡大された。
(3) 「渡航の許可状」とは朱印状のこと。
(5) 九州にはキリスト教徒が多かった。
(6) 「鎖国」という言葉は，19世紀の初めから使われるようになった。
(7) 長崎は，唯一ヨーロッパに開かれた港だった。
(8)① 対馬藩は現在の長崎県で，朝鮮に近い。② 薩摩藩は現在の鹿児島県で，琉球に近い。

なぞろう 重要語句

百姓　鎖国　長崎　絵踏　薩摩藩　朝鮮

16

p.62～63 ステージ1

●教科書の要点

① 新田
② 千歯こき
③ おひざもと
④ 天下の台所
⑤ 京都
⑥ 朱子学
⑦ 正徳の治
⑧ 井原西鶴
⑨ 近松門左衛門
⑩ 俳諧
⑪ 歌舞伎
⑫ 浮世絵

●教科書の資料

(1) A 西廻り航路　　B 東廻り航路

　　C 南海路

(2) 五街道

(3) 宿場

(4) 飛脚

●教科書チェック☆一問一答

① 商品作物
② 寛永通宝
③ 三都
④ 蔵屋敷
⑤ 株仲間
⑥ 徳川綱吉
⑦ 新井白石
⑧ 元禄文化
⑨ 人形浄瑠璃
⑩ 松尾芭蕉

ミス注意！

★西廻り航路と東廻り航路…取りちがいに注意しよう。

西廻り航路	東廻り航路
東北地方の産物を，日本海・瀬戸内海経由で大阪へ運ぶ。	東北地方の産物を，太平洋経由で江戸に運ぶ。

★座と株仲間…取りちがいに注意しよう。

座	株仲間
鎌倉・室町時代の商工業者の同業者組合。	江戸時代の大商人の同業者組合。

★元禄文化…漢字に注意しよう。

○ 元禄文化	✕ 元録文化
江戸時代前期に上方で栄えた町人文化。	

p.64～65 ステージ1

●教科書の要点

① 徳川吉宗
② 目安箱
③ 公事方御定書
④ 問屋制家内
⑤ 工場制手工業
⑥ 地主
⑦ 田沼意次
⑧ 天明

⑨ 寛政
⑩ 朱子学
⑪ 樺太
⑫ 蝦夷地

●教科書の資料

(1) ウ

(2) ① 年貢
② 百姓一揆

　③ ききん

●教科書チェック☆一問一答

① 享保の改革
② 倹約令
③ 上げ米の制
④ 小作人
⑤ 打ちこわし
⑥ 老中
⑦ 株仲間
⑧ 松平定信
⑨ ラクスマン
⑩ 間宮林蔵

ミス注意！

★享保の改革と寛政の改革…取りちがいに注意しよう。

享保の改革	寛政の改革
第8代将軍徳川吉宗が行った。	老中松平定信が行った。

★朱子学…漢字に注意しよう。

○ 朱子学	✕ 朱氏学
南宋で朱熹という人物が始めた儒学の一派。	

p.66～67 ステージ1

●教科書の要点

① 本居宣長
② 解体新書
③ 伊能忠敬
④ 藩校
⑤ 寺子屋
⑥ 異国船打払令
⑦ 蛮社の獄
⑧ 大塩
⑨ 天保
⑩ 株仲間

●教科書の資料

(1) A 葛飾北斎　　B 喜多川歌麿

(2) 錦絵

(3) 化政文化

(4) 江戸

●教科書チェック☆一問一答

① 国学
② 古事記伝
③ 蘭学
④ 杉田玄白
⑤ 川柳
⑥ 狂歌
⑦ 俳諧〔俳句〕
⑧ 大塩平八郎
⑨ 水野忠邦
⑩ 雄藩

なぞろう 重要語句 蔵屋敷　元禄　享保　寛政　俳諧　歌舞伎

ミス注意！

★**葛飾北斎と歌川広重**…取りちがいに注意しよう。

葛飾北斎	歌川広重
富嶽三十六景などをえがいた浮世絵師。	**東海道五十三次**などをえがいた浮世絵師。

★**寺子屋**…漢字に注意しよう。

○ 寺子屋	✕ 寺小屋
江戸時代の庶民の教育機関。	

p.68〜69 ■ステージ2

❶ (1)A享保（きょうほう）　B寛政（かんせい）　C天保（てんぽう）

(2)a ア　　b オ

(3)ロシア

(4)①公事方御定書（くじかたおさだめがき）　　②異国船打払令（うちはらいれい）

❷ (1)A東海道（とうかいどう）　B中山道（なかせんどう）　C西廻り航路（にしまわ）

(2)魚 いわし　　肥料 干鰯（ほしか）

(3)①江戸（えど）　　②大阪

❸ (1)A朱子学（しゅ）　　Bそろばん

(2)a 昌平坂学問所（しょうへいざか）　　b 寺子屋（てらこや）

(3)c 「古事記伝（こじきでん）」　　d 「解体新書（にしまわ）」

(4)イ・エ（順不同）

❹ (1)浮世絵（うきよえ）

(2)A元禄文化（げんろく）　　B化政文化（かせい）

(3)ウ

(4)①イ　　②キ　　③オ

　　④エ　　⑤カ　　⑥ウ

■ 解説 ■

❶ (1)A享保は1716〜1736年，寛政は1789〜1801年，天保は1830〜1844年の元号。天明は寛政の前の元号で，田沼意次のころ。

(2)a長崎貿易を制限したのは，金銀の海外流出を防ぐためである。また，新井白石は徳川綱吉のとき落とした貨幣の質を，元にもどした。b株仲間を奨励したのは，かわりに税を納めさせて幕府の収入を増やすためである。イは徳川吉宗，ウは徳川綱吉，エは水野忠邦が行ったこと。

(3)ロシアの使節として，ラクスマンに続き，1804年にはレザノフが長崎に来航した。このころロシアは領土を東西に拡大し，日本との通商を求めてきた。

(4)①公事方御定書は，徳川吉宗が定めた。②ラクスマンに続き，イギリスやアメリカの船も日本近海にすがたをあらわすようになっていた。

❷ (1)A江戸と京都を太平洋沿いに結ぶ街道。B江戸と京都を，内陸を通って結ぶ街道。甲斐の甲府を通って下諏訪でBに合流するのが甲州道中。

(2)aは九十九里浜。地引き網を使ったいわし漁が盛んになった。

(3)①江戸は将軍の城下町である。②大阪は幕府の直轄地。現在も卸売業が盛んで，西日本の経済の中心地である。長崎は幕府の貿易港。京都には朝廷があった。箱根には関所が置かれていた。

❸ (1)A朱子学は身分秩序を重視する学問だった。松平定信は，幕府の学問所である昌平坂学問所で，朱子学以外の講義を禁止した。B寺子屋では，実用的な知識が教えられた。

(3)「奥の細道」は松尾芭蕉が東北地方を旅して書いた紀行文。「大日本史」は水戸藩の徳川光圀が編集を命じた歴史書。

(4)渡辺崋山と高野長英は，異国船打払令に従ってアメリカの商船モリソン号を砲撃したことを批判したため，処罰された。

❹ (1)Aは肉筆画，Bは版画（錦絵）である。

(2)Aの元禄文化は江戸時代の初期の第5代将軍徳川綱吉のころの元号，Bの化政文化は江戸時代後期の文化・文政という元号から付けられた。

(3)戦乱のない世が続き，都市が繁栄したため，町人が経済力をつけてきた。元禄文化は大阪・京都，化政文化は江戸の町人が担い手となった。

(4)①菱川師宣は浮世絵の祖といわれる。②尾形光琳や俵屋宗達が，デザイン性の高い作品を作った。③Bは葛飾北斎の作品。歌川広重は「東海道五十三次」などをえがいた。このような錦絵は，参勤交代で地元に帰る武士や，江戸に来た旅人のみやげとして地方に広まった。④与謝蕪村のほか，小林一茶がこのころの俳人である。⑤江戸から東海道を通って伊勢（三重県）まで旅行した話。⑥房総半島南部にあった里見家をめぐる冒険物語。アはBのころに美人画をえがいた。クはAのころの俳人。ケはAのころの近松門左衛門の作品。

なぞろう重要語句

百姓一揆（ひゃくしょういっき）　蘭学（らんがく）　浮世絵（うきよえ）　葛飾北斎（かつしかほくさい）

❶(1)エ

(2)例自由な商工業の発展を図るため。

(3)ア

(4)イ

(5)ウ

(6)備中ぐわ

(7)両替商

(8)例物価の上昇をおさえるため。

(9)①オ　②ウ　③イ

❷(1)公事方御定書

(2)享保の改革

(3)狂歌

(4)a 松平定信　b 田沼意次

(5)武家諸法度

(6)イ

❸(1)A オ　B ア　C エ

(2)錦絵

(3)かぶきおどり

(4)奥の細道

(5)B→C→A

━━━━━ 解 説 ━━━━━

❶(1)宗教改革に対抗して，イエズス会などが海外布教に乗り出したことで，日本にも宣教師が訪れるようになった。アは1096年，イは610年ごろ，ウは395年の出来事。

(2)市場の税を免除し，座の特権を廃止すると，どうなるか，考える。

(3)イは鎌倉時代などに出された借金帳消しの命令。ウは徳川吉宗・水野忠邦など。エは1825年に江戸幕府が出した。

(4)庄屋（名主）は有力な本百姓から選ばれ，自治を行った。アは鎌倉・室町時代に荘園・公領ごとに置かれた。ウは律令の下で，郡司の下に置かれた。エは江戸幕府で，江戸・大阪・長崎などの直轄地に置かれた。

(5)アは江戸幕府の第5代将軍徳川綱吉，イは室町幕府第3代将軍足利義満，エは江戸幕府第8代将軍徳川吉宗が行った。

(6)それまで使われていた一枚刃の平くわに比べ，

牛馬を使わなくても，人の力で土を深く耕すことができる。

(7)江戸幕府は，金貨，銀貨，銅銭を発行したが，東日本では主に金，西日本では主に銀が流通したため，両替が必要になった。

(8)株仲間は生産や販売の独占権を得ていたので，ものの値段を自由に決めることができた。しかし，このとき物価が上がったのは，貨幣の質を落としたことなどが原因だったため，株仲間を解散しても，あまり効果はなかった。

(9)①天保のききんのときの1837年。こののち，天保の改革が行われた。②1637年に起こり，鎖国体制強化のきっかけとなった。③1600年に起こり，徳川家康が石田三成に勝利した。その後，徳川家康が征夷大将軍に任命された。

❷(1)(2)公事方御定書を定めたのは第8代将軍徳川吉宗。

(3)寛政の改革の厳しすぎる風俗の取りしまりに対し，わいろが横行した田沼意次の時代がなつかしい，と皮肉っている。

(4)松平定信は，元白河藩の藩主だった。

(6)イは百姓に対する触書の一部。

❸(1)Aは「富嶽三十六景」の一枚，Bは「唐獅子図屏風」，Cは「奥の細道」の俳句。

(5)Aは化政文化（江戸後期），Bは桃山文化，Cは元禄文化（江戸前期）。

❶(1)例生産・販売を独占し，自由な経済活動のさまたげになるから。

(2)例キリスト教と強く結びついていた貿易船の来航を禁止しなかったから。

(3)例キリストの像を踏ませてキリシタンかどうか確かめた。

❷(1)オランダ

(2)例キリスト教を布教しなかったから。

(3)例出入口が1か所しかない。

❸(1)①例新田開発を進めた
〔用水路の整備や干拓を行った〕

②2

(2)例稲からもみをとっている。

なぞろう
重要語句

へい のう ぶん り
兵 農 分 離

ばく はん たい せい
幕 藩 体 制

じょう る り
浄 瑠 璃

みず の ただ くに
水 野 忠 邦

4 (1)① **例**水運に恵まれている。
　　② **例**江戸は武家地，大阪は町人地が多い。
　(2)**例**諸藩の蔵屋敷で年貢米や特産物が売買された
　　から。

━━━◆ 解説 ◆━━━

1 (1)座は室町時代に結成された同業者組合。楽市令は，商工業を発展させようと出されたので，座が商工業の発展をさまたげる理由を書く。
　(2)バテレン追放令の三つ目の文に着目。ポルトガル船の目的である布教と貿易は，かたく結びついていたため，一方を禁止しても効果がなかった。
　(3)写真は踏絵といい，キリスト像のほか，マリア像が彫られたものもある。
2 (1)船には，オランダの国旗がついていることが読み取れる。
　(3)他には，周りを柵で囲まれていることなど。
3 (1)耕地面積が増えた理由を書く。目的は年貢を増やすこと。
　(2)資料Ⅱは江戸時代の脱穀の様子をえがいている。
4 (1)① 交通には陸路と水路がある。大阪は川から運河が網の目のように引かれている。
　② 江戸はほとんどが武家地，大阪はほとんどが町人地である。
　(2)蔵屋敷が立ち並ぶそばに，堂島米市場があることなどから考える。

ポイント
■**重要人物の業績や特徴をおさえる。**
　織田信長▶楽市・楽座。豊臣秀吉▶太閤検地・刀狩。徳川家光▶参勤交代・鎖国。徳川吉宗▶享保の改革。田沼意次▶株仲間奨励。松平定信▶寛政の改革。水野忠邦▶天保の改革。
■**文化の担い手や活躍した人物をおさえる。**
　桃山文化▶大名や豪商，絵画（狩野永徳），芸能（出雲の阿国），茶の湯（千利休）。
　元禄文化▶上方の町人，絵画（菱川師宣），文学（近松門左衛門・井原西鶴・松尾芭蕉）。
　化政文化▶江戸の町人，絵画（葛飾北斎・歌川広重），文学（十返舎一九・曲亭馬琴）。

第5章 開国と近代日本の歩み

p.74〜75 ≡ ステージ1
●**教科書の要点**
①ロック　　　　　　②モンテスキュー
③ルソー　　　　　　④ピューリタン
⑤名誉（めいよ）　　⑥議会
⑦（アメリカ）合衆国（がっしゅうこく）
⑧第三身分　　　　　⑨フランス
⑩バスチーユ
●**教科書の資料**
(1)A権利章典　　B独立宣言
　C人権宣言
(2)Aイギリス　　Bアメリカ（合衆国）
　Cフランス
(3)a平等　　b自由
●**教科書チェック☆一問一答**
①啓蒙思想（けいもう）　②クロムウェル
③共和政　　　　　　　④立憲君主制
⑤ワシントン　　　　　⑥絶対王政
⑦徴兵制（ちょうへい）　⑧ナポレオン
⑨民法〔ナポレオン法典〕
⑩ウィーン会議

ミス注意！・・・・・・・・・・・・・・・・・・・・・・・・・・・・
★人権宣言と独立宣言…取りちがいに注意しよう。

人権宣言	独立宣言
フランス革命のとき出された。	アメリカ独立戦争のとき出された。

p.76〜77 ≡ ステージ1
●**教科書の要点**
①フランス　　　　　②ロンドン
③ドイツ　　　　　　④イタリア
⑤スペイン　　　　　⑥クリミア
⑦南北　　　　　　　⑧産業革命
⑨資本家　　　　　　⑩労働者
⑪資本主義
●**教科書の資料**
(1)蒸気機関　　(2)ア
(3)産業革命　　(4)世界の工場

なぞろう 重要語句

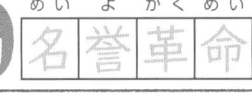

めいよかくめい　名誉革命　　けいもうしそう　啓蒙思想　　じょうききかん　蒸気機関　　どれい　奴隷

20

● 教科書チェック☆一問一答

① 義務教育　　②普通選挙
③ 政党政治　　④ビスマルク
⑤ オーストリア（帝国）
⑥ 南下政策　　⑦移民
⑧ リンカン（大統領）
⑨ 労働組合　　⑩社会主義

ミス注意！ ....

★資本主義と社会主義…取りちがいに注意しよう。

資本主義	社会主義
資本家が労働者をやとい，自由に生産。	生産手段を国有化する。

★ワシントンとリンカン…取りちがいに注意しよう。

ワシントン	リンカン
独立戦争の司令官で，初代アメリカ大統領になった。	南北戦争中北部を率い，奴隷解放宣言を出した。

p.78〜79　ステージ2

❶ (1)Aクロムウェル　　Bルイ14世
　　Fナポレオン
　(2)①フランス革命　②アメリカ独立戦争
　　③名誉革命
　(3)①代表　②課税
　(4)aルソー　bモンテスキュー
　(5)①ア　②エ　③イ
　(6)ウ
　(7)イ
❷ (1)ウィーン
　(2)Aウ　Bア　Cエ　Dイ
　(3)国民
　(4)ロンドン
❸ (1)南北戦争
　(2)①賛成　②自由貿易
　(3)リンカン（大統領）
　(4)a産業革命　b資本主義

解説

❶ (1)Aはイギリスの出来事。クロムウェルの指導で議会派が勝利したものの，クロムウェルは独裁を行った。Bルイ14世は絶対王政の代表で「太陽

王」と呼ばれる。戦争やベルサイユ宮殿の建設に多額の国費を費やした。Fナポレオンが皇帝の位についたことで，フランスは帝国となった。ビスマルクはプロイセン（ドイツ）の首相。ワシントンはアメリカ初代大統領。
(3)アメリカ東部にあったイギリスの植民地の人々は，イギリス議会に代表を送る権利がなかったため，新たな課税を拒否した。
(4)ルターは宗教改革を始めた人物。ロックは抵抗権を唱えた。
(5)聖職者とはキリスト教の指導者で，フランスではカトリック教会と王は強く結びついていた。
(6)アは1641年，イは1716年〜，ウは1787年〜，エは1841年〜。
(7)ナポレオンが制定した民法は，ナポレオン法典とも呼ばれる。アルイ14世が行った。ウフランスでは1848年に認められた。エルイ16世が開いたものが，フランス革命のきっかけとなった。

❷ (1)ウィーンはオーストリアの首都。ナポレオンに征服されたヨーロッパを，フランス革命前の状態にもどすことを決めた。会議は，各国の思惑が入り乱れ，なかなかまとまらなかった。
(2)Aのイギリスは，世界に先がけて産業革命を達成した。Bのフランスは，王政にもどっていたが，再び革命が起こって男子普通選挙が実現した。しかし，選挙で選ばれたナポレオン3世が，最初は大統領に，その後皇帝になるなど，しばらく混乱が続いた。Cのプロイセンの首相ビスマルクが「鉄血政策」と呼ばれる富国強兵政策を進め，フランスやオーストリアとの戦争に勝利した。Dのロシアは東西に領土を広げ，不凍港を求めて黒海に進出しようとした。
(3)イタリアには，いくつかの王国やベネチアなどの都市国家があったが，ナポレオンの侵略で，イタリア人としての国民意識が高まった。

❸ (2)大農場では，奴隷労働により，綿花を安く生産していた。現在も，アメリカ南部にはアフリカ系の住民が多い。
(3)リンカン大統領は奴隷解放宣言を出し，北部を勝利に導いた。

なぞろう 重要語句　権利章典　徴兵制　普通選挙　綿織物

p.80〜81 ステージ❶

●教科書の要点

①産業革命 ②アヘン
③南京（ナンキン） ④太平天国
⑤大反乱 ⑥日米和親
⑦下田 ⑧日米修好通商
⑨領事裁判 ⑩関税自主

●教科書の資料

(1)三角貿易
(2)①ムガル帝国 ②清（しん）
(3)A綿織物 Bアヘン
　C茶 D銀

●教科書チェック☆一問一答

①香港（ホンコン） ②関税自主権
③領事裁判権 ④イギリス
⑤フランス ⑥ペリー
⑦浦賀（うらが） ⑧開国
⑨ハリス ⑩井伊直弼（いいなおすけ）

ミス注意！

★日米和親条約…漢字に注意しよう。

◯ 日米和親条約	✕ 日米和新条約
1854年に江戸幕府とアメリカが結んだ条約。	

★ペリーとハリス…取りちがいに注意しよう。

ペリー	ハリス
日米和親条約を結んだ。	日米修好通商条約を結んだ。

p.82〜83 ステージ❶

●教科書の要点

①尊王論（そんのう） ②攘夷論（じょうい）
③安政の大獄（あんせいたいごく） ④井伊直弼（いいなおすけ）
⑤生糸（きいと） ⑥下関（しものせき）
⑦薩英（さつえい） ⑧木戸孝允（きどたかよし）
⑨西郷隆盛（さいごうたかもり） ⑩王政復古（おうせいふっこ）
⑪戊辰（ぼしん）

●教科書の資料

(1)徳川慶喜（とくがわよしのぶ） (2)大政奉還（たいせいほうかん）
(3)①世直し ②ええじゃないか

●教科書チェック☆一問一答

①尊王攘夷運動 ②桜田門外の変

③公武合体策 ④横浜（よこはま）
⑤イギリス ⑥生麦事件（なまむぎ）
⑦薩長同盟（さっちょう） ⑧坂本龍馬（さかもとりょうま）
⑨大久保利通（おおくぼとしみち） ⑩鳥羽・伏見の戦い（とばふしみ）

ミス注意！

★薩摩藩と長州藩…取りちがいに注意しよう。

薩摩藩	長州藩
現在の鹿児島県。	現在の山口県。

p.84〜85 ステージ❷

❶ (1)①ウ ②エ ③ア
(2)万国博覧会
(3)太平天国の乱

❷ (1)A日米和親条約 B日米修好通商条約
(2)函館（はこだて）・下田（しもだ）（順不同）
(3)5
(4)①関税 ②領事裁判

❸ (1)a綿織物 b生糸
(2)①イギリス ②南北戦争
(3)①流出 ②上がった

❹ (1)①吉田松陰（よしだしょういん） ②坂本龍馬（さかもとりょうま）
③徳川慶喜（とくがわよしのぶ） ④岩倉具視（いわくらともみ）
(2)大老（たいろう）
(3)cイ dエ
(4)ウ
(5)戊辰戦争（ぼしん）

■ 解説 ■

❶ (1)①イギリスは機械で大量生産した安い綿織物の市場（しじょう）を求めていた。イギリスの綿織物が流入したことで，インドの手工業による綿産業は大きな打撃を受けた。②ロシアはモスクワ周辺の小さな国から東西に領土を広げ，日本にもラクスマンやレザノフを送ってきた。③アメリカも東部の13州から領土を西に広げて太平洋に達し，中国などとの貿易に乗り出していた。イはスペインやポルトガルが新航路開拓に乗り出した理由。
(3)太平天国は，農民たちが作った国で，土地を平等に分けるなどの政策を行ったが，イギリスや清の軍にたおされた。

なぞろう 重要語句 尊王攘夷運動（そんのうじょういうんどう） 廃藩置県（はいはんちけん） 殖産興業（しょくさんこうぎょう）

❷ (2)(3)日米修好通商条約では，神奈川（横浜）・函館・新潟・兵庫（神戸）・長崎の5港が開かれ，下田は閉じられた。

(4)①関税自主権がなかったため，日本は安い外国製品の流入を止めることができなかった。②領事裁判権を認めたため，日本で罪を犯した外国人を，日本の法律で裁くことができなかった。

❸ (1)アヘンはイギリスがインドから清に持ちこんだ。銀は南蛮貿易や鎖国下の長崎における貿易の主な輸出品。

(3)金貨の質を下げるとは，金貨にふくまれる金の量を減らすこと。そのため，金貨の価値が下がり，前より少ない量しか買えなくなった。

❹ (1)①吉田松陰は長州藩の藩士で，松下村塾という私塾を開き，多くの人材を育てていた。②薩摩藩と長州藩は，最初は対立し，京都などで争いごとを起こしていた。坂本龍馬は，両藩が力を合わせることで，幕府に対抗する力が得られると考えた。③徳川慶喜は第15代将軍。

(2)通常政治を行うのは老中で，大老は臨時に置かれる職。井伊直弼は彦根藩の藩主だった。

(3)**c**では，鹿児島がイギリス軍艦に砲撃された。**d**では下関砲台が欧米4か国の連合軍に占領された。

(4)1603年から1867年まで。

p.86〜87 ステージ1

●教科書の要点

①五箇条の御誓文　②版籍奉還
③廃藩置県　④府知事
⑤地租改正　⑥現金
⑦軍隊　⑧殖産興業
⑨鉄道　⑩郵便
⑪富岡製糸場　⑫福沢諭吉
⑬中江兆民

●教科書の資料

(1)地券
(2)Aウ　Bア
　Cエ　Dイ
(3)3，2.5

●教科書チェック☆一問一答

①明治維新　②中央集権国家
③藩閥政府　④解放令〔賤称廃止令〕
⑤学制　⑥徴兵令
⑦富国強兵　⑧官営模範工場
⑨文明開化　⑩学問のすゝめ

ミス注意！

★大政奉還と版籍奉還…取りちがいに注意しよう。

大政奉還	版籍奉還
徳川慶喜が政権を朝廷に返したこと。	大名が藩の土地や人民を政府に返したこと。

★文明開化…漢字に注意しよう。

○　文明開化	✕　文明開花
明治初期に，欧米の文化が取り入れられて，生活が変化したこと。	

★殖産興業…漢字に注意しよう。

○　殖産興業	✕　殖産工業
産業を興して盛んにすること。	

p.88〜89 ステージ2

❶
(1)エ
(2)①東京　②明治
(3)中央集権国家
(4)県令〔県知事〕
(5)W薩摩　X長州　Y土佐　Z肥前
(6)小学校
(7)20
(8)ウ
(9)明治維新

❷
(1)①平民　②華族　③士族
(2)A名字　B帯刀

❸
(1)群馬県
(2)生糸
(3)官営模範工場
(4)殖産興業
(5)ア・エ（順不同）
(6)①ガス灯　②人力車　③れんが
(7)文明開化
(8)ルソー

なぞろう 重要語句　明治維新　版籍奉還　藩閥政府　華族

解説

❶ (1)**ア**は聖徳太子が定めた十七条の憲法の内容，**イ**は五箇条の御誓文と同じころ出された民衆向けの五榜の掲示，**ウ**はフランス人権宣言。

(2)①東京には翌年天皇の住まいが移され，日本の首都となった。②明治時代以降，天皇一代につき元号は一つとする一世一元の制となった。

(3)江戸時代は幕藩体制で，大名がそれぞれの藩を自分のやり方で治めていた。版籍奉還では，土地と人民は政府に返したものの，旧藩主がそのまま治めたため，あまり効果がなかった。そこで，廃藩置県では，中央から役人を送ることになった。

(5)新政府の要職は，倒幕運動に功績のあった「薩長土肥」出身者でしめられていた。薩摩藩は鹿児島県，長州藩は山口県，土佐藩は高知県，肥前藩は佐賀県・長崎県にあった藩。

(6)小学校の建設費用は地元が負担しなければならず，授業料は家庭の負担だった。また，当時は子どもも大切な労働力だったので，最初は就学率が低かったが，次第に高くなっていった。

(7)徴兵令では国民皆兵を目指したが，最初は一家の主人やあとつぎ，一定のお金を納めた者などは兵役を免除されたので，実際に兵役に就いたのは農家の二男，三男が多かった。

(8)それまでの年貢は，年によって収穫量に差があったため，収入が安定しなかった。収入が安定したことで，計画的に予算を決めて政策を実行できるようになった。地租改正では，年貢収入より減らないように地価が設定されたため，農民の負担は変わらず，地租改正反対一揆が起こった。

❷ (2)俸禄（給料として支払われる米）の支給がなくなった士族は，自分で商売を始めるなどしたが，うまくいかずに生活が苦しくなり，政府に不満を持つようになった。

❸ (1)群馬県は江戸時代から養蚕が盛んな土地だった。

(2)製糸場とはまゆから生糸を作る工場のこと。

(5)郵便制度や電信網，鉄道などが整備された。

(8)中江兆民は「東洋のルソー」と呼ばれている。

---

p.90〜91　　ステージ1

●教科書の要点
① 朝貢
② 条約
③ 岩倉具視
④ 津田梅子
⑤ 西郷隆盛
⑥ 江華島
⑦ 樺太
⑧ 千島
⑨ 北海道
⑩ 屯田兵
⑪ 沖縄

●教科書の資料
(1)樺太・千島交換条約
(2)C 小笠原諸島
　 D 竹島
　 E 尖閣諸島
(3)琉球処分

●教科書チェック☆一問一答
① 岩倉使節団
② 日清修好条規
③ 征韓論
④ 大久保利通
⑤ 板垣退助
⑥ 日朝修好条規
⑦ 北方領土
⑧ 開拓使
⑨ アイヌ民族
⑩ 琉球王国

---

p.92〜93　　ステージ1

●教科書の要点
① 民撰議院設立
② 西南戦争
③ 国会期成同盟
④ 国会開設
⑤ 自由党
⑥ 立憲改進党
⑦ 貴族院
⑧ 教育勅語
⑨ 衆議院
⑩ 25

●教科書の資料
(1)大日本帝国憲法
(2)伊藤博文
(3)A 天皇　　　B 法律
(4)立憲制国家

●教科書チェック☆一問一答
① 板垣退助
② 自由民権運動
③ 士族
④ 西郷隆盛
⑤ 大隈重信
⑥ 秩父事件
⑦ 君主権
⑧ 内閣制度
⑨ 帝国議会
⑩ 民法

**なぞろう
重要語句**　せいかんろん　征韓論　　さいごうたかもり　西郷隆盛　　りゅうきゅうしょぶん　琉球処分　　ないかく　内閣

**ミス注意！**・・・・・・・・・・・・・・・・・・・・・・・・・・・

★民撰議院設立の建白書…漢字に注意しよう。

〇 民撰議院	✕ 民撰議員
国民が選んだ議員による議会の開設を求める意見書。	

★国会期成同盟…漢字に注意しよう。

〇 国会期成同盟	✕ 国会既成同盟
国会開設を求める全国的な組織。	

p.94～95 ステージ2

❶ (1)A岩倉　　B琉球　　C勅諭
(2)X屯田兵　　Y旧土人
(3)ア
(4)ウ
(5)①ロシア　　②エ
(6)江華島事件
(7)大阪
(8)君主

❷ (1)A大久保利通　　B板垣退助
　　C西郷隆盛　　D大隈重信
　　E伊藤博文
(2)征韓論
(3)自由民権運動
(4)言論

❸ (1)天皇
(2)内閣総理大臣〔首相〕
(3)衆議院
(4)①イ　　②ウ

解　説

❶ (1)A公家の岩倉具視を全権大使として欧米に派遣された使節団。B沖縄県設置に先立って，琉球藩を置いていた。C北海道開拓使払下げ事件（開拓使の施設を政府関係者に安く払い下げようとした事件）で政府がたおれるのをおそれた伊藤博文らが出した。
(2)屯田兵には生活に困った士族らが送られた。その後，日本全国からの移民も送られた。
(3)清に対しては対等な立場で日清修好条規を結び，朝鮮とは日本に有利な日朝修好条規を結んだ。
(4)江戸時代に結ばれた不平等条約の改正は，新政府の最大の外交上の課題だったが，このときは，

日本の法整備が遅れていることなどを理由に，不成功に終わった。
(5)②樺太全島をロシア領，千島列島全てを日本領とした。
(6)征韓論は退けられたものの，結局武力を背景に朝鮮を開国させた。
(7)大阪に，全国の自由民権運動の代表者が集まって結成した。
(8)新政府は，天皇中心の国づくりを目的としていた。このときドイツはプロイセンを中心に成立した帝国，オーストリアも帝国で，皇帝の権力が強かった。

❷ (2)板垣退助と西郷隆盛は岩倉使節団に参加せず，国内で改革を進めていた。征韓論には，不満を持つ士族たちの関心を外国に向けさせようというねらいもあった。しかし，欧米を視察して帰国した大久保利通らは，国力の充実が先であるとして，征韓論を退けた。
(4)演説会や新聞で呼びかけた。

❸ (1)天皇は国の元首であり，多くの権利（天皇大権）を持っていた。
(2)内閣総理大臣は天皇に任命され，内閣の大臣は個々に天皇に対して責任を持つとされた。
(4)第1回衆議院議員選挙で選挙権をあたえられたのは，国民の約1.1％にすぎなかった。

p.96～97 ステージ1

●**教科書の要点**

①資本　　　　　　②アジア
③植民地　　　　　④鹿鳴館
⑤ノルマントン号　⑥領事裁判権
⑦関税自主権　　　⑧甲午農民
⑨朝鮮　　　　　　⑩ロシア
⑪立憲政友会

●**教科書の資料**

(1)Aロシア　　B日本
　　C清　　　D朝鮮
(2)日清戦争
(3)下関条約

なぞろう重要語句

民撰議院	大隈重信	欧化政策	台湾
みんせんぎいん	おおくましげのぶ	おうかせいさく	たいわん

●教科書チェック☆一問一答
①列強　②帝国主義
③条約改正〔不平等条約の改正〕
④欧化政策　⑤陸奥宗光
⑥小村寿太郎　⑦台湾
⑧三国干渉　⑨大韓帝国〔韓国〕
⑩伊藤博文

ミス注意！

★資本主義と帝国主義…取りちがいに注意しよう。

資本主義	帝国主義
資本家が労働者を雇って生産する経済の仕組み。	列強が武力を背景に，植民地を広げていく動き。

★鹿鳴館…漢字に注意しよう。

○　鹿鳴館	✕　鹿命館
条約改正のための**欧化政策**で，西洋式の舞踏会が開かれた。	

★立憲改進党と立憲政友会…取りちがいに注意しよう。

立憲改進党	立憲政友会
1882年に大隈重信が結成。	1900年に伊藤博文が結成。

p.98〜99　ステージ1

●教科書の要点
①義和団　②日英
③与謝野晶子　④樺太
⑤日比谷焼き打ち　⑥日本
⑦総督府　⑧南満州鉄道
⑨中華民国　⑩孫文
⑪軍閥

●教科書の資料
(1)イギリス
(2)日露戦争
(3)日本海海戦
(4)アメリカ
(5)ポーツマス条約

●教科書チェック☆一問一答
①義和団事件　②ロシア
③幸徳秋水　④内村鑑三
⑤旅順・大連（順不同）

⑥韓国統監府　⑦韓国併合
⑧三民主義　⑨辛亥革命
⑩袁世凱

ミス注意！

★下関条約とポーツマス条約…取りちがいに注意しよう。

下関条約	ポーツマス条約
日清戦争の講和条約。多額の賠償金を獲得。	日露戦争の講和条約。賠償金なし。

★韓国統監府と朝鮮総督府…取りちがいに注意しよう。

韓国統監府	朝鮮総督府
韓国併合より**前**。	韓国併合の**後**。

p.100〜101　ステージ1

●教科書の要点
①綿糸　②生糸
③石炭　④八幡製鉄所
⑤足尾銅山　⑥小作人
⑦地主　⑧黒田清輝
⑨滝廉太郎　⑩言文一致
⑪森鷗外　⑫義務

●教科書の資料
(1)財閥
(2)石炭
(3)東海道

●教科書チェック☆一問一答
①製糸業　②労働争議
③大逆事件　④田中正造
⑤フェノロサ　⑥樋口一葉
⑦夏目漱石　⑧北里柴三郎
⑨長岡半太郎　⑩野口英世

ミス注意！

★紡績業と製糸業…取りちがいに注意しよう。

紡績業	製糸業
綿糸を作る工業。	**生糸**を作る工業。

★田中正造…漢字に注意しよう。

○　田中正造	✕　田中正三
足尾銅山鉱毒事件の解決に尽力した栃木県出身の衆議院議員。	

なぞろう重要語句

むつむねみつ	りょうとうはんとう	かんこくへいごう	そうとくふ
陸奥宗光	遼東半島	韓国併合	総督府

p.102〜103 ■■■ ステージ2

❶ (1)帝国主義
　(2)①辛亥革命　　②義和団事件
　　　③日英同盟
　(3)ノルマントン号事件
　(4)①陸奥宗光　　②イギリス
　(5)国民
　(6)cウ・オ（順不同）　　fア
　(7)ロシア・ドイツ・フランス（順不同）
　(8)シベリア鉄道
❷ (1)紡績業
　(2)①ア　　②イ
　(3)産業革命
　(4)ウ
　(5)筑豊
　(6)①低　　②長
❸ (1)A
　(2)①岡倉天心　　②横山大観
　　　③黒田清輝　　④高村光雲
　　　⑤二葉亭四迷　　⑥正岡子規
　(3)日露戦争
　(4)6

■■■■■■ 解説 ■■■■■■

❶ (3)イギリス船ノルマントン号が和歌山沖で沈没
した際，イギリス人の船長や船員は全員助かった
のに，日本人乗客は全員水死した。この船長は，
イギリスの領事裁判で軽い罪ですんだため，日本
国内では条約改正を求める声が高まった。
　(4)共同でロシアに対抗したいイギリスがまず条約
改正に応じ，ほかの国もこれにならった。
　(6)c台湾と遼東半島。遼東半島は三国干渉を受け
て清に返還した。f樺太の南半分。イの朝鮮は，
講和条約で獲得したのではなく，1910年に併合し
た。エは山東半島。
　(7)日清戦争で，大国の清が日本に負けたのを見た
列強は，中国分割を進めた。ドイツは山東省の膠
州湾，フランスは広州湾を租借して勢力を広げた。
　(8)シベリアは，ウラル山脈より東の地域。日本海
に面したウラジオストクと，モスクワが鉄道で結
ばれた。

❷ (2)①1880年代，政府の殖産興業政策などにより，
繊維工業で産業革命が進んだ。綿糸の国内生産量
が輸入量を上回ったのは1890年で，日清戦争（1894
年）の前である。②輸出量が輸入量を上回ったの
は1897年。
　(4)アメリカは生糸の主な輸出先。
　(6)低賃金で安い綿糸や生糸が生産され，日本の製
品は外国製品との競争に勝つことができた。しか
し工女の中には不衛生な寮生活や長時間労働で病
気になる者もあり，大きな社会問題になった。

❸ (1)Bは欧米の美術そのものを取り入れた洋画。
　(2)①明治初期の文明開化で，日本の伝統的な美術
が否定されたが，フェノロサや岡倉天心などの努
力で，日本美術の価値が再評価された。
　②横山大観は，岡倉天心らが設立した東京美術学
校（現在の東京芸術大学）の教え子である。
　③このような油絵の具でえがく絵を洋画という。
　④日本の仏像彫刻などの優れた技術に，ヨーロッ
パの写実的な技法を取り入れた。
　⑤二葉亭四迷が初めて，話し言葉のままで文章を
書き，それが広まった。
　(3)日露戦争の激戦地である旅順に出征した弟を心
配する歌に，戦争に反対する気持ちを表した。

p.104〜105 ■■■ ステージ3 ■総合■

❶ (1)ウ→ア→エ→イ
　(2)大政奉還
　(3)エ
　(4)例政府の収入を安定させるため。
　(5)板垣退助
　(6)天皇
　(7)例直接国税を15円以上納める満25歳以上
　　の男子。
　(8)甲午農民戦争
　(9)エ　　(10)ウ
❷ (1)Aイ　　Bア　　Cエ
　(2)産業革命
　(3)例生産のための原料と工業製品を売る市場
　　を得るため。
　(4)下関条約

なぞろう
重要語句｜紡績｜　｜八幡製鉄所｜　｜財閥｜　｜黒田清輝｜

❸ (1)A 生糸　　B 富岡　　C 八幡　　D 足尾
(2)アメリカ（合衆国）
(3)横浜
(4)殖産興業（政策）
(5)工女　　(6)石炭

―――――――▶ 解 説 ◀―――――――

❶ (1)条約改正までの流れは以下の通り。

1871～73	岩倉使節団が欧米諸国との交渉を目的に派遣されるが失敗。
1882～87	井上馨外相が交渉。欧化政策を採る。外国人裁判官の参加に国民が反対。
1888～89	大隈重信外相が交渉。外国人裁判官の参加に国民が反対。
1894	陸奥宗光外相が交渉。イギリスと日英通商航海条約を結び，領事裁判権を撤廃する。
1911	小村寿太郎外相が交渉。アメリカと日米通商航海条約を結び，関税自主権を完全に回復する。

(4)資料から，地租の額が毎年ほぼ一定であることがわかる。
(9)アは日清戦争の下関条約，イは樺太・千島交換条約の内容，ウは三国干渉の結果。
(10)日清戦争後の1902年のこと。
❷ (1)Aはイギリス，Bはフランス，Cはドイツ。
❸ (2)日米和親条約で開国した。
(5)女工とよばれることもある。
(6)筑豊炭田で多く産出し，八幡製鉄所での鉄鋼の生産にも使われた。

p.106～107 ステージ❸ 資・思

❶ (1)例平民が，貴族と聖職者に課された重税に苦しんでいる体制。
(2)例平民が武器を取って立ち上がろうとしているから。
❷ (1)例18世紀には綿織物の輸入先だったが，19世紀前半には輸出先になった。
(2)記号ーウ　　理由ー例蒸気船だから。

❸ (1)例日本と清が朝鮮をめぐって対立し，ロシアが横取りをねらっている。
(2)a ロシア　　b 日本
c イギリス　　d アメリカ
(3)エ
(4)①例増税や犠牲に苦しんだ
②例賠償金を得られなかった

―――――――▶ 解 説 ◀―――――――

❶ (1)平民の上に重い石（税）が乗っている。
(2)フランス革命では，パリの民衆が武器庫をおそい，軍隊に立ち向かった。
❷ (1)イギリスではかつて，インド産の手織りの綿織物が人気だった。18世紀後半に起こった産業革命によって，イギリスは綿織物の輸入国から，輸出国へと変わった。
(2)イは手こぎ，アは帆船である。
❸ (1)この絵は，中国のことわざである「漁夫の利」をふまえて風刺している。
(2)イギリスやアメリカが日本をけしかけて，ロシアと戦わせようとしている。いちばん右の人物はアメリカ国旗に似たデザインの服を着ている。日露戦争では，日本はイギリス・アメリカから戦費を調達した。
(3)日清戦争は1894年，日露戦争は1904年に起こった。アは1911年，イは1886年，ウは1910年，エは1895年。三国干渉を行ったロシアに対し，日本は反感を強めて軍備を拡張した。
(4)①グラフから，死者が多かったこと，莫大な戦費のために税負担が重くなったことが分かる。②講和条約の内容から分かる。

ポイント

■明治維新の改革をおさえる。
　中央集権化▶版籍奉還・廃藩置県，富国強兵▶学制・徴兵令・地租改正。
■日清・日露戦争の条約をおさえる。
　日清戦争▶下関条約（遼東半島・台湾・澎湖諸島・賠償金獲得），日露戦争▶ポーツマス条約（樺太の南半分獲得・賠償金なし）

なぞろう
重要語句

ばいしょうきん　そんぶん　しんがいかくめい　よさのあきこ
賠償金　　孫文　　辛亥革命　　与謝野晶子

第6章 二度の世界大戦と日本

p.108〜109 ステージ**1**

●教科書の要点
①ドイツ　②イギリス
③南下　④オーストリア
⑤第一次世界大戦　⑥同盟
⑦労働者　⑧ソビエト
⑨シベリア　⑩社会主義

●教科書の資料
(1)A三国協商　　B三国同盟
(2)火薬庫
(3)サラエボ

●教科書チェック☆一問一答
①バルカン半島　②セルビア
③総力戦　④日英同盟
⑤アメリカ（合衆国）
⑥ロシア革命　⑦レーニン
⑧共産主義　⑨スターリン
⑩五か年計画

ミス注意！
★三国協商と三国同盟…取りちがいに注意しよう。

三国協商	三国同盟
イギリス・フランス・ロシア。	ドイツ・オーストリア・イタリア。

p.110〜111 ステージ**1**

●教科書の要点
①ベルサイユ　②ドイツ
③ワシントン　④ワイマール
⑤山東　⑥五・四
⑦孫文　⑧日本
⑨三・一独立　⑩イギリス
⑪ガンディー

●教科書の資料
(1)二十一か条の要求
(2)Aドイツ　　B大連
(3)Xパリ　　Yワシントン
(4)日露戦争

●教科書チェック☆一問一答
①民族自決（の原則）②国際連盟
③ウィルソン　④ジュネーブ
⑤ワシントン海軍軍縮条約
⑥ドイツ　⑦（中国）国民党
⑧（中国）共産党　⑨同化政策
⑩インド

ミス注意！
★国際連盟と国際連合…取りちがいに注意しよう。

国際連盟	国際連合
第一次世界大戦後に発足。本部はジュネーブ。日本は常任理事国。	第二次世界大戦後に発足。本部はニューヨーク。日本は常任理事国ではない。

★五・四運動と三・一独立運動…取りちがいに注意しよう。

五・四運動	三・一独立運動
中国で起きた。	朝鮮で起きた。

p.112〜113 ステージ**2**

❶ (1)Aイギリス　Bロシア
　Cオーストリア　Dドイツ
(2)ウ
(3)連合国
(4)①サラエボ　②パリ　③ジュネーブ
(5)①パン　②ソビエト
(6)エ
(7)共産党
❷ (1)Aイ　Bウ
(2)ウ　(3)南満州鉄道
(4)ウ
(5)①国際連盟　②新渡戸稲造
❸ (1)民族自決
(2)Aア　Bウ　Cエ
(3)a独立　b暴力　c服従
(4)イ

解説
❶ (1)A日本と同盟を結んでいる。Bセルビアを支援している。Cバルカン半島に一部領土を持っている。

なぞろう 重要語句　国際連盟　労働争議　非暴力・不服従

(2)現在も東ヨーロッパに多い民族。**ア**はイタリア・フランスなど南西部，**イ**はドイツ・イギリスなど北西部に多い。

(3)日英同盟を口実にイギリス側に加わった。

(4)①オーストリアが，セルビアに隣接する地域を併合し，緊張が高まっていた。サラエボはこの併合された地域の中心都市だった。②講和条約はパリ郊外のベルサイユ宮殿で調印された。③スイスの都市。

(5)②ソビエトは「会議」という意味で，労働運動などを指揮し，革命を支える組織になった。

(6)ワシントン海軍軍縮条約で，アメリカ，イギリス，フランス，イタリア，日本の戦艦の保有数の上限を定めた。**ア**の日英同盟は解消された。**イ**は三国干渉の結果。**ウ**のシベリア出兵は1918年〜。

(7)ロシア革命の影響で，日本や中国など世界各国に共産党が作られ，ソ連の共産党の指導を受けるようになった。

❷ (1)**A**スターリンはレーニンの死後，指導者になった。**B**孫文は臨時大総統の地位を袁世凱にゆずっていた。

(2)**ア**は朝鮮半島，**イ**は遼東半島。

(3)ポーツマス条約で，ロシアから鉄道利権をゆずり受け，1906年に南満州鉄道を設立した。

(4)ドイツ領だったが，大戦中に日本が占領し，ベルサイユ条約でそのまま委任統治が認められた。

❸ (1)ウィルソン大統領が唱えた考え。ロシア革命で最初に作られた政府も民族自決を唱えた。

(2)**A**は五・四運動，**B**は三・一独立運動の様子。

(4)イギリスでは，労働者の参政権は19世紀後半にはすでに認められていた。

p.114〜115 ステージ1

●教科書の要点

① シベリア出兵 ② 政党
③ 立憲政友会 ④ 民本
⑤ 天皇 ⑥ 労働争議
⑦ 社会主義 ⑧ 水平社
⑨ アイヌ ⑩ 共産主義
⑪ ラジオ

●教科書の資料

(1)**A** 15 **B** 25
(2)原敬（はらたかし）
(3)加藤高明（かとうたかあき）

●教科書チェック☆一問一答

① （第一次）護憲運動（ごけん）
② 大戦景気（たいせん）
③ 米騒動（こめそうどう）
④ 大正デモクラシー（たいしょう）
⑤ 吉野作造（よしのさくぞう）
⑥ 小作争議（こさく）
⑦ 平塚らいてう（ひらつか）（ちょう）
⑧ 普通選挙法（ふつう）
⑨ 治安維持法（ちあんいじ）
⑩ 芥川龍之介（あくたがわりゅうのすけ）

ミス注意！

★自由民権運動と護憲運動…取りちがいに注意しよう。

自由民権運動	護憲運動
国民の政治参加を求める明治初期の運動。	憲法に基づく政治を守ろうとする明治末期から大正の運動。

★全国水平社…漢字に注意しよう。

○ 全国水平社	✕ 全国水平舎
部落差別からの解放を目指す団体。	

p.116〜117 ステージ2

❶ (1)①桂太郎（かつらたろう）
　②寺内正毅（てらうちまさたけ）
　③美濃部達吉（みのべたつきち）
　④加藤高明（かとうたかあき）
(2)①第一次世界大戦
　②（重化学）工業
(3)**イ**
(4)①衆議　②平民
(5)**ウ**
(6)**e**

❷ (1)**A** 全国水平社
　B 青鞜社（せいとうしゃ）
(2)平塚らいてう（ひらつか）（ちょう）
(3)①メーデー　②小作（こさく）

❸ (1)ラジオ
(2)①カ　②ア　③オ
　④イ　⑤エ
(3)イ・オ（順不同）

ご けん うん どう
護憲運動

こめ そう どう
米騒動

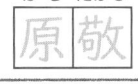
はら たかし
原敬

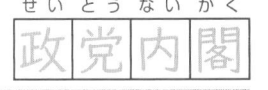
せい とう ない かく
政党内閣

━━━━━━━━━━━ **解 説** ━━━━━━━━━━━

❶ (1)①桂太郎は議会を無視する態度をとった。②米騒動の鎮圧には，軍隊まで出動した。③天皇機関説とは，主権は国家にあり，天皇は最高機関として憲法に従って政治を行うという考え。④この後，立憲政友会と憲政会（立憲民政党）の党首がほぼ交互に内閣を組織するようになった。

(2)大戦景気の様子を示している。農業生産額も増えているが，50％以上になったのは工業。特に鉄鋼や造船などの重化学工業が盛んになった。

(3)シベリア出兵は，ロシア革命への干渉戦争。

(4)原内閣は，日本初の「本格的な」政党内閣といわれている。それは，明治後期に，衆議院第一党だった憲政党の大隈重信を内閣総理大臣，板垣退助を内務大臣とする日本初の政党内閣があったからである。この内閣は，この2人が衆議院に議席をもたず，「不完全な」政党内閣だった。

(5)このとき女性には選挙権はあたえられなかったので，厳密には「男子普通選挙」という。

❷ (1)Aは水平社宣言で，「日本の人権宣言」ともいわれる。

(2)雑誌「青鞜」は，女性だけで作られた雑誌。

(3)①メーデーは，毎年5月1日に行われている。

❸ (1)ラジオは新聞と並ぶ情報源となった。

(3)アは明治初期の様子。大正時代には新聞の発行部数が増え，雑誌も週刊誌や子ども向けのものが出版されるようになった。ウ和室の基になったのは書院造。「文化住宅」は洋風の外観で，応接間や立ったまま調理ができる「立ち流し」を備えていた。エ大正時代は，中等・高等教育が広がり，「インテリ（知識人）」が増えた。

p.118～119 ■ **ステージ1**

●教科書の要点

①アメリカ　②銀行　③失業者　④植民地　⑤関税　⑥五か年計画　⑦ファシスト　⑧エチオピア　⑨ベルサイユ　⑩ナチス　⑪全体

●教科書の資料

(1)Aイギリス　Bアメリカ　Cフランス

(2)ブロック経済

●教科書チェック☆一問一答

①世界恐慌　②ニューディール政策　③ローズベルト　④ソ連　⑤ファシズム　⑥全体主義　⑦イタリア　⑧ムッソリーニ　⑨ドイツ　⑩ヒトラー

ミス注意！

★世界恐慌…漢字に注意しよう。

○ 世界恐慌	✕ 世界恐荒
1929年にアメリカから始まった大不況。	

p.120～121 ■ **ステージ1**

●教科書の要点

①加藤高明　②ロンドン　③満州国　④国際連盟　⑤日独　⑥日中　⑦（中国）国民　⑧（中国）共産　⑨南京　⑩国家総動員　⑪大政翼賛

●教科書の資料

(1)五・一五事件　(2)犬養毅　(3)①常道　②政党

●教科書チェック☆一問一答

①関東大震災　②金融恐慌　③昭和恐慌　④柳条湖事件　⑤満州事変　⑥二・二六事件　⑦盧溝橋事件　⑧毛沢東　⑨配給制　⑩皇民化政策

ミス注意！

★五・一五事件と二・二六事件…取りちがいに注意しよう。

五・一五事件	二・二六事件
1932年5月15日，海軍の青年将校が起こす。	1936年2月26日，陸軍の青年将校が起こす。

★皇民化政策…漢字に注意しよう。

○ 皇民化政策	✕ 公民化政策
植民地の人を日本人に同化させる政策。	

なぞろう 重要語句　青鞜社　治安維持法　世界恐慌　満州事変

p.122～123 ■ステージ2

❶ (1)世界恐慌
　(2)①アメリカ　　②ソ連
　(3)①五か年計画　　②ブロック経済
　　　③ファシズム　　④ニューディール
　　　⑤ブロック経済
❷ (1)A労働争議　　Bまゆ
　　　C小作争議　　D国民
　(2)関東大震災
　(3)昭和恐慌
　(4)関東軍
❸ (1)A加藤高明　　B浜口雄幸
　　　C犬養毅　　　D近衛文麿
　(2)①日中戦争　　②満州事変
　　　③日独防共協定
　(3)イ
　(4)リットン調査団
　(5)①抗日民族統一戦線
　　　②共産党　エ　　国民党　ウ
　(6)南京事件
　(7)①総力　②政党　③隣組　④軍国
　(8)切符制

■■■■■■ 解説 ■■■■■■

❶ (1)アメリカは多くの国に資金を貸していたので，影響が世界中に広がった。
　(3)④アメリカは保護貿易も行ったので，日本など輸出にたよる国の経済に打撃をあたえた。
❷ (1)B生糸の最大の輸出先であるアメリカへの輸出が減ったためである。D国民政府は，各地の軍閥をおさえ，中国全土をほぼ統一した。
　(3)1926年から元号が昭和となった。
　(4)日本は，ポーツマス条約で，遼東半島の旅順・大連を租借したとき，ここを関東州とした。関東軍は，もともと南満州鉄道の警備のために置かれたが，独断で行動することが多くなっていた。
❸ (1)B浜口雄幸は，天皇の権利を侵害したとして，軍人や国家主義者から厳しい批判を受けた。その後，東京駅で狙撃されて重傷を負い，首相を辞任した。D近衛文麿内閣は，総力戦に備えて「挙国一致」の体制を作ろうとした。国家総動員法は，

帝国議会の承認なしに，政府が国民や資源を動員できることとしたため，議会は力を失った。
　(2)①盧溝橋事件。②柳条湖事件。③日本は，共同で共産主義勢力に対抗するとして，ドイツと協定を結んだことで，ファシズムに近づいていった。
　(3)満州とは中国東北部のこと。
　(4)イギリスのリットンを団長とする調査団。中国の訴えを受けた国際連盟が派遣した。
　(5)①中国国内では，それ以前，国民党と共産党の内戦が続いていた。
　(6)南京が占領された後も，国民政府は拠点を移し，抗日運動を続けた。

p.124～125 ■ステージ1

●教科書の要点
①ドイツ　　　　　　②第二次世界大戦
③独ソ不可侵　　　　④日独伊
⑤大西洋　　　　　　⑥ユダヤ
⑦フランス　　　　　⑧ＡＢＣＤ
⑨真珠　　　　　　　⑩イギリス
⑪大学生　　　　　　⑫沖縄

●教科書の資料
(1)①原子爆弾〔原爆〕　　②広島（市）
　　③8月6日
(2)長崎（市）

●教科書チェック☆一問一答
①枢軸国　　　　　　②レジスタンス
③大東亜共栄圏　　　④太平洋戦争
⑤学徒出陣　　　　　⑥勤労動員
⑦（集団）疎開　　　⑧東京大空襲
⑨ヤルタ会談　　　　⑩ポツダム宣言

ミス注意！・・・・・・・・・・・・・・・・・・・・・・・・・・・・・

★第一次世界大戦と第二次世界大戦…取りちがいに注意しよう。

第一次世界大戦	第二次世界大戦
1914年サラエボ事件がきっかけ。	1939年ドイツのポーランド侵攻がきっかけ。

★原子爆弾…漢字に注意しよう。

○　原子爆弾	×　原始爆弾
ウランやプルトニウムを使った新型爆弾。	

なぞろう 重要語句

すうじくこく	たいせいよくさんかい	しんじゅわん	くうしゅう	そかい
枢軸国	大政翼賛会	真珠湾	空襲	疎開

p.126~127 ■ステージ**2**

❶ (1)①ポーランド　　②フランス
　　　③イギリス　　　④イタリア
　(2)アウシュビッツ
　(3)レジスタンス
❷ (1)A不可侵条約　　　B三国同盟
　　　C中立条約
　(2)枢軸国
　(3)連合国
　(4)①日中　　②石油　　③インドシナ
❸ (1)Aミッドウェー　　　Bガダルカナル
　　　Cサイパン
　(2)D東京　　E沖縄　　F広島　　G長崎
　(3)イ
　(4)①ハワイ　　②マレー
　(5)ア
　(6)ヤルタ会談
　(7)(昭和)天皇

■■■■■■■■■■■■■■■ 解説 ■■■■■■

❶ (1)①ドイツは，オーストリア，チェコスロバキア西部を併合したが，イギリス・フランスは宥和政策（ドイツの勢力拡大を一定程度認めて平和を維持しようとする政策）を採り，ドイツの行動を黙認した。ドイツがポーランドに侵攻すると，イギリス・フランスはドイツに宣戦布告した。
③イギリスもドイツの空爆を受けた。
(2)ナチスはユダヤ人を徹底的に迫害し，各地に造った強制収容所に送って，その多くを殺害した。
❷ (2)ドイツとイタリアの協力関係を「ベルリン・ローマ枢軸」と呼んだことから名づけられた。
(4)日本は石油の多くを，アメリカやオランダ領東インド（現在のインドネシア）から輸入していた。ほかに，鉄の輸出も禁じられた。
❸ (1)A太平洋戦争開始後，日本はまたたくまに占領地を広げたが，アメリカの反撃が始まると，ミッドウェー海戦の敗北で，戦況が不利になった。Bガダルカナル島での敗北で，日本軍は後退に転じた。Cサイパン島が陥落したことで，B29爆撃機の飛行距離内に入り，本土への空襲がはげしくなった。

(2)東京大空襲では一夜で約10万人，沖縄戦では約12万人，広島では20万人以上，長崎では14万人以上の命がうばわれた。
(3)東条英機は陸軍の軍人だった。
(5)イ都市から農村に疎開した。ウ文科系の大学生が徴兵された。中学生や女学生は勤労動員された。エ日本の植民地だった朝鮮や台湾の人も動員され，重労働を課されたり，徴兵されたりした。
(6)1945年2月に黒海沿岸の都市ヤルタで，アメリカ・イギリス・ソ連の首脳が会談した。
(7)昭和天皇のラジオ放送は「玉音放送」と呼ばれている。8月15日は終戦記念日になっている。

p.128~129 ■ステージ**3** 総合

❶ (1)A護憲　　B政党内閣　　Cポツダム
　(2)ア
　(3)例シベリア出兵を見こした商人が米を買いしめたため。
　(4)例満25歳以上の（全ての）男子。
　(5)治安維持法
　(6)イ
　(7)犬養毅
　(8)エ
　(9)ア→ウ→イ
　(10)ウ
❷ (1)イ
　(2)ニューヨーク
　(3)例配給制になった。
❸ (1)Aイギリス　　Bドイツ
　(2)ウ
　(3)ベルサイユ条約
　(4)Wア　　Xキ　　Yオ　　Zエ
　(5)無条件降伏
　(6)玉音放送

■■■■■■■■■■■■■■■ 解説 ■■■■■■

❶ (1)A第一次護憲運動では，議会を無視する態度を取った桂太郎内閣が，新聞や知識人に攻撃されて退陣した。Cポツダムは，ドイツの都市。1945年7月，アメリカ・イギリス・ソ連の首脳が会談した。このときはまだ，ソ連は対日参戦していな

なぞろう
重要語句　普通選挙法　　勤労動員　　原子爆弾

かったので，ポツダム宣言は，アメリカ，イギリス，中国の名で出された。

(2)**ア**は日中戦争中の1940年に結成され，政府に協力した。

(3)1917年に起こったロシア革命に干渉するため，日本政府はシベリア出兵を決めた。

(6)**ア**は中国共産党の党首。**ウ**満州国は実質的には日本が支配していたが，対外的には独立国とした。**エ**は満州を支配していた軍閥で，関東軍に殺された。

(7)犬養毅首相は，国際協調を守ろうとして，軍が建てた満州国に反対の態度を取っていた。

(9)**ア**は1944年，**イ**は1945年8月，**ウ**は1945年3月。

(10)満州事変後の1933年。

❷ (1)**ア**は日清戦争前後，**ウ**は日露戦争前，**エ**は太平洋戦争中の様子。

❸ (1)**A**は三国協商，**B**は三国同盟の中心国。

(2)**ア**は太平洋戦争，**イ**は第二次世界大戦に関連する出来事。

(4)**イ**はイタリア，**カ**はドイツの指導者。

(5)連合国がポツダム宣言を出したのは7月，日本政府がこれを受諾したのは8月14日であった。

(6)天皇の声を録音してラジオで放送した。

---

p.130~131 ステージ3 資・思

❶ (1)①**ロシア**

②**イギリス**

③**オーストリア・ハンガリー**

(2)**ユーゴスラビア**

(3)例**自分の民族のことは自分で決める民族自決の考え。**

(4)例**第一次世界大戦中，男性に代わり，女性が工場などで働き，戦争に貢献したから。**

(5)例**女性に選挙権がなかったから。**

❷ (1)例**ソ連は世界恐慌の影響を受けず，鉱工業生産をのばしている。**

(2)例**広い植民地を持っている。**

(3)例**一党独裁を行い，他国を侵略した。**

(4)**ウ**

➡ 解説 ⬅

❶ (1)第一次世界大戦では，ロシア帝国，ドイツ帝国，オーストリア・ハンガリー帝国，オスマン帝国という4つの帝国が解体した。ロシアは社会主義国に，あとの3か国は共和国となった。

(2)ユーゴスラビアは多民族国家である。20世紀末，再びセルビア人とクロアチア人，その他の民族や宗教の対立からはげしい内戦が起こり，7つの国に解体したが，今も安定していない。

(4)ドイツ・イギリスでは1918年，アメリカでは1920年に女性に選挙権が認められている。これは第一次世界大戦が終わった直後のこと。

(5)表から，日本で女性に選挙権が認められたのは，1945年であることが分かる。

❷ (1)グラフの変化が，1国だけほかの国と異なっていることに注目する。

(2)イギリス・フランスは，ほかの国より早く産業革命を達成し，アジアやアフリカに植民地を広げていた。

(3)年表から，イタリアはファシスト党，ドイツはナチスが政権をにぎると，ほかの政党を解散させ，他国を併合していることが分かる。

(4)①自作農は自分の農地を持つ。小作農は小作料を払う必要もあり，収入は自作農の方が多い。②労働争議は，世界恐慌によって起こった昭和恐慌で多くの企業が倒産し，失業者が増大したことで増加した。③日本の工業は，まず軽工業から発展した。世界恐慌後の不況から回復した後に軍需品の生産などで重化学工業が発展し，やがて軽工業の生産額を上回った。

ポイント

■戦争の原因と結果をおさえる。

　第一次世界大戦▶帝国主義国の対立→国際協調，満州事変・日中戦争▶不況→日本の国際的孤立，第二次世界大戦▶不況→ファシズムの敗北。

■日本の政治の移り変わりをおさえる。

　大正時代▶大正デモクラシー・政党政治・男子普通選挙，昭和時代▶軍国主義・戦時体制。

なぞろう 重要語句

かんとうだいしんさい　関東大震災

きんゆうきょうこう　金融恐慌

あくたがわりゅうのすけ　芥川龍之介

第7章 現代の日本と私たち

p.132〜133 ステージ1

●教科書の要点
①朝鮮　②ソ連
③復員　④引きあげ
⑤GHQ　⑥極東国際軍事
⑦人間　⑧自作
⑨天皇　⑩民法
⑪政党

●教科書の資料
(1)A日本国　B国民　C象徴
　D尊重　E平和
(2)議院内閣制
(3)満20歳以上の男女

●教科書チェック☆一問一答
①沖縄　②北方領土
③戦後改革
④連合国軍最高司令官総司令部
⑤マッカーサー　⑥財閥解体
⑦労働組合法　⑧労働基準法
⑨農地改革　⑩教育基本法

p.134〜135 ステージ1

●教科書の要点
①国際連合　②NATO
③ワルシャワ　④中華人民共和国
⑤大韓民国　⑥朝鮮民主主義
⑦朝鮮　⑧サンフランシスコ平和
⑨安全保障　⑩自由民主

●教科書の資料
(1)冷たい戦争〔冷戦〕
(2)A資本主義　B共産主義
(3)Aアメリカ（合衆国）　Bソ連

●教科書チェック☆一問一答
①ドイツ　②朝鮮戦争
③南北問題　④アフリカの年
⑤特需景気　⑥自衛隊
⑦吉田茂　⑧第五福竜丸
⑨55年体制　⑩安保闘争

ミス注意！

★中華民国と中華人民共和国…取りちがいに注意しよう。

中華民国	中華人民共和国
辛亥革命後，1912年成立。孫文を臨時大総統，南京を首都とする。	中国共産党が国民党に勝ち，1949年成立。毛沢東を主席，北京を首都とする。

★大戦景気と特需景気…取りちがいに注意しよう。

大戦景気	特需景気
第一次世界大戦中の好景気。	朝鮮戦争中の好景気。

p.136〜137 ステージ1

●教科書の要点
①アジア・アフリカ　②EC
③基本条約　④共同声明
⑤平和友好　⑥沖縄
⑦東京オリンピック　⑧過密
⑨公害対策基本　⑩石油危機

●教科書の資料
(1)高度経済成長
(2)A所得　B新幹線
　Cパラリンピック　D環境
(3)第四次中東戦争

●教科書チェック☆一問一答
①キューバ危機　②ベトナム戦争
③日ソ共同宣言　④非核三原則
⑤三種の神器　⑥公害問題
⑦黒澤明　⑧テレビ（放送）
⑨手塚治虫　⑩川端康成

p.138〜139 ステージ1

●教科書の要点
①マルタ　②ソ連
③サミット　④ヨーロッパ連合
⑤アジア太平洋　⑥湾岸
⑦平和維持活動　⑧非政府組織
⑨自衛隊　⑩55年
⑪バブル経済　⑫非営利組織
⑬持続可能

なぞろう重要語句

ざいばつかいたい
財閥解体

とくじゅけいき
特需景気

しょうちょう
象徴

かんきょうちょう
環境庁

●教科書の資料

(1)Aテロ　　Bベルリン
　　C阪神・淡路

(2)アフガニスタン

(3)ドイツ

(4)ＮＰＯ

●教科書チェック☆一問一答

①冷戦の終結　　②地域紛争

③クウェート　　④イラク戦争

⑤バブル経済　　⑥世界金融危機

⑦グローバル化　　⑧地球温暖化

⑨少子高齢化　　⑩東日本大震災

ミス注意！‥‥‥‥‥‥‥‥‥‥‥‥‥‥

★ヤルタ会談とマルタ会談…取りちがいに注意しよう。

ヤルタ会談	マルタ会談
1945年，イギリス・アメリカ・ソ連の首脳が話し合い，**ソ連の対日参戦**を決める。ヤルタは黒海沿岸の都市。	1989年，アメリカとソ連の首脳が話し合い，**冷戦の終結**を宣言。マルタは地中海の島国。

★ＥＣとＥＵ…取りちがいに注意しよう。

ＥＣ	ＥＵ
ヨーロッパ**共同体**。1967年に6か国が結成。	ヨーロッパ**連合**。1993年にＥＣを拡大して発足。

★ＮＧＯとＮＰＯ…取りちがいに注意しよう。

ＮＧＯ	ＮＰＯ
非政府組織の略。主に国境を越えて活動。	**非営利組織**の略。日本では主に国内で活動。

p.140～141 ステージ2

❶ (1)Aシベリア　　B中国　　C闇市
　　D戦犯

　(2)ア・エ（順不同）

　(3)ＧＨＱ

　(4)①財閥解体　　②農地改革
　　③教育基本法　　④民法

❷ (1)①安全保障　　②常任理事

　(2)毛沢東

(3)38

(4)d　ＡＰＥＣ　　e　ＥＵ
　　f　ＳＤＧｓ

❸ (1)aイ　　bエ

　(2)aカ　　dア　　eオ　　gウ

　(3)高度経済成長

　(4)石油危機

　(5)持ちこませず

　(6)ＰＫＯ

❹ (1)A水俣病　　B四日市ぜんそく
　　Cイタイイタイ病　　D新潟水俣病

　(2)過疎化

　(3)①温室効果　　②京都

◆◆◆◆◆◆◆ 解説 ◆◆◆◆◆◆◆

❶ (1)A満州でソ連軍にとらえられた日本軍の兵士は，シベリアに送られて厳しい労働を課せられ，多くの人が命を失った。B満州に移住していた日本人家族が，ソ連軍の侵攻で離れ離れになり，置き去りにされた子どもたちが中国人に引き取られて育てられた。1981年から肉親探しが始まり，日本に帰国した人もいた。C闇市では不当に高い価格でものが売られた。D「平和に対する罪」を犯したＡ級戦犯として，25人が有罪とされた。また，残虐行為をした者などはＢ・Ｃ級戦犯として各地で裁かれた。

(2)台湾は1895年，朝鮮は1910年に日本の植民地になっていた。

(4)③教育基本法では，教育の機会均等や男女共学，義務教育などを定めた。

④それまでの「家」制度は廃止された。

❷ (1)国際連盟の反省をふまえ，常任理事国には強い権限が認められている。

(2)国民党との内戦に勝った共産党が，毛沢東を主席に中華人民共和国を建国した。

(3)現在も朝鮮戦争は休戦中で，講和はしていない。

❸ (1)aサンフランシスコ平和条約とともに日米安全保障条約が結ばれ，沖縄は引き続きアメリカの統治下に置かれた。b日ソ共同宣言でソ連との国交が回復したことで，日本の国際連合加盟が実現した。

**なぞろう
重要語句**

あん ぽ とう そう
安保闘争

せき ゆ き き
石油危機

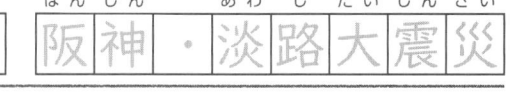
はん しん　　あわ じ だい しん さい
阪神・淡路大震災

(4)第四次中東戦争でアラブの産油国が石油の輸出制限などを行い，石油を輸入にたよる日本の経済が打撃を受けた。

(6)1992年，初めて自衛隊がカンボジアに派遣され，地雷の除去などを行った。

❹(1)四大公害裁判が行われ，国や企業による賠償が認められた。

(2)都市に働きに出る人が増えたためである。

(3)Xで，地球温暖化防止京都会議が開かれ，先進国の二酸化炭素削減目標が定められたが，発展途上国には削減義務がなかった。

p.142～143　ステージ❸　総合

❶(1)Aサンフランシスコ
　　　B冷戦〔冷たい戦争〕　　C政権交代
(2)エ・オ（順不同）
(3)ノーベル（物理学）賞
(4)警察予備隊
(5)イ
(6)ア（→）ウ（→）イ
(7)アメリカ軍基地〔アメリカ軍施設〕
(8)自由民主党〔自民党〕
❷(1)日本国憲法
(2)国民主権・基本的人権の尊重・平和主義（順不同）
(3)例女性に参政権が認められた。
❸(1)①パリ協定　②バンドン
　　③（アメリカ）同時多発テロ
(2)c
(3)ア
(4)1960（年）
(5)エ
(6)NGO
(7)例持続可能な社会を築くこと。

━━━━ 解説 ━━━━

❶(1)Aサンフランシスコ平和条約は，48か国と結ばれた。中国は会議に招かれず，ソ連は会議には参加したが，調印を拒否した。

(2)アは高度経済成長期，イは明治時代，ウは大正時代に行われた。

(3)この後，多くの日本人が文学賞や平和賞，化学賞などを受賞している。

(4)警察予備隊は次第に強化されて1952年には保安隊になり，さらに自衛隊になった。1992年には国際平和協力法が制定されて，海外に派遣されることも増えた。

(5)高度経済成長期，人口は増加した。

(6)アは1956年，イは1972年，ウは1965年。

(7)アメリカ軍基地は，沖縄島の面積の約15％を占めている。

(8)自由民主党は，日米安保条約を支持する保守勢力。この後も，一時，政権交代はあったものの，連立政権を組んで政権を担当している。

❷(1)Aは日本国憲法の内容を分かりやすく説明した中学生用の教科書で，文部省（現在の文部科学省）が作成した。

(3)Bでは女性が投票している。

❸(1)Aはフランスの首都。Bはインドネシアの都市。(2)aのドイツは東西に分断されたが，1990年に統一された。bのベトナムは社会主義の北ベトナムと，資本主義の南ベトナムに分かれたが，ベトナム戦争後，統一された。cは朝鮮半島。

(3)北方領土の1つ。イはアメリカから日本に返還された。ウは中国が領有権を主張。エは韓国が不法占拠。

(5)アメリカのニューヨーク。

ポイント

■日本の戦後改革をおさえる。
　非軍事化▶軍隊の解散・戦争犯罪人の処罰，民主化▶農地改革・財閥解体・女性参政権。
■日本と諸外国との関係をおさえる。
　アメリカ▶日米安全保障条約・沖縄の基地問題，中国▶国交回復・日中平和友好条約・領土問題，韓国▶日韓基本条約・領土問題，北朝鮮▶国交なし，ロシア▶ソ連との国交回復・北方領土問題。
■日本の経済発展をおさえる。
　好景気▶特需景気・高度経済成長・バブル経済，不景気▶バブル崩壊・平成不況・世界金融危機。

なぞろう　重要語句　こくみんしゅけん　国民主権　　へいわしゅぎ　平和主義　　ひかくさんげんそく　非核三原則

37

定期テスト対策 得点アップ! 予想問題

p.146 第1回

1. (1)A エジプト文明
　　C インダス文明
　(2)A エ　　B イ　　C ウ
　(3)甲骨文字
　(4)イ（→）ア（→）エ（→）ウ
　(5)ア
2. (1)銅鐸
　(2)例 祭りの道具に使われた。
　(3)イ
　(4)前方後円墳
　(5)埴輪
　(6)大和政権

解説

1. (2)ア はギリシャ文明。
　(4)ア・エ は秦，イ は春秋・戦国時代。
2. (3)青銅器は稲作とともに伝わった。銅鐸は弥生時代に作られた。
　(6)B の大仙古墳は大阪府にある。大和政権は奈良盆地や河内を中心に王と豪族たちによって成立した。

p.147 第2回

1. (1)A 壬申　　B 平城京　　C 平安京
　(2)① 冠位十二階
　　② 十七条の憲法
　(3)中大兄皇子
　(4)エ
　(5)公地・公民
　(6)真言宗
　(7)イ
2. (1)a 法隆寺　　b 浄土
　(2)例 仏教の力で国を守る
　(3)A 飛鳥文化　　C 国風文化
　(4)行基

解説

1. (4)ア 6歳以上。イ 庸ではなく租。庸は労役のかわりの布を納める税。ウ 国・郡・里に分けられた。
　(7)663年に起こった白村江の戦い。
2. (1)(3)法隆寺は飛鳥時代に聖徳太子が建てた。

p.148 第3回

1. (1)① 院政　　② イ・エ（順不同）
　(2)平清盛
　(3)源頼朝
　(4)運慶
　(5)① ア　　② オ
2. (1)A 奉公　　B 御恩
　(2)① 守護　　② 地頭
　(3)御成敗式目〔貞永式目〕
　(4)例 寺社の門前や交通の要地。

解説

1. (1)② ア・オ は11世紀に東北地方で起こり，源氏が勢力を広げた。ウ は7世紀に近畿地方などで，カ は10世紀に関東地方で起こった。
　(2)B は兵庫の港（神戸市）。
　(5)① 平泉（岩手県）。② 壇ノ浦（山口県）。
2. (4)定期市は人が集まる場所で開かれた。

p.149 第4回

1. (1)① 元寇　　② フビライ・ハン
　　③ 北条時宗
　　④ 例 火薬をつめた武器を使ったこと。
　(2)① 管領　　② 守護大名
　(3)将軍 足利義満　　船 倭寇
　(4)下剋上
　(5)ア
2. (1)a 座　　b 能　　c 書院造
　(2)土一揆

解説

1. (1)④ 資料の中央で爆発しているもの。
　(2)幕府から任命された守護が，その国を自分の領地として支配するようになり，守護大名と呼ばれた。
　(3)勘合貿易は中国の明と行った貿易。倭寇は大陸沿岸を荒らしていた海賊。
　(5)建武の新政は鎌倉幕府をほろぼした後に行われた。2年余りで失敗した後，足利尊氏が兵を挙げ，室町幕府を開いた。
2. (1)a 座は税を納めるかわりに特権をあたえられた。c たたみ・ふすま・障子などを使う。

38

p.150 第5回

1 (1)①ミケランジェロ

②レオナルド・ダ・ビンチ

(2)宗教改革

(3)Aウ　Bア　Cイ

(4)c カ(→)エ(→)ア　d オ(→)ウ(→)イ

(5)楽市・楽座

(6)例百姓の一揆を防ぐため。〔農民が反抗するのを防ぐため。〕

2 (1)武家諸法度

(2)徳川家光

(3)①イ　②ウ　③エ　④ア

━━━ 解 説 ━━━

1 (3)エのザビエルはイエズス会の宣教師で，1549年に日本にキリスト教を伝えた。

(4)織田信長に関連の深いアは1582年，エは1575年，カは1573年。豊臣秀吉に関連の深いイは1592年と1597年，ウは1590年，オは1582年。

(5)楽市・楽座の「楽」は「自由」という意味。

2 (3)①は対馬藩（長崎県），②は長崎，③は琉球王国（沖縄県），④は松前藩（蝦夷地＝北海道に領地を持つ）。

p.151 第6回

1 (1)公事方御定書

(2)老中

(3)a ウ　b イ　c エ　d ア

(4)a 享保の改革　c 寛政の改革

d 天保の改革

(5)エ

2 (1)例脱穀の効率を高めた。

(2)①西廻り航路　②十返舎一九

(3)ウ

(4)あ解体新書　い国学

━━━ 解 説 ━━━

1 (2)老中は江戸幕府で政務を担当する最高職。

(5)大塩平八郎は天保のききんに際し，1837年に乱を起こした。その後，天保の改革が行われた。

2 (1)この農具は「千歯こき」という。

(2)①東北地方の年貢米や特産物を大阪に運ぶ。

(3)商業の中心地である大阪のこと。

p.152 第7回

1 (1)Aピューリタン　Bインド大反乱

(2)産業革命

(3)イギリス

(4)（フランス）人権宣言

(5)アヘン戦争

(6)Xイ　Yウ

2 (1)ⓑ

(2)ア・エ（順不同）

(3)例関税自主権がなかった。

例領事裁判権を認めた。（順不同）

(4)イ（→）エ（→）ア（→）ウ

━━━ 解 説 ━━━

1 (2)機械による大量生産が可能になった。

(3)イギリス人の移民が作ったアメリカ東部の13州が独立した。

(5)イギリスが清にアヘンを密輸したことで，清では中毒患者が増え，社会問題になった。

(6)アはアメリカ独立戦争，エはピューリタン革命に関係が深い。

2 (1)浦賀（神奈川県）。

(2)下田（静岡県）と函館（北海道）。

(4)アは1866年，イは1858年，ウは1867年，エは1863年。

p.153 第8回

1 (1)a 五箇条の御誓文　b 廃藩置県

c 地租改正

(2)樺太・千島交換条約

2 (1)A西南戦争　B三国干渉　C韓国

(2)Wウ　Xカ　Yア　Zエ

(3)天皇

(4)貴族院

(5)例直接国税を15円以上納める満25歳以上の男子。

(6)c 下関条約　d ポーツマス条約

(7)イ

━━━ 解 説 ━━━

2 (2)イは1894年の条約改正（領事裁判権の撤廃），オは西南戦争に関係が深い。

(7)1881年に出され，それを受けて自由党や立憲改進党が結成された。

p.154 第**9**回

1 (1)ドイツ・オーストリア・イタリア(順不同)
(2)ヨーロッパの火薬庫
(3)あ レーニン　い パリ　う ベルサイユ
(4)ソビエト社会主義共和国連邦

2 (1)A 護憲　B 米騒動　C 三・一独立
　　D 治安維持
(2)ウ
(3)①ア　　②ウ
(4)ウィルソン
(5)例満25歳以上の男子。
(6)時期　ウ　　首相　原敬

◀ 解 説 ▶

1 (1)三国協商はイギリス・フランス・ロシア。
(2)いつ爆発するか分からない危険な地域，という意味。
2 (1)A護憲運動は「憲法に基づく政治を擁護する」運動。
(2)もともと共同でロシアに対抗するために結ばれたが，この時期にはイギリスはロシアとの関係を改善し，同盟関係にあった。
(6)米騒動の後。

p.155 第**10**回

1 (1)世界恐慌
(2)ソ連〔ソビエト社会主義共和国連邦〕
(3)例積極的に公共事業をおこす。〔ダム建設を行う。〕
(4)ブロック経済
(5)①ファシズム　　②ヒトラー

2 (1)A 関東　B ポツダム
(2)ウ（→）イ（→）エ（→）ア
(3)ドイツ
(4)①真珠　　②疎開
(5)広島・長崎
(6)8月15日

◀ 解 説 ▶

1 (2)社会主義国のソ連で，スターリンが五か年計画を進めていた。
(3)ニューディール政策の内容。
2 (2)アは1937年，イは1933年，ウは1931年，エは1936年。
(5)8月6日に広島，9日に長崎。

p.156 第**11**回

1 (1)あ国際軍事　　い財閥
(2)イ・エ・カ（順不同）
(3)略称　ＧＨＱ　　人物　マッカーサー
(4)例満20歳以上の男女
(5)農地改革

2 (1)日本国憲法
(2)平和主義・国民主権（順不同）
(3)基本的人権の尊重
(4)ア・ウ・カ（順不同）

◀ 解 説 ▶

1 (2)ア・ウは日本の植民地支配から解放された。オはソ連に占領された。
(5)自作農を増やすための政策。
2 (4)イは1925年に制定，オは1890年に発布されたが，戦後は廃止された。エは1938年に戦時体制を整えるために制定された。

p.157 第**12**回

1 (1)A サンフランシスコ　　B ベルリン
(2)日米安全保障条約〔日米安保条約〕
(3)ウ
(4)国際連合〔国連〕
(5)中華人民共和国
(6)冷戦〔冷たい戦争〕
(7)X ウ　　Y オ　　Z エ

2 (1)あ朝鮮　　い高度経済成長　　うバブル
(2)ウ
(3)例石油危機が起こったから。
(4)ア

◀ 解 説 ▶

1 (3)アは日中戦争中の1941年に結ばれた。イとエは実在しない。第二次世界大戦開戦前に独ソ不可侵条約が結ばれた。日本が平和友好条約を結んでいる相手は中国だけ。
(4)安全保障理事会の常任理事国であるソ連と国交を回復したことで，国際連合加盟が認められた。
(5)1912年成立の中華民国と間違えないように。
(7)アは石油危機後の1975年，イは1971年。
2 (2)パソコンが普及したのは1990年代。
(4)アは1995年。イは1972年，ウは1954年，エは1965年。

40

p.158 第13回

1 (1)シャカ〔釈迦〕

(2)エ

(3)c カ　　g ウ

(4)ウ

(5)中臣鎌足〔藤原鎌足〕

(6)公地・公民

(7)雪舟

(8)源氏物語

(9)例私は，鎌倉幕府をたおして建武の新政を始めましたが，2年余りで失敗して吉野にのがれ，南朝を建てました。

▶ 解 説 ◀

1 (1)紀元前5世紀ごろにインドでシャカが開いた仏教が，シルクロードを通って，6世紀に日本に伝えられた。

(2)710年に奈良に造られた都。東大寺や唐招提寺がある。アは794年に京都，イは784年に京都府南部，ウは694年に奈良県飛鳥地方に造られた都。

(3)cは鎌倉時代の1221年，gは室町時代の1467年に起きた。

(4)鎌倉時代の和歌集。アは奈良時代，イは平安時代の和歌集。エは江戸時代の紀行文。

p.159 第14回

1 (1)エ

(2)魏志倭人伝

(3)鑑真

(4)c エ　　f オ

(5)九州地方

(6)勘合

(7)日米和親条約

(8)日清戦争

(9)ロシア革命

▶ 解 説 ◀

1 (1)A奴国については「後漢書」東夷伝，B邪馬台国については「魏志倭人伝」に書かれている。C南北朝時代の南朝は漢民族，北朝は遊牧民族の国。Dは遣隋使，Eは遣唐使。

(4)c兵庫の港（現在の神戸市），f長崎。

(8)1894年のこと。

(9)第一次世界大戦中の1917年のこと。

p.160 第15回

1 (1)例法律の範囲内で認められた。

(2)平家物語

(3)イ

(4)南北戦争

(5)ウ

(6)分国法

(7)犬養毅

(8)万葉集

(9)日露戦争

(10)ウ

▶ 解 説 ◀

1 (1)後に，治安維持法などで国民の権利は制限された。

(4)リンカンは，奴隷解放宣言も出している。

(5)南北戦争は1861年から1865年で，日本を開国させた直後の出来事。アは1877年，イは1825年，ウは1866年，エは1787年。

(10)Iは武家諸法度で江戸幕府が出した。「大老」「老中」からウ。アは「執権」「六波羅探題」から鎌倉幕府，イは「管領」「鎌倉府」から室町幕府の仕組み。